ケースで学ぶ国際開発

山口しのぶ　毛利勝彦
国際開発高等教育機構 編

東信堂

ケースで学ぶ国際開発

山口しのぶ・毛利勝彦・国際開発高等教育機構／編

目　次

はじめに　　1

- 巻頭言……………………………………（国際開発高等教育機構）… 3
- なぜケースで国際開発を学ぶのか……………（山口しのぶ）… 5
- どのようにケースで国際開発を学ぶのか…………（毛利勝彦）… 10

経済と開発　　23

1　それでも続けなければならない理由はあるのか
　　　　　　　　　　　　　　　………（菅野悠紀雄）… 25
　　――混迷する小企業向け金融プロジェクト

2　「もう援助はいらない！」……………………（阿古智子）… 50
　　――農業灌漑から老人協会に転換したプロセスとは？

社会と開発　　61

3　中東における教育支援………………（桜井愛子・小川啓一）… 63
　　――イエメンの女子教育推進

4　経済移行国における国際連携とは……………（山口しのぶ）… 81
　　――モンゴルで

5　生活スタイルを変えることは可能か……………（樋口まち子）… 90
　　――スリランカで

6　活動は誰のためのもの？………………………（村山智子）… 99
　　――中南米のある国で

7　撃たれる前に逃げよ？…………………………（田中由美子）…119
　　――ネパールの参加型村落開発プロジェクト

8 「少数民族による少数民族のためのプロジェクト」
　　　　　　　　　　の理想と現実……（矢野智子）…134
9 何が間違いだったのか…………………（板垣啓子）…144
　　――フィリピンで

環境と開発　　　　　　　　　　　155

10 崖っぷちのメコン委員会………………（中山幹康）…157
11 零細漁民は沿岸開発にどう立ち向かえばよいのか
　　　　………（川辺みどり）…168
　　――マレーシア国ペナン島漁民のエンパワメント
12 東太平洋キハダマグロ漁とイルカの混獲………（稲本　守）…177
13 「参加型」って「誰」のこと？………（西野桂子・相馬真紀子）…181
　　――参加型森林管理からみた「参加」の検討

平和構築と開発　　　　　　　　　　　195

14 平和構築事業において安全管理をどう行うか？……（清水康子）…197
15 誰が何を必要としているのか…………（木山啓子・田仲　愛）…205
　　――インド洋津波被災者支援の現場から
16 ジェンダーをめぐるタリバーンとの対話………（勝間　靖）…224
17 紛争後の開発と資源管理…………………（村田俊一）…241
　　――命がけの交渉術

付録　事前学習課題　　　　　　　　　　　251

「ティーチング・ノート入手方法」………………………… 258
執筆者一覧 …………………………………………………… 259

はじめに

巻頭言　　　　　　　　　　　　　（国際開発高等教育機構）

なぜケースで国際開発を学ぶのか　　　　（山口しのぶ）

どのようにケースで国際開発を学ぶのか　　（毛利勝彦）

巻頭言

　当財団では、国際開発分野の教育や研修におけるケース・メソッドの普及を目指して、1994年より毎年、ケース・メソッド・セミナーを実施してまいりました。政府開発援助を始めとする国際開発協力の現場に携わる人材養成を強化すると共に、日本の国際協力経験を知的に発信する機会として役立ってきた研修事業の一つです。

　本書『ケースで学ぶ国際開発』は、当財団のケース・ライティング研修において、参加者が作成したケースの一部、また、当財団のケース・メソッド・セミナーを長年担当していただいた講師の山口しのぶ東京工業大学学術国際情報センター教授、毛利勝彦国際基督教大学教養学部教授の関係者が作成したケースを一冊に収めたものです。これらのケースは、すでに、大学の授業や開発援助機関の研修で試用し、専門家や学習者のコメントを取り入れ、内容をさらに充実させてきたものです。

　学習者が自分で考えディスカッションしながら問題の解決策を探るケース・メソッドの教育・研修手法としての効果は広く認識されつつありますが、ケース・メソッドの実践に必要な教材、これを適切に教えることのできる人材については、まだ十分でない現状にあります。このケースブックが、国際開発分野のケース・メソッドの実践と普及に少しでも役立つことを願ってやみません。

　なお、テーマの選択は各執筆者に委ねられ、ケースの多くは執筆者自身の経験や専門に基づいているため、これらのケースが必ずしも国際開発分野の代表的な事例を扱っているわけではありません。しかしながら、国際開発現場で焦点となってきた経済と開発、社会と開発、環境と開発、平和構築と開

発に関わるケース教材をまとめてあるので、重要な領域が広くカバーされています。

　最後に丁寧かつ適切なご指導を頂きました山口教授と毛利教授、ご多用の中、ケース執筆と推敲に時間を割いてくださった執筆者の皆様、本書の出版をご快諾いただいた東信堂の下田勝司社長に、心から御礼申し上げます。

　平成23年8月

　　　　　　　　　　　　　　　　　　　　　財団法人　国際開発高等教育機構
　　　　　　　　　　　　　　　　　　　　　　　　専務理事　岡田尚美

なぜケースで国際開発を学ぶのか

山口　しのぶ

　1990年代は、グローバルコミットメントを多国間で共有する足場が築かれた10年といっても過言ではないであろう。1992年にリオで開催された地球サミットでは、環境に関する3つの条約－気候変動枠組み条約、生物多様性保全条約、砂漠化対処条約－が採択された。さらに極度の貧困、飢餓、病気といった問題を克服するための新しいグローバルコミットメントが約束された。1994年にカイロで開かれた国際人口開発会議では、出生率、死亡率、リプロダクティブヘルス、教育、男女平等などの項目を含む人口に関する政策が話し合われ、持続可能な開発との関連を強調する行動計画が採択された。極度の貧困をなくすためのグローバルコミットメントは、2000年のミレニアム宣言にて広く共有されるものとなった。ミレニアム宣言では、最貧困層の状況を飢餓、教育、男女平等、疾病の蔓延防止、環境の持続可能性などの分野で改善するという8つの開発目標が明記され、2015年までの期限を定めた明確な目標が掲げられた。

　ミレニアム宣言が採択され10年がたった今、国連のミレニアム開発目標レポート2010にて進歩状況が報告されている。

　極度の貧困と飢餓の撲滅に関しては、開発途上国において極度の貧困生活（1日1ドル以下）に直面している人口の比率は46％から27％に減少し、1日1ドル25セント以下で生活している人々は1990年からの15年間で18億人から14億人に減少した。しかしながら、近年の経済危機により極度の貧困人口は6,400万人増えると予測している。さらに慢性的な飢餓に苦しむ人々は減少はしているものの、未だに9億2千万人に上ると報告されている。

普遍的初等教育の達成については、数々の国において大きな進歩は見られたが、2015年までの目標達成は困難とされている。小学校純就学率は2008年に89％となったが、絶対数で見ると6,900万人の児童が学校に通っておらず、その約半数にあたる3,100万人はサブサハラフリカに、また、1,800万人は南アジア地域に集中している。教育へのアクセスにおける男女格差は、減少しているが、高等教育に関しては格差が顕著な地域が存在する。

　乳幼児死亡率の削減目標でも進歩は見られるが、毎年900万人もの子供が5歳になる前に死亡している。特にサブサハラアフリカ地域では、1990年に比べ死亡率は22％減少したにもかかわらず、2008年には乳幼児死亡数の半分に当たる440万人、すなわち7人に1人が5歳の誕生日を迎えることが出来なかった。また、妊産婦の健康の改善にいたっては、妊産婦の死亡率は1990年から34％減少したが、毎年35万人が妊娠・出産が原因で命を落としており、そのうち99％は開発途上国の妊産婦とされている。

　HIV/エイズの新規感染者は1996年の350万人から2008年には270万人に減少したが、全体では3,340万人の感染が報告されている。また、2億4千万人のマラリア感染者がいるといわれ、2008年には86万人が死亡している。一方で、近年マラリア対策のための資金増加により、マラリア防止の蚊帳の製造量も拡大し、アフリカでは31％の世帯がマラリア防止の蚊帳を所有しているといわれている。

　安全な水の確保に関しては、1990年から現在に至るまでに17億人が安全な水の確保を得たが、未だに9億人近い人口は安全な水へのアクセスがない状態であると報告される。また、開発途上国では都市化が進むと同時に、都市のスラム化の問題も発生しており、スラムに居住する人口は年々増加する傾向が見られ、8億人以上がスラム街に住んでいるのが現状である。

　開発のためのグローバル・パートナーシップの推進は、ミレニアム目標を到達するために必要不可欠な項目であるが、2010年のターゲットに到達するためには、更なる努力が必要とされている。先進国の政府間援助は国家収入の0.31％にとどまり、目標とする0.7％にはほど遠い。2010年のODA総額は1,260億ドルに上ると推定されているが、2005年の国連サミットで

ターゲットとされた1,460億ドルの目標には到達していない。

上記に代表される問題に対応すべく、国際開発プロジェクトは分野・地域共に年々多様化している。これにしたがって、プロジェクトの準備・実行・評価の各段階において、現地におけるニーズの把握や国際連携などが困難さを増したことにより、プロジェクトを運営するうえで、従来以上に多様で複雑な問題が発生していることが報告されている。

国際開発分野が、今対応しなくてはならない問題解決には、さまざまな研究分野が重要な役割を果たすのは誰の目から見ても明らかであろう。しかしながら、現実では工学、物理学、経済学、教育学、生物学、公衆衛生学など異なる分野が境界を越えて結びつくことはまれである。分類された学問分野に収まっていては、現実の問題に対して効果的な解決法を見出すことは困難であることを十分理解する必要があろう。

さらに、国際協力による成功例を見てみると、ポリオ撲滅、児童就学率の向上、地方の電化推進事業など、効果を発揮している取り組みは、共有された明確な目標、具体的な実行計画、効果的なテクノロジーの導入、資金などの条件が揃っているのが特徴である。また、現在世界が直面する問題には、テクノロジーや資金に加え、実証可能な科学的アセスメント、テクノロジー導入のための公的資金援助および官民共同の戦略による技術の普及などのプロセスも重要な条件である。

では、なぜケースで国際開発を学ぶのか？

非政府組織のなかでもとりわけ高等教育機関や研究大学などには、ミレニアムプロセスを達成するに当たって独自の役割があると考える。大学や研究機関にこそ、持続可能な開発の実現に欠かせない専門的、広範な知識があふれている。この専門性、長期的視野、偏向のない姿勢、地域に貢献するミッションなど、他の組織とは異なる強みを持って国際開発分野に関わり、力を発揮することができると考えられる。

こうした状況に対応すべく、欧米の教育研究機関は競って「ケース・メソッド」教授法を高等教育・人材育成分野に積極的に取り入れている。ケー

ス・メソッドとは、学習者に実際の事例（ケース）を通じて問題を疑似体験させる教授法である。開発専門家教育において、詳細な事例分析により現場で直面する問題を具体的情報として学習者に伝達するだけでなく、グループ議論・討論、ロール・プレイなど参加型教育手法を駆使するこの教授法は、状況分析力、適切な判断力、理論的思考による問題解決能力を養いうると広く認知されている。また、欧米教育機関は、教育カリキュラムにケース・メソッドを取り入れることにより、ケースを通して開発にまつわる情報を常にアップデートし、開発専門家教育の強力な情報発信源となっている。

一方、日本の高等教育機関の国際開発分野への参加は年々増加しているが、上記の欧米に匹敵する教育にリンクした包括的な取り組みは、未だなされていないのが現状である。他方、編者らは、アジア諸国を中心に実施した現地の政府機関、国際機関専門家との協議から、包括的な開発を行いうる専門家育成のためには、現地でのプロジェクト経験に基づいた多種多様なケース作成ニーズが高いことを改めて認識している。

こうした背景を得て、日本人専門家の国際開発に関わる機会がさらに拡大・多様化する現在の状況を鑑みると、日本の高等教育機関がケース・メソッドを積極的にカリキュラムの主軸とし、開発の現状に柔軟に対応できる人材育成の一翼を担うことは、緊急性を有し、今後ますますニーズが拡大されていくと思われる。

ケース・メソッドには、伝統的な講義による教授法では育成しがたい、実践的な問題解決・分析能力、議論する力、判断力、交渉力など、実際の現場で遭遇する問題に包括的に対処できる能力を養う効果が認められている。

本書の特色は、
① 特に日本人開発専門家の育成を目的として、日本人の現場体験を収集・分析してケース教材化する、
② 開発の多分野にわたる学際的なアプローチを行う、
の2点である。

2002年に開催されたヨハネスブルグ地球サミットの提言にも述べられているように、これからの開発には、異文化への理解を含め、貧困・女性差別

など社会構造の改善を視野にいれた総合的なアプローチが欠かせない。すなわち従来のインフラ整備というハードウェアの建設だけではなく、社会・人的資源開発プログラムというソフトウェアの充実がいっそう求められる。本書では、実際の事例を通じて国際開発が直面している問題点、重要論点を取り上げる。多岐にわたる分野のケースを収集した開発教材作成は、柔軟な発想と広い視野をもつ開発人材育成に役立つものであると考える。

　持続可能な開発の重要性は年々高まっている。今後、開発政策分野において日本の専門家、技術者がこれらの開発事業に関わっていく機会は増加すると思われ、本書は持続可能な開発を促進する具体的な事例として、開発プロジェクトに日本の開発研究機関、高等教育機関の積極的な参加を促進するツールとなると考えられる。特に今後の国際開発を担っていく若手開発専門家、学生の皆さんには、異なる疑似体験を通じ、当事者意識をもってケースを読み込んでいただきたいと思う。ケース・メソッドのすばらしさは、各ケースの主人公が直面することがつくり話ではない点にある。実際に起こった事柄に基づいてストーリーは展開し、その背景の多様性、人間関係の複雑さ、思わぬ急展開、登場人物の心の変化、期待と困惑、悩みの袋小路からの脱出など、まさに驚くばかりのエピソードに満ちている。言い換えれば、これらのストーリーは、今日、専門家といわれる人々が通ってきた道でもあるということだ。

　今日、国際比較の観点から日本の若い世代は「考える力がない」、「分析能力に欠ける」、「クリティカルに物事を整理しない」などと言われる。本当にそうであろうか？　もし、そのような現実があるとすれば、何かを多角的に分析する機会が少ないことに起因しているのではないだろうか？　本書を手に取っている皆さんには、ケースを読み、ぜひ多種多様な仲間たちと議論を展開してもらいたいと思う。文系・理系を問わず、留学生を含めた幅広いバックグラウンドをもつ人々の中で、ケース執筆者が経験した事柄に入り込み、「わたしならこうする」という答を自分なりに導き出して欲しい。皆さんの考え抜いた面白い意見・解決案などを聞くことができるなら、それは執筆者が最も望んでいることであると思っていただきたい。

どのようにケースで国際開発を学ぶのか

毛利　勝彦

1　ケース・メソッドとは何か

　冷戦が終わった1989年、『いまを生きる』（Dead Poets Society）という映画が公開された。この映画に登場するアメリカの全寮制進学校の教師は破天荒だ。既存の解釈が書かれたテキストのページを破り捨てさせ、教卓の上に立ち上がる。自ら生きるために視点を変えることの重要性を示すためだ。ケース教材を使った学びでは、テキストを破れとは言わない。教卓の上に立ち上がれともおそらく言わないだろう。しかし、既存の見方に囚われず、自分の視点が変われば世界が違って見えることを学び、より良い答を共に見つけ出すプロセスを期待するのはケース・ティーチャーも同じだ。ケース教材で学ぶ際には、まずケース・メソッドの学び方を学ぶ必要がある。

　ケース・メソッドは、ケース教材をテキストとしたインタラクティブな学習法である。もともと欧米のビジネス・スクールやロー・スクールで普及した。研究者が分析済みの事例研究とは異なり、ケース教材には現実社会で生じた問題がストーリーとして再構成されている。このストーリーには執筆者による問題分析や結論は書かれていない。ケース教材の中には、何が問題なのかさえ記載されていないものもある。それは学習者自身が想像をめぐらし、問題発見や問題分析をすることが期待されているからである。国際開発をめぐる諸問題には、おそらく唯一の正しい答はない。何を問題として捉えて、それをどのように分析し、何を提案して誰をどのように説得してゆくべきなのか。ケース討論では、それらを協調的に学んでゆく。

　なぜ、いま国際開発をケースで学ぶことが重要なのか。冷戦終結後の世

界のキーワードは、「民主化」と「持続可能な開発」だった。これら2つのキーワードを重ねたものが「参加型開発」であり、それが1990年代の国際開発コミュニティーをリードする一つの戦略となった。それは国際開発学の教育研究においては、アクティブ・ラーニングやアクション・リサーチとなって広がっていった。アクティブ・ラーニングには、ディベートやコーチングやサービス・ラーニングなどさまざまな方法がある。ケース・メソッド教授法は、そうしたアクティブ・ラーニングの一つとして、国際開発学の教育研修分野でも活用されている。21世紀を迎え、国際開発学や国際開発現場ではさまざまな専門的な知見が蓄積されているが、経済危機、貧困、環境破壊など喫緊の課題が山積している。これらの課題解決のためには、学際的な知見や多様なステークホルダーの知恵が必要だ。学際的なアプローチや多様なステークホルダーの参加を得さえすれば問題解決するという保障があるわけではない。しかし、そうした知見や参加がなければ、持続的でバランスのとれた開発を実現することは難しいだろう。

　持続可能な開発を実現するために、若い世代こそが建設的な批判と勇気をもってケース討論に参画して欲しい。これまでの世代が取り組んだ経験を広く深く知ることは重要だが、これまでの世代が実際に選択してきた道が正しいとは限らない。過去に学びつつも、将来世代のニーズを考慮して、いまとるべき最善の選択肢を見つけるためには、さまざまな視点から問題を分析して原因や帰結を検討する必要がある。また、優先順位や評価基準についての価値判断や社会的合意を得るためには、効果的なコミュニケーション能力を身につける必要もある。つまり、国際開発の内容とプロセスの双方についての能力開発を目指すことが重要なのである。ケース討論では、この両方のスキルを獲得することを目指しているのである。

2　駆使すべき3つの方法

　ケース討論では自由な参加型の討論が期待されているが、何の見通しもなくむやみやたらに発言すればよいわけではない。問題解決のためのアプロー

チには、3つの方法論があると言われている。「方法論の三角形」とも呼ばれるこれらの方法は、論理的思考力や批判的思考力の基礎となる。分かりやすくするために、推理小説の主人公である探偵シャーロック・ホームズの謎解き風に考えてみよう。ある国はうまく経済成長を果たしたのに、なぜある国は相変わらず貧困に苦悩し続けているのか。ある開発プロジェクトは当初の目的を達成したのに、なぜ別のプロジェクトは失敗してしまったのか。国際開発の現場も謎に満ちている。

　まず、第一にシャーロック・ホームズがすることは、探偵としての観察だ。肉眼で見落としやすい証拠もルーペで丁寧に探し出す。指紋など客観的なデータや事実を証拠として、犯人を特定する結論に達する方法を帰納法という。帰納法は、ホームズの小説の舞台でもあるイギリス・ロンドン出身のフランシス・ベーコン以来の伝統であると言われる。具体的な事例から一般的な教訓を引き出そうとする事例研究やケース・メソッドも基本的には帰納法による学習法であると言ってよい。ケース教材のストーリーや添付されている図表などのデータに注目して、その真偽を見極める鑑識眼が必要である。しかし、観察だけでなく、後述するように、あとの2つの方法論も駆使してケース討論に臨むとよい。

　第二に、事件の謎を解決するために被疑者のアリバイ崩しが行われる。アリバイというのは、被疑者が犯行現場に不在であったことを証明するものである。被疑者のアリバイが破られないと、被疑者は有罪と立証されずに推定無罪となる。逆に、被疑者が犯人であると前提するならば、何らかの反証によって必然的にアリバイは崩されるはずである。このように、一般的な仮説を具体的な事例に適用して個別的な結論を導く推論を演繹法という。演繹法はフランスのルネ・デカルト以来の伝統とも言われる。「我思う、ゆえに我あり」としたデカルトは、考える自分が存在するという反証できない現実から出発した。ケース教材を分析する際にも、学習者は何らかの一般的な理論や枠組みを適用しようとするかもしれない。それはかつて学んだ理論的な枠組みかもしれない。あるいは、無意識的に体得してきた教訓かもしれない。あるいは、ケース討論前に読んでおくべきアサインメントや直近の講義で扱

われた理論を適用するのかもしれない。ケース教材のストーリーが、自分が持っている知識の中で適用できそうな枠組みが見当たらないような状況に直面するときには、フラストレーションを感じるかもしれない。しかし、そんなときこそケース教材から新たな理論や教訓を引き出す好機であると考えて欲しい。

　探偵によって証拠があがり、アリバイも崩されたとしたら、その被疑者が犯人だろうか。帰納法によって立証され、演繹法の厳しい反証に耐えられた結論は真実だろうか。実際問題として、それでも冤罪の可能性は残る。なぜか。動機が明らかでないからである。第三の方法は、人間が特定の行動を起こす原因としての動機を知ることである。ストーリーの登場人物に感情移入をして、共感理解によって社会行動や現象の意味を解釈することである。「開発」と「発展」とは、どのように意味が異なるのか。ある人にとって「豊か」だと見える状況も、別の視点からは「貧困」かもしれない。あるいは、その逆かもしれない。ケース教材のストーリーは、黒澤映画の『羅生門』[1]のように、登場人物によって同じ現象でも異なって解釈されうる。真実は、文字通り「薮の中」である。その中でどの言説がもっともらしい解釈かを他の学習者に説明して納得してもらう必要がある。

　このように、ケース・メソッドでは帰納法を基本としつつも、演繹法や意味解釈法をも活用して真理を探求していきたい。

3　ケース討論の前に準備しておくこと

　ケース討論の前に準備しておくべきことは、ケース教材を読み込んでおくことである。普及しているケース教材の中にはマルチメディア版が存在するものもあるが、テキスト版のケース教材のメリットは、ケース教材を読むことで登場人物や情景を学習者自らの想像力によって描き出せることである。

　60〜90分間のケース討論のために、最低3回は読み込んでおきたい。まず、最初はケース教材を流し読み（スキミング）することによってケース・ストーリーの概略をつかみとろう。ケース教材が長い場合には、最初の段落

と最後の段落を読み、それ以外の段落については最初のセンテンスだけに目を通すかたちで斜め読みするのもよい。

　2回目は、シラバスなどで事前に準備しておくように課された学習課題を心に留めて、自分の答を探しながら読み込もう。同じケース教材を使ったとしても、教育カリキュラムや研修プログラムの目的によって、あるいはケース・ティーチャーによって学習課題は多様である。しかし、たいていの場合、事前学習課題はケース討論の際にケース・ティーチャーから問われる質問よりも一般的な課題であることが多い。事前に学習課題が示されない場合もあるかもしれない。その場合は、何を質問すべきかを考えながら読み込もう。「正解かどうかは問題じゃない。大切なのは正しい質問をしているかどうかです」と緒方貞子氏が指摘するように、正しい質問を生み出すセンスを磨くことも国際開発を学ぶうえで極めて重要なことだ[2]。

　ケース教材の種類にもよるが、多くのケース教材のストーリーは主要な登場人物が問題に直面し、何らかの選択をしなければならない状況が描かれている。あるいは、何らかの選択をした帰結を回顧するストーリーかもしれない。そのようなケース教材の場合は、下記のような課題を念頭に入れながら読み込んでみよう[3]。

- 主要な意思決定者は誰か。そして、どのような決定をしなければならないのか。
- その意思決定者の目的は何か。
- 他の重要な登場人物は誰か。そして彼らの目的は何か。
- 何が重要な問題なのか。
- 意思決定者をとりまく状況において、どのような制約や好機があるか。
- 意思決定者はどのような選択肢をとりうるか。それぞれの選択肢にはどのような帰結が想定されるか。
- もし自分が意思決定者だとしたら、どの選択肢をとるか。それはなぜか。

3回目に読むときには、2回目に読んだ際に考えた課題に対する自分の答の理由を探しながら読み込んでみよう。課題に対する答を自分自身の主張とするためには、いつも2種類の理由を見つけるようにしたい。一つの理由は論拠である。論拠とは、主張を正当化する理論的な根拠のことである。経済学、政治学、社会学、教育学、環境学など国際開発に関わるさまざまな学問分野において蓄積された理論がある。問題の原因を分析する際には、何が重要な原因であるかに関しては理論によって解釈が異なる。たとえ体系的な理論ではなくても、何らかの仮説を想定することができるだろう。もう一つの理由は、証拠である。自分の主張を支持し、自分が想定した論拠にも合致するデータや言動がストーリーや図表や行間から見つけ出すことができるかがポイントである。登場人物の主張、論拠、証拠にあたる部分を3色ボールペンで色分けしながら読み込むのもよいだろう[4]。主張、論拠、証拠の3ポイントを押さえて読み込むことは、前述した方法論の三角形に相当する論理的思考の基本型である。

　ケース教材を3回読み込むことにどれくらいの予習時間が必要だろうか。自分自身の関心分野や得意分野と合致したテーマの教材であるかどうかによっても異なるだろう。また、ケース教材自体の長さにもよるだろうが、60～90分間のケース討論に向けて、20～30ページ分のケース教材を予習するためには、通常2～3時間の予習が必要と言われる。本書に収録されている短めのケース教材では、1～2時間の予習が必要だろう。あらかじめ編成された小グループでの事前準備が課されている場合には、より多くの時間がかかるだろう。

4　どのようにケース討論に貢献するか

　ケース討論が始まったら、自分の意見を鍛える機会だと思って積極的に参加すべきである。ケース・ティーチャーは、さまざまなタイプの質問を浴びせかけてくる。「ケース・ストーリーを一つの文章で要約するとどうなるか」といった質問がいきなり飛んでくるかもしれない。あるいは、「自分が主要

な登場人物の立場にあるとして、あなたが直面している問題は何か」といった質問が来るかもしれない。文学作品が読み手によって異なる解釈をされることがあるように、同じケース教材を読んでも他の学習者からは異なる問題発見がなされうる。それで構わない。遠慮なく、自分自身の意見を発言しよう。どの問題について討論を進めてゆくかは、ケース・ティーチャーに任せればよい。

　ケース討論での質問には、さまざまなタイプがある。一つの分類の仕方として、ここでは３つのタイプに分けてみよう。第一に、ケース・ティーチャー（T）が質問をして、学習者（S）が答えるというT-Sタイプの質問がある。ソクラテス・メソッドとも呼ばれる対話の基本型である。多くのケース・ティーチャーは、最初から特定の学習者を指名したりせずに、ボランタリーな回答を待つだろう。あるいは、一人の学習者を指名する場合でも、まずクラス全体に問いかけて、学習者一人ひとりの頭脳をフル回転させるであろう。ロシアン・ルーレットのように誰にあたるか分からない。いつどのような質問が自分になされるか分からないが、ケース・ストーリーの事実確認を求める質問であれば、ケース教材を十分に予習しておけば簡単に答えられる。クラス全体が共通の情報を共有してケース討論を積み上げてゆくために、まず、「いつ、誰が、どこで、何をしたのか（Who did what, when, and where?）」を再確認する質問がなされる可能性がある。予習の際には、時間軸を描いて、ストーリー上の出来事を整理しておくのもよい。あるいは、ステークホルダーの組織図や登場人物相関図を描いておくのもよい。客観的事実だけでなく、主要登場人物の主観的・人間的側面についても把握しておくとよい。事実関係の確認についての質問は、学習者の予習が十分になされているようであれば、短時間で済まされるか、あるいは省略されるかもしれない。

　事実関係の確認についての質問がなされた後には、問題分析についての質問がなされるだろう。学習者自身の分析が単純に要求されるだけでなく、ケース・ティーチャーがロール・プレイやシミュレーションの文脈を設定したうえで、行動的な分析がなされるかもしれない。コンテクストはケー

ス・ティーチャーが設定したとしても、テキストを読解するのはあくまでも学習者自身である。ステークホルダー間の利害関係の同定や問題の原因分析に関しては、T-S タイプの質問が続くかもしれないが、ここでは「いつ、誰が、どこで、何をしたのか」という質問ではなく、「なぜ（Why?）」問題が生じたのかを分析するための質問に移行するだろう。学習者の答えが不十分か、事実関係を誤認して答えてしまった場合には、ケース・ティーチャーがモデルを見せることによって修正するかもしれない。あるいは、ケース・ティーチャー自身が何らかのロールをもって、学習者の質問に対してモデルを見せながら回答する場面があるかもしれない。これが第二のタイプの、質問者が学習者で教員が答える形の S-T タイプの質問である。このタイプの問答では、ケース・ティーチャーのモデルを見ることによって、視野を広げ、議論を深めよう。

　第三に、学習者同士で討論する S-S タイプのエクササイズがある。4〜5名程度の学習者による小グループで討論をすることも多い。ケース討論前に小グループで準備することを指示される場合もあるが、小グループ討論は、学習効果を向上させるために、個人レベルでの予習と 40〜50 名以上のクラス全体でのケース討論をつなぐ重要なステップである。ロール・プレイではケース教材の登場人物別にグループ編成されるかもしれない。あるいは、それぞれ小グループ内で主要な登場人物が割り振られるかもしれない。シミュレーションでは、いくつかの選択肢別に小グループの課題が設定されるかもしれない。いずれにしても、ケース・メソッドにおける小グループ討論については、以下のようなメリットが指摘されている[5]。まず、学習者同士が教えあうことで理解が深まる。小グループ討論に参加するための予習にも力が入るだろう。大人数のクラス討論では発言の機会も減ってしまうが、小グループ討論があればすべての学習者に発言の機会がある。そうすることによって注意深く聴き、積極的に発言するコミュニケーション能力が向上する。個人レベルでの予習では気づかなかった考え方やアイデアを知り、効果的な参加方法やチームワークの重要性も体得できる。小グループ討論で自分の主張に対して他の学習者からのフィードバックを得ていれば、クラス全体討論

をする際に自信をもって発言することもできる。そして、さまざまなタイプの学習者による小グループ討論を経験することによって、多様な仲間たちとの関係性を築くことができる。こうした小グループ討論やS-Sタイプの討論では、「どのように（How?）」という質問を徹底討論するとよいだろう。もし自分だったらどうするか。どのように考えるか。どのような選択肢をどのような基準から選ぶべきかなどについて話し合い、自分の意見と他の学習者の意見を比べてみよう。

　このようにケース討論では、T-Sタイプ、S-Tタイプ、S-Sタイプの討論が5W1Hの質問を中心に積み重ねられるが、ケース・メソッドの本質が帰納法にある限り、最終的には何らかの教訓を引き出すためになされると考えてよい。「これはいったい何の事例だったのか（Of what is this an instance?）[6]」という質問に対する答を考えることが重要だ。換言すれば、ケース討論のまとめとして、ケース討論終了時に問われるべき質問は、「だから何なのか（So what?）」という含意である。討論したケースから、理論的にも、実践的にもどのような含意が引き出せるのかを振り返るとよい。

　ケース討論をすると、実際にとられた選択肢がどのようなものであったかが気になる学習者が多い。ケース教材によっては、実際にとられた選択肢や帰結が書かれていないことも多い。現実の世界において、採用された選択肢が正しいとは限らない。また、過去の現実社会における意思決定者はさまざまな制約があり、十分な情報をもっていなかったかもしれない。ケース討論のプロセスが主な目的であるので、実際にとられた選択肢は必ずしも考える必要はない。しかし、ケース教材によっては現実にとられた選択肢や帰結が用意されているものもある。そうした帰結を読む機会があるときは、単に実際の帰結を確認するだけでなく、ケース討論で検討した選択肢との比較をするとよいだろう。

5　ケース討論後のまとめ

　ケース討論を終えた後、しばしばレポートやエッセイを課題として書くこ

とが要求される。これらの課題のねらいは、ケース教材やケース討論の要約をすることではない。レポート作成のための復習課題は、ケース教材を予習したときの事前学習課題やケース討論において質問された多くの討議課題とは本質的に異なる。ケース討論の際に、登場人物の視点からさまざまな評価基準や選択肢について議論したとしても、それらを羅列するだけではよいレポートにはならない。学習者はケース教材やケース討論を単に要約するのではなく、ケース教材とケース討論を復習して、学習者自身の視点で分析レポートを書くのである。

　ケース討論後に課題として取り組むべきレポートやエッセイについては多様なものが考えられるが、主なものとしては、問題の因果関係を分析するもの、とるべき意思決定について提言するもの、政策やプロジェクトなどのパフォーマンスや結果を評価するものなどがある[7]。どのようなタイプのエッセイ課題であれ、まず明らかにすべき課題を提示したうえで、それに対する自分自身の意見や主張を明確にすべきである。その主張を論拠と証拠で論理的に固めたうえで、必要であればどのようなアクション・プランをとるべきかを提示すればよい。

　問題分析が主目的であれば、問題の状況を簡潔に描写したうえで、何らかの論拠に基づいて、その問題を生じさせた原因をいくつか特定する。因果関係を示す証拠を整理したうえで、必要であればどの原因が相対的に重要なのかを判断し、どの原因に優先順位を置いて対処すればよいかをアクション・プランとして提示できるだろう。意思決定について提言することが主目的であれば、とりうるべき選択肢を提示したうえで、妥当性、実効性、実現可能性、コスト、持続性などさまざまな判断基準を検討することによって、とるべき選択肢が優れていることを、他の選択肢の批判的検討とともに提示できるだろう。政策やプロジェクトの効果や帰結を評価することが主目的であれば、いくつかの評価基準を設定したうえで、データを検証することによって、一定の評価を下すことができるだろう。なぜそのような評価となったのかを検証すれば、パフォーマンスや効果を改善するためのアクション・プランも提示できるだろう。

こうした課題レポートやエッセイを国際開発の専門家や多様なステークホルダーに対してプレゼンテーションする機会があるとよい。開発現場の具体的な課題を教育や研修の場にケース教材として提示し、そのケースに対する学習者の分析やアクション・プランの提案を開発現場にフィードバックし、それについてさらに現場からフィードバックしてもらう学習回路をオンラインで築くことも技術的に不可能なことではないだろう。

6　国際開発の課題群解決にチャレンジする——本書の内容

　国際開発現場における課題群は、複雑に絡んでいる。たとえば、国際開発コミュニティーでは、「持続可能な開発」の3本柱として、経済的側面、社会的側面、環境的側面が指摘されてきた。これらの諸側面は相互に関連しており、その連関を解析するためには経済学、社会学、環境科学をはじめ学際的なアプローチが必要だろう。また、多様なステークホルダー・プロセスの知恵を構築してゆけば解決の糸口が見つかるかもしれない。

　経済的側面については、政府開発援助（ODA）や財政のみならず、通貨、金融、貿易、投資などの政策課題が注目されている。本書においては、「経済と開発」に関わるモジュールとして、ODAに典型的なプロジェクト・タイプの技術協力とプログラム・タイプの小規模金融について取り上げる。また、地方組織の財政状況の悪化について、中国の事例を所収している。

　社会的側面については、貧困、雇用、労働、教育、保健、文化、ジェンダー、エスニシティー、ジェネレーションなどの問題が絡んでいる。人間開発や社会開発の分野において、とりわけ重点領域として認識されているのは教育と保健である。「社会と開発」モジュールでは、教育と開発について、中東における教育支援と経済移行国における教育開発プロジェクトをめぐる国際連携を扱う。保健と開発については、途上国の多様な文化と変化する公衆衛生状況の中で、どのように感染症や生活習慣病をめぐる国際保健協力ができるのかを考える。また、文化、ジェンダー、エスニシティー、ジェネレーションなどがアジア諸国の開発現場でどのような役割を担っているかを

考える。

　環境的側面については、気圏、地圏、水圏、生物圏などが複雑な様相を呈している。これらの環境もそれぞれ独立に存在しているわけではないが、「環境と開発」に関するモジュールでは、東南アジアの国際河川や沿岸地域をめぐる自然環境と経済社会開発の対立や貿易と環境をめぐる紛争、そして参加型森林管理をめぐる事例を取り上げる。

　また、持続可能な開発の3本柱と共に、21世紀グローバル社会の国際開発に関連する重要課題として、平和構築や人間の安全保障に関わるトピックに焦点を当てたケース教材のモジュールを「平和と開発」として付け加えた。災害や紛争の被災地における緊急人道支援や危機管理の段階から、より中長期的な復興や開発支援の段階へと移行してゆく時期における国際協力の難しさを克服するための知見の蓄積は、今日の国際協力の喫緊な課題の一つとなっている。

　何のために私たちは学ぶのか。どのように国際開発の新地平を構築してゆくべきなのか。自分も世界も変えてゆく方策を見つけるために、ケースで学ぶ国際開発に楽しんで挑戦して欲しい。

注
1　黒澤明監督『羅生門』（大映、1950年）は、芥川龍之介の短編小説「藪の中」を題材としたものである。
2　黒田龍彦『緒方貞子という生き方』（KKベストセラーズ、2002年）、130頁。
3　Laurence E. Lynn, Jr., *Teaching & Learning with Cases: A Guidebook* (New York: Chatham House Publishers, 1999), p. 72. を参照。
4　齊藤孝『三色ボールペンで読む日本語』（角川書店、2002年）でも似たようなルールが提案されているが、自分の主観としての主張、相互主観としての論拠、客観的な証拠を色分けすると分かりやすい。
5　Louise A. Mauffette-Leenders, James A. Erskine and Michiel R. Leenders, *Learning With Cases*, third edition, (Ivey Publishing, 2005), pp.21-24.
6　ジェームズ・ローズノウは、事例研究の意義は "Of what is this an instance?" に答えることにあると指摘している。James N. Rosenau and Mary Durfee, *Thinking Theory Thoroughly: Coherent Approaches to an Incoherent World* (Westview Press, 1995), pp. 230-232.
7　William Ellet, *The Case Study Handbook: How to Read, Discuss, and Write*

Persuasively About Cases (Harvard Business School Press, 2007), pp. 105-117.

経済と開発

　20世紀後半に持続的なペースで経済開発を達成したのは東アジアと東南アジアの開発途上国であるといわれる。この背景には、各国の自給自足経済から商業経済への移行、産業・サービス部門中心の経済への転換などに加え、外国からの投資や科学技術の活用などさまざまな要因があげられる。経済発展には、公共部門と民間部門が相互に補完し合うことが重要とされ、民間の成長の原動力に不可欠な公共財の整備は、公共部門の重要な位置づけであり、基本的な医療、基礎教育、安全な水と栄養などの最低限の公共サービスへの投資、基幹インフラの整備を始め、通貨の安定、財産権の保護などのビジネス環境の整備、社会保障、テクノロジーの促進と普及、および自然環境の管理など多岐に及ぶ。

　過去には経済成長が開発の指標とみなされていたが、1980年半ばにロバート・チェンバースが提唱した「人間中心の開発」、その後のUNDPによる人間開発指標の制定により、経済開発と人間開発の融合性が益々重要視されている。同時に、貧困削減、開発経済学の対象領域は拡大し、安全保障、健康保健、平和構築の分野においてどのような貢献が見出せるかが重要となる。

　本章では、マクロレベルの経済と開発の事例とミクロレベルでの開発プロジェクトの財政管理に資するケースを通じ、経済開発分野のプロジェクトの効果的な計画、実施のあり方を考える。

1
それでも続けなければならない理由はあるのか[1]
―― 混迷する小企業向け金融プロジェクト

菅野　悠紀雄

　金融は企業部門振興の鍵ともいえる重要性を有しているが、中小企業への金融は特に開発途上国においては取組みが遅れる傾向がある。財源の確保、小口の貸付に伴うコスト高の問題に加えて、返済能力の審査、債権管理を適正に行う体制、そのための金融機関の強化など実施にあたっての厳しい条件を備えるのが困難という事情がある。そのため、これらの条件はプロジェクト実施過程で整備することとし、まずは融資事業を見切り発車で発足させようとする例がある。

　しかし、現実はいい加減ともいうべき取組みを許さない。このケースは、東南アジアのある主要国で国際金融機関主導の下で展開された大規模な融資プロジェクトが延滞金の累積で行き詰まり、同国政府は多大な財政負担を余儀なくされた。このプロジェクトは打ち切らざるを得ないのか。

はじめに

　井藤マキは、独りシャングリアホテル最上階のバーにいた。心地よく、すっかりくつろいで、東インド国[2]の首都バタヴィア市の見慣れた風景を眺めていた。彼女は、米国ワシントンに本部を置く国際金融機関であるグローバル銀行のプログラムオフィサーであるが、最近申請のあった小企業振興プロジェクト（SEDP）次期フェーズの融資要請にどのように対応したらよいか、思案をめぐらしていた。昨日ブロンクヴィスト所長と話をするまではすっきりと整理がついていたのに、と彼女は思った。SEDPに関わる政治的背景についての所長の発言を聞いて、彼女は混乱し、早急に決断を下さなければな

らない状況なのに、どうすべきか迷ってしまったのである。考えにふけるうち、彼女はこの問題の発端にさかのぼって回想するのであった。

1 マキの駐在事務所への配属

　バタヴィア国際空港に降り立ちながら、マキは上気していた。彼女はグローバル銀行東インド国駐在事務所に勤務を命じられたことを喜んでいた。これは彼女にとって最初のフィールド勤務である。マキは、公務員であった父に随伴して海外に暮らすことが多く、米国などで青春期を過ごしたが、いつも国際開発に関心があった。米国で大学院教育を終えた後、彼女はグローバル銀行にヤングプロフェッショナルとして採用され、金融セクターのプロジェクト融資の企画及び実施を担当した。数年間の本部勤務の後、マキはフィールドの経験を積むために東インド国に派遣された。子供の頃から、彼女は何であれ物事に正面から立ち向かっていくことを常としていた。彼女はアメリカ流の明確な歯に衣を着せない議論を好み、そして多くの日本女性のように、いつも身の回りをきちんと整理することに神経質であった。

　バタヴィアに着任してすぐに、彼女は融資担当のプログラムオフィサーとして責任をもつべきいくつかのプロジェクトを与えられた。彼女の主たる関心は、東インド国政府の開発戦略における優先事項である、小企業振興プロジェクト（SEDP）であった。転勤前、本部で彼女は前任者からこのプロジェクトについてブリーフィングを受けていた。

　彼女が聞いたところでは、10年前まではこの国の小企業の資金需要についてはほとんど対応がなされておらず、わずかに高利貸しや頼母子講に頼るほかはなかった。そこで東インド国政府は、全国のほとんどあらゆる分野の小企業振興を図るための金融として、次の2つの融資制度を導入し、SEDPとして体系化した。

　　イ．固定資金融資制度
　　　　土地、機械設備など固定資産取得の資金を融資する制度。

ロ．運転資金融資制度

　企業経営のための運転資金を融資する制度。

　SEDP は雇用創出、地方への投資促進、企業家精神の養成、地方の産業拡大及び全般的な経済活動の振興を目的としていた。

　SEDP はその創設以来、主として石油輸出収入の余剰資金に助けられて、拡大を重ねてきた。数年前グローバル銀行は小企業育成の重要性を認識して、SEDP に対し相当な額の資金供給を始め、以来第1期（SEDP I）4,000万米ドル、第2期（SEDP II）1億600万米ドルと供給額を増やしていったのである。SEDP の主な特徴は以下のとおりである（これらプロジェクトの構成については付属資料 A を参照）。

イ．　SEDP は第1期、第2期ともに融資制度部門、要員教育支援部門、技術普及支援部門から成り立っていた。もとより融資制度が中心であるが、融資を効果的に実施するために他の2つの部門を必要とした。技術普及支援は工業省が行っている、企業の技術向上を目的とする普及活動を支援するものである。要員教育支援はこの融資制度を統括する中央銀行及び各貸出銀行の要員の教育訓練など、運営体制強化を支援するものである。

ロ．　この融資制度による貸付のすべてに、全国信用保証協会による75％の信用保証が付保されていた。

ハ．　これら融資制度における貸付金利は、さまざまな政府補助により9.5％に固定されていた（9.5％は、同国における物価上昇率に鑑みても非常に低い金利であり、市場金利のほぼ半分程度であると考えられる）。

付属資料A

小企業振興プロジェクト第2期（SEDP Ⅱ）

1）SEDP Ⅱの3部門

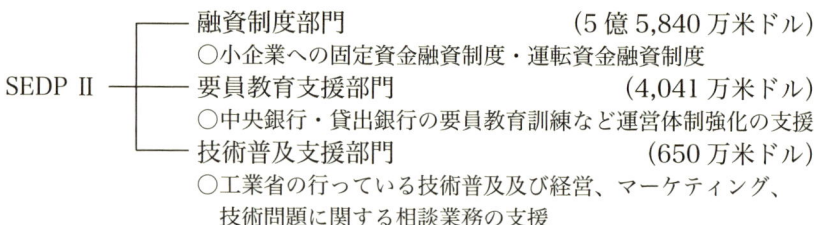

2）融資制度部門の資金の流れ

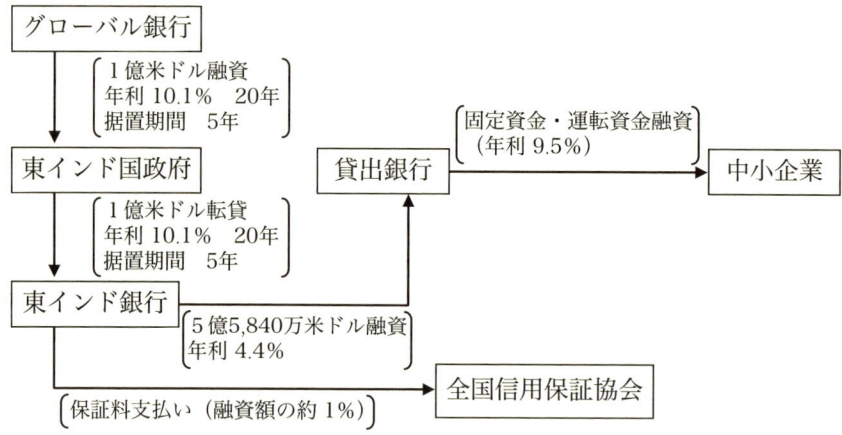

注(1) グローバル銀行は東インド国政府に対して1億米ドルを年利10.1％、20年償還、据置期間5年の条件で資金を提供する。このうち、1億米ドルは小企業への固定資金・運転資金融資に使われる。

(2) 東インド国政府は、この1億米ドルを上記1．と同じ条件で東インド銀行に転貸する。

(3) 東インド銀行はこの転貸された1億米ドルに加えて自らの資金として年利3％の資金458万4,000米ドルを調達し、合わせて5億5,840万米ドルの資金を、固定資金・運転資金融資制度実施のための資金として全貸出銀行に年利4.4％で貸し付ける。この年利が4.4％になるのは、上記2つの資金の合成金利に加えて、全国信用保証協会に保証料を支払うからである。

(4) 貸出銀行は、この資金を受け、貸付け業務の経費として金利差5.1％を上乗せして、年利9.5％で小企業に対し固定資金及び運転資金を貸し付ける。

3）要員教育支援部門の資金の流れ

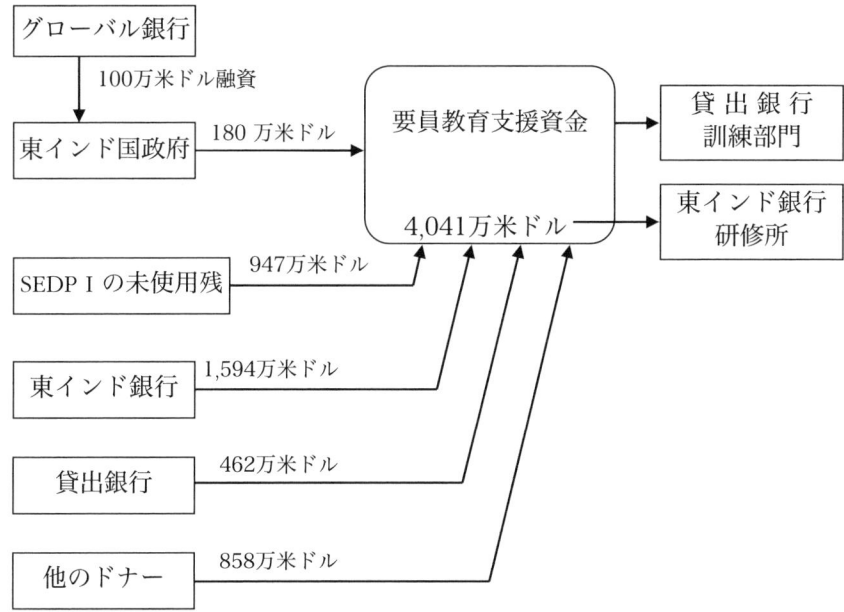

4）技術普及支援部門の資金の流れ

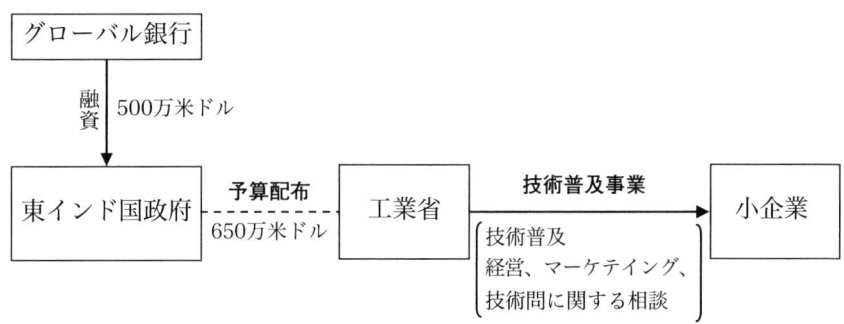

注 グローバル銀行の東インド国政府への借款1億650万米ドルのうち、500万米ドルが工業省に技術普及支援のための予算として配布される。同政府は、これに加えて自己財源から150万米ドルを工業省に予算配布する。

2　中小企業振興プロジェクトの問題発生

　この1～2年、SEDPに関し問題が出現してきており、マキはすぐにこれに対応せざるを得ないこととなった。融資返済の延滞金の増加により、全国信用保証協会に貸出銀行から保証金支給の要求が急増したのである。2年前、同要求は対前年比50％、昨年は同124％の割合で増加した。この趨勢が続くこととなれば、同協会はその保証義務を履行するために直ちに政府の援助を求めなければならない状況となるのであった。

　マキは駐在事務所で勤務を開始してすぐに、中央銀行である東インド銀行のシララヒ担当局長にアポイントを取り、会いに行った。彼女から現状について説明を求められて、同局長は次のように述べた。

　「状況は深刻です。貸出銀行からの報告によれば、延滞金は着実に増加しています。我々中央銀行は各貸出銀行に詳細な業務報告提出を求めており、それらを入手次第、深刻な延滞金の原因を突き止めるため、5大貸出銀行についてそれぞれ最も成績の悪い10支店を選んでその業務を点検し、徹底的な調査を行うこととしています。これに基づいて我々はSEDPの質と運営を改善するための行動計画を策定する予定です。

　我々の知るところでは、延滞金増加の理由の一つは、一部の貸出銀行がその貸出業務の事務能力を考えず、また、スタッフの訓練が必要であるにも関わらず、融資の規模拡大に重点をおいたためなのです。数年前融資業務の内容が悪化したとき、貸出銀行は融資の手続きにより慎重になり、貸付債権の地固めをするとともにその質の改善に努力したということがありました。

　本件融資制度は多くの銀行とそのおびただしい数の支店によって実施されています。国立銀行5行の1,000支店が融資総額の86％を、地域開発銀行、全国規模の商業銀行が残りの14％を受けもっています。この時点で問題の全体像を得るのは困難ですが、融資延滞は各銀行、各支店によって状況が異なることはわかっています。銀行、支店の多くは堅実な融資業務を実施しているのです」。

　局長の話が終わるのを待って、マキは口を開いた。「いろいろな人々から

話を聞きましたが、この融資業務をこなす貸出銀行の処理能力や融資債権を管理する体制は整っていないといいます。おそらく SEDP がこの国に導入されたのは時期尚早であったのでしょう。私には、銀行業界の実施体制が確立して初めてこの種のプロジェクト実施が成功するように思うのですが、シララヒ局長、私は間違っているのでしょうか」。

「いや、間違ってはいません」と彼は答えた。「多くの場合あなたの言っていることはまったく正しいのです。ただ、この国のような開発途上国にはそのアプローチは適用できません。SEDP は、小企業を振興することにより雇用創出その他の重要な目的を実現するための国家の重要政策です。どれだけ費用がかかろうとも、実施しなければならないのです。それに、貸出銀行は事務処理体制を強化しつつありますし、SEDP 第1期及び第2期の要員教育支援を利用しています。すでに 3,945 人の銀行職員が教育訓練を受け、うち 547 人は1年の教育を受けているのです。重要なことは、体制が強化されてから SEDP が導入されるというのではなく、体制の強化は SEDP の目的の一部になるべきであるということなのです」。

マキは強く反論した。「といっても、それによって生じる損失は耐え難いほど増加しているのです。もしかして SEDP には根本的な問題があるのではないのですか。局長はこのプロジェクトを続ける自信があるのですか」。

「SEDP に構造的問題があると決めつけるのは早過ぎます。調査の結果と行動計画の策定を待たなければなりません」とシララヒ局長は答えた。

東インド銀行によれば調査が完了するには数ヶ月かかるとのことであった。その間、グローバル銀行駐在事務所の中では意見交換や検討会が行われ、マキは関連のファイルを点検したり、この融資制度の実務を知るため東インドの政府や銀行の人たちと連絡を取ったりした。

3　調査結果の発表

数ヶ月後、調査結果はグローバル銀行にもたらされた。ここで確認された諸問題は、調査対象銀行の業務のみならず、本件融資制度運営全般に関係す

るものと考えられた。5大国立銀行それぞれの10大不良支店を点検した結果、調査報告書は問題点を次のとおり概説している。

A. 融資申請の審査

本件融資制度が開始されたとき、この融資をできるだけ多くの小企業に及ぼすため事業の急速な量的拡大に重点がおかれた。貸付の多くは経験もなければ訓練も受けていない職員によって執り行われ、その結果、融資の審査体制は極めて脆弱なものとなった。すなわち、（イ）申請者から提出されるはずの情報なしで融資が認められたり、（ロ）もともと融資申請は書面審査であり、不十分にしかできないところ、返済計画は資金の流れの見込みに基づいたものになっていなかったり、（ハ）あまりに多くの件数の融資を扱うことから、事務処理の監理や指導が不十分であっても見逃されがちになっていた。

B. 借り手側の問題

借り手の多くは借入金の返済義務を真面目に考えていなかった。一部の者は、融資された資金を企業活動に使う代わりに、非生産的な目的に使ってしまった。また、その資金で得られた収益を融資の返済に当てることなく、個人的な支出に当てた者もいた。

このような借り手の態度を考えれば、貸出銀行は、返済計画に十分な注意を払い、借り手と密接な接触を保つ必要があった。しかしながら、小口の融資の件数はあまりにも多く、貸付担当者は管理の限界を超えた数の融資件数を担当しているのであった。これに加えて、融資が延滞した場合にこれを察知し、督促状を出す仕組みが十分に確立されていなかった。

C. 信用保証の仕組み

全国信用保証協会の方針、条件、実施手続きは、本件延滞の増加に直接関係していた。貸出銀行に課される保証料は、貸し倒れ発生による損害補償に見合うものではなく、あまりに低額であった。さらに、貸し倒れの場合には、

債権の75％が補填されるので、貸出銀行は貸し出しにあたり注意深く審査をしたり、債権管理や返済取立てを精力的に進める意欲を欠く結果となった。

　上記の調査と関連して、東インド銀行はすべての貸出銀行における本件融資業務の全体像を把握するための調査を別途行っていたが、その調査結果がまとめられ、グローバル銀行に伝達された。それによれば、全貸出銀行における本件融資の延滞額は最近3年間に融資総額の11％から25％に増加していることが判明した。しかし、延滞の深刻さは各銀行間で、また同じ銀行でも各支店によって事情を異にしていた。延滞発生の原因もまちまちであった。たとえば、一部の銀行においてはコーヒー、砂糖など現金収入を得られる作物の市場価格低下による農家の収入減が問題の原因であったが、他の多くの銀行では債権管理及び返済取立てを行う職員の不足が問題の主たる原因であるとみなされた。この調査で特に明らかになったのは、貸出銀行の中でも、本件融資残高の53％を受け持っている国立開発銀行（開銀）の融資額に占める延滞金の比率が35％（3年前は12％）にも上ることであった。開銀を除く他の銀行全体の延滞金比率はこれよりもはるかに低く、10％（3年前は9％）に過ぎなかった。

　同様に重要な問題は全国信用保証協会の財政の健全性であった。協会は延滞金問題を最終的に処理しなければならないからである。協会の本来の役割は中小企業に対してその債務を保証することにより、これら企業への金融を促進することにあったが、このようにあまりにも多くの延滞の補填請求が恒常的になされることになれば、協会の資産の流動性と損益は重大な影響を受けることになる。現在の保証のあり方と仕組みが、協会の財政健全性を確保する上で負に作用していることは明らかであった。適切な改善策が講じられない場合には、協会はこれから引き続き甚大な財政的損害をこうむり、その結果政府に財政支援を求めることを余儀なくされる。協会が弱体化すれば、本件融資プログラムのみならず、政府の政策金融全般が危機に瀕することになるであろう。このような事情から、東インド銀行は、協会の運営及び財務の見直しを主導することとし、自立した健全な信用保証機構としての協会の存在を確保するための行動計画を策定することとした。

2つの調査報告を読んで、マキは問題の深刻さに打ちのめされる思いであった。ああ、なんということだろう、と彼女は思った。これまで長い間何ら改善策が講じられないままに、問題は拡大し、深刻化してきたのだ。彼女は状況を正しく理解するために、SEDPについて駐在事務所のブロンクヴィスト所長やスタッフたちと討議すべき基本的な問題点を以下のとおり取りまとめた。

① プロジェクト第1期及び第2期は、その目的である雇用創出、所得の分配その他、所期の目的達成に実際のところ積極的効果があったのか。
② この時点においてプロジェクトの費用は、便益に比して不相応に高いのか。
③ 問題点のうち、どれがプロジェクトの計画に関わるものであり、どれがその実施に関わるものであるのか。
④ 職員の訓練などの銀行の体制強化は、その業務を適切に運営できる程度に達成されたのか。
⑤ 多額の政府補助はプログラムの存立を害するものであるのか。
⑥ グローバル銀行の非譲許的借款[3]は、多額の補助金要素を含むプロジェクトの資金源として適当であるのか。
⑦ プロジェクト第1期及び第2期に存在している制度的欠陥及び不適切な実施方法は、次の第3期の借款要請が出された場合、それが融資に値すると評価される程度に改善することが可能であろうか。

4　今後の方針の検討・協議

調査の完了に伴い、一連の会議が東インド国政府関係省庁、中央銀行及びグローバル銀行各代表参加の下に召集された。これらの会議は、(1) SEDP第2期に関わる諸問題への対応策を取ること、(2) 将来SEDP第3期の要請の見通しについてコンセンサスを図ることを目的として開催された。

これらの会議においては、各経済官庁の代表は、SEDPが小企業振興にとって重要であることを強調し、SEDPを支持する旨の発言を行った。彼らは、たとえ銀行側の実施において改善が必要であったとしても、プロジェクト第1期及び第2期は、雇用創出、地方の産業振興その他所期の多くの目的を達成したことから、成功であったと主張した。彼らはまた、債務延滞の大部分は単に開銀の体制の弱さを反映しているだけであって、他の多くの銀行は適切に仕事をしていること、したがって、開銀を含む力のない銀行及びその支店の事務処理の改善に努力を結集すれば、プロジェクト全体の質は大いに向上すると主張した。

　財務省代表のストモ局長は、全国信用保証協会の甚大な財務損失の発生及び流動性悪化に伴い、その業務運営の見直しと行動計画の策定を国家開発経済企画庁、東インド銀行及びグローバル銀行の協力を得て進める旨を述べた。

　国の開発計画、開発プロジェクト及びこれに関わる2国間及び多国間援助受け入れの調整の任務を有する国家開発経済企画庁の代表は、本件融資プログラムの質的改善に焦点をおいた行動計画を策定する必要性を訴えた。同代表の発言は、対外援助の受け入れに当たり政府を代表する役割を有する機関であることに鑑み、他の出席者よりも重みをもって受けとめられた。

　駐在事務所に赴任する前にマキは、東インド国においては公開の場で問題点を公然と指摘すると特定個人を傷つけることになるとして、その文化に配慮すべきというブリーフィングを受けていた。この助言を思い出しつつ、本当は問いたかった個別の問題に踏み込むことを自制して、マキは、制度的欠陥や業務運営上の諸問題を突きとめ、これを是正するための包括的な計画が策定されるべきことに賛意を表した。

　この最初の会合において、本件融資プログラムの管理を改善するための行動計画が直ちにつくられるべきだというコンセンサスが形成された。それ以降東インド銀行、財務省、国家開発経済企画庁、グローバル銀行などの代表による会議がもたれ、この会議において、行動計画を起草するためのタスクフォースのメンバーが指名された。同時に全国信用保証協会の業務及び財務を再点検するもう一つのタスクフォースも設置された。

マキは２つのタスクフォースのメンバーとして作業に参加して忙しい中、グローバル銀行を代表して財務省のストモ局長やその他の職員たちと会合をもった。彼女は、補助金の負担を軽減するために融資プログラムの条件を変えることが欠かせないことを助言した。ストモ氏は、その助言は政府部内で検討するとは言ったものの、補助金の要素は中小企業振興にとって重要であるとの政府の立場を述べた。

5　駐在事務所における検討会

　マキは、今こそ小企業振興プロジェクトを取り巻く諸問題について徹底的な検討を行うべきときであると考え、ブロンクヴィスト所長などスタッフが参加する会議の召集を求めた。その会議において、彼女は前述の問題点、現存する問題の概略及びこれらの経緯につき資料を添えて配布した。議論は以下のように進行した。

１．SEDP 第１期及び第２期の経済的効果

　第１期及び第２期実施に関しそれぞれ数年前に行われた調査によれば、これらプロジェクトは総じて開発に積極的効果のあることが示された。第２期に関する重要な調査結果としては、1,300社の調査対象において1,000ルピア当たりの融資に対して平均1,890ルピアの生産増加があり、雇用創出（月額の賃金で表示）平均290ルピアの増加があった。全体として、３年の間にこの融資プログラムによる雇用増加は39％、生産増加は36％であるとされた。

　参加していたエコノミストの一人が付言した。「小企業における労働生産性は大企業に比べて低いが、これは労働者一人当たりの資本装備率が低いこと、及び技術が未熟であることによる。したがって、少額ではあってもその企業にとっては意義のある資本の投入が行われると、しばしば大企業の場合よりも大きな効果をもたらすことがある」。彼の見解及び上記調査結果に誰も異議を唱えなかった。

２．費用と便益の比較

　SEDP は第 1 期、第 2 期ともに政府にとって高価な代償を伴うことは明らかであった。それは次の 3 つの理由による。

1 ）この融資プログラムの資金については、その 55％を政府と中央銀行が年利 3 ％という低い政策金利で提供した。これに加えて、政府は小企業への融資の末端金利をさらに 1.5％下げるために補助金を支出している。これらにより、本件融資の貸し付け金利は 9.5％に固定されている。毎年の物価上昇が 10 〜 12％に及ぶ当国において 9.5％の貸し付け金利はきわめて低く、銀行貸し付け市場金利のおよそ 2 分の 1 であった。このようにして政府は本件プログラムを通じて多大な財政資金を費消しているのであった。

2 ）貸付出銀行はその業務経費として融資取扱い額の 5 ％の金利差を受け取っており、これはすでに高額である。しかしながら貸出銀行は、本件貸し付けはあまりにも多くの企業に小口の資金を融資し返済させるため、きわめてわずらわしい手続きを伴うとして、より大きな金利差を要求している（なお、1 件当たり平均融資額は 350 米ドルであり、融資件数の 80％は 100 米ドル未満であった）。

3 ）特に SEDP 第 2 期においては、延滞の急増は全国信用保証協会が政府に補助を求めることを余儀なくさせ、2 期をますます費用のかさむプロジェクトにさせたのである。

　第 1 期、第 2 期ともに高価なことは明らかであったが、出席者は上記でみたようにそれらの理由はそれぞれ個別に考えるべきであることで意見が一致した。彼らの見解では、貸し付けを低利に据え置くための補助金は、政策的判断として政府に属する問題である。貸出銀行に大きな金利差を認めてやることは小規模な金融に固有な問題であるとみなされた。出席者が直ちに是正するべきであると意見が一致したのは延滞の問題であった。

3. プロジェクト計画における欠陥

　マキは、プロジェクト計画上の失敗があることを示唆した。「補助金の問題を別にして、信用保証の現行の仕組みはプロジェクト設計における欠陥といえるものです。75％という補填率は余りにも高く、これでは貸出銀行は融資にあたって審査を厳密に行う意欲を失い、ましてや債権が焦げ付いた場合にその返済を懸命に追求する意欲などはさらに乏しいということになるのです」。

　ブロンクヴィストは答えた。「他方、貸出銀行は、仮に信用保証がなかったり、今よりも低い補填率である場合には、大問題をかかえるであろう。すでに75％の補填率が定められているので、今の時点でこれを引き下げるのは極めて難しいであろう」。

4. 貸出銀行の体制強化

　マキは発言した。「私の承知する限り、訓練を受けた経験のある職員の不足は、引き続き本件融資業務執行の大きな障害となっています。確かに訓練計画は、人員において目標を達成したかもしれません（これまで3,945名の職員が訓練を受けており、5,000人の目標は超える見込みである）が、今や訓練の結果を評価すべきときでしょう。たとえば、いくつかの銀行においては融資担当職員は貸し付け審査書さえろくに書けないのです。小規模貸し付けは重要でないとされているのか、しばしば経験の乏しい、入りたての職員の担当になっています。また、借り手はどのようなデータが必要かを知りません。この状態を改善するにはずいぶん時間がかかるでしょう」。

　ブロンクヴィスト所長が述べた。「数年前貸出銀行の状況はずっと悪かった。当時から見れば、着実な進歩があったといえるであろう。また、延滞の多くは開銀にあり、他の銀行はかなりよくやっている。これからは開銀の事務能力向上に特別の注意を払うべきである」。

5. 多額の政府補助金の影響

　マキはこの問題について見解を明らかにした。「この融資プログラムへの

補助金は東インド国政府の政策事項です。開発の初期には補助金は産業振興のため必要であり、また、効果があったでしょうが、この国は10年間も順調に発展の道をたどっているのです。それでもSEDPにおける補助金はきわめて大きな割合を占めているのです。このような形態の補助金のついたプロジェクトは持続可能ではないといえるでしょう。私は財務省のストモ局長と話しましたが、彼は、政府は補助の方針を変えるつもりはないと言っていました。我々のこの国に対する借款は非譲許的ですから、このような費用のかかるプロジェクトには適合していないでしょう。仮に、政府が補助金政策を変更しないというのであれば、グローバル銀行はこのプロジェクトに引き続き借款を供与すべきでないと思います」。

ブロンクヴィスト所長は答えた。「プロジェクトの経費がかさむのは主に補助金の要素にあることは明らかであるのに、この政府は、補助金削減について我々に肯定的な回答をしていない。我々はこの件について彼らと引き続き協議しなければならない」。

マキは付言した。「過大な補助金の要素は本件融資制度の適切な管理にとっても有害であることに留意しなければなりません。この補助金によって市場よりはるかに有利となった融資を、多くの小規模企業はあたかも政府からの贈与であるかのごとき誤った認識に至り、返済義務の意識に欠けるという結果になるのです」。

6．プロジェクト改善の可能性

「この融資プログラムを自立させるための鍵は開銀の問題にあります」とマキは言った。「歴史的に、開銀はこの国における農村金融の主たる実施機関であったのです。開銀が政府から、小企業や農村に対する政府管掌融資プログラムの主たるチャンネルの役割を果たすように求められると、同銀行は融資先について自己の立場をほとんど主張できなくなってしまいました。以降、開銀は、政府にその資金供給のほとんどを依存する、官僚的で動きの鈍い組織になっていったのです。この銀行は高い営業経費で、ほとんど利益なしに運営されています。大部分の融資プログラムは政府または全国信用保証

協会によって保証されているので、その返済を確保する意欲はほとんどありません。したがって、開銀を建て直し、その業績を向上させなければなりません」。

「そのとおりである」とブロンクヴィスト所長は賛意を表した。「難しい仕事であるが、やらねばならない」。

「過激かもしれませんが、効果のある手段は開銀をこのプロジェクトから除外することです」と、マキは示唆した。

「政治的にこの国ではその考えは実行不可能であろう」と、所長は答えた。「それに、開銀が退いた場合にその融資の仕事を引き受ける能力は他の銀行にはないことが問題である」。

6　行動計画の完成

　数ヶ月間の苦労の後、本件融資プログラムの質を改善するための行動計画が策定された。同計画は劇的な手段を含んではいなかったが、中央銀行及び貸し出し銀行によりとられるべき措置（融資審査、融資実行、債権管理の3つの融資サイクルにしたがって分類した行動）を包括的に網羅していた。中でも行動計画は、次のような勧告を含んでいた。融資を拡大することに重点をおくのではなく、融資計画の地固めをし、債権の質を改善することに努めること。各支店が延滞を増加させた原因及び問題に対応するための体制のあり方を分析すること。各貸付銀行の部門別マネージャーの説明責任を強化すること。融資の審査及び債権管理の能力が不十分であった支店を修復することなどであった。

　マキは行動計画の完成について複雑な気持ちを抱いた。というのは、彼女はそれがどのような意味をもつのかを知っていたからである。大いにありうることは、行動計画が、本件融資プログラムの継続を正当化し、グローバル銀行の次期借款（第3期）への道を整えるために利用されることであった。駐在事務所に着任したときから、マキはこの融資プログラムを推進する、何か隠された圧力があるのではないかと感じていた。SEDPには重大な問題が

あるにも関わらず、政府、中央銀行、そしてグローバル銀行さえも、関係者は決してその弱点について触れることはせず、これを支持することのみに極めて熱心であった。彼女は、SEDP を効果的に改善するためには 2 点について決断がなされ、実行されなければならないと固く信じていた。1 つは、開銀を融資プログラムから除外することであり、2 つ目は、補助金の割合を下げるために融資条件を変えることであった。しかし、このような状況にあって、誰もそのどちらを試みることさえしないことを彼女はよく知っていた。彼女はまた、駐在事務所のブロンクヴィスト所長以下の幹部が、さらにはグローバル銀行本部さえも、東インド国政府に対しこのプログラムを建て直す機会を与えるために次期借款を供与する用意があるのではないかと感じていた。このような状況において、彼女は、このプロジェクトを自立させるための解決策を見つけるにあたって、自分の非力を感じずにはいられなかった。

7　第 3 期借款の要請

　行動計画が完成する直前に、国家開発経済企画庁のシレガール次官がブロンクヴィスト所長を訪問し、政府を代表して、グローバル銀行の次期借款（第 3 期）を要請した。所長は次官に対し、第 2 期について多くの問題があることから、次の段階のプロジェクトについてはグローバル銀行本部において慎重に検討される旨述べた。この問題が本部に付託されている間、政府、中央銀行、駐在事務所の代表により予備的な会合がもたれ、要請内容の検討が行われた。

　財務省のストモ局長は、冒頭、小企業振興プロジェクト（SEDP）は極めて効果があり、したがって、東インド国にとって非常に重要なプロジェクトであると述べた。「第 2 期に関連する問題の所在は確認され、包括的な対応策はすでに始動している。あらゆる産業部門からこの融資プログラムは継続すべきであるという強い要請が接到している。したがって、東インド政府としては次期プロジェクトを実施するほか選択肢はないのである」。

　同局長はまた、次のとおり述べた。「第 3 期の計画はより多くの財政資金

を必要とするので、政府は第2期の2倍規模の借款を要請する。最近の数年間に国内の開発は進展したため、小企業の資金需要は飛躍的に増加したからである」。

マキは、ストモ局長に向かい合って、はっきりと質した。「開銀にこのプログラムからの撤退を求めることを考慮されたことはないのですか。中央銀行の調査によれば、開銀が弱い組織であることは明確であるし、延滞の多くを抱えているではありませんか。短期間に開銀を再建することは極めて困難です。その職員を訓練している間に、第3期において膨大な延滞が蓄積されていくでしょう」。

「あなたのおっしゃる案は、思いのほか実施は簡単ではないのです」とストモ局長は答えた。「開銀は、政府関係の融資プログラムの実施において中心的な役割を果たしている、重要な銀行です。仮にこの融資プログラムから除外されたとしたら、国立銀行としての評価は大いに損なわれます。金融セクターの安定性を守るためには、そのような決断はできるものではありません。実務的な観点から言っても、開銀は国内の全州に所在する、数百の支店を通じてこの融資プログラムの半分以上を受けもっているのです。開銀が撤退した場合に、これを引き受ける銀行が十分にあるとは考えられないのです」。

マキはため息をつき、質問した。「東インド政府はこれからも第2期と同様に融資プログラムに補助金を出すつもりですか。仮にそうだとしたら、第3期の経費は、延滞金と合わせればあまりに大きくなるではありませんか」。

「確かに」とストモ局長は答えた。「第2期の基本的な仕組みは第3期に持ち越しになります。小企業に対し有利な条件の融資を行うのは政府の政策であり、そのコストは政府が負担する用意があります」。

8 マキの疑問解明への努力

政府との会合が終わった後、マキは、ブロンクヴィスト所長のオフィスを訪れ、少々時間を割いて欲しい旨を頼んだ。

「当地に来て以来心から離れない疑問があります。ずいぶん考えましたが、まだ分からないのです」と彼女はいった。

「ああ」と彼は言った。「それは何だね」。

「私は、当国政府の人たちはともかくとして、所長やここのスタッフが、第2期の問題が深刻であるのにどうしてそんなに落ち着いていられるのかと、ずっと不思議に思っているのです。そのような問題があるのに、第3期の借款要請が出されたことさえまったく気にもなさらないのですね。ずっとこの問題に携わってきた過程において、何か私は疎外されているのではないかと感じてきたのですが、この件に関して私が理解していないことでもあるのでしょうか」とマキは訊いた。

「君の質問に満足に答えられるかどうかはわからないが、このような問題に対処するときの困難なことの一つは、実際、いったんプロジェクトが実施に移されると、たとえ問題が発生してもその仕組みを変えるのが難しいということなのだ。君はこの国の格言を知っているかね。『重要なのは形であって、内容ではない』というのだが」と所長はいった。

マキはこの答に納得しなかった。「既定の仕組みを変えるのが難しいという、惰性はどこにもあるのです。しかし、この場合誰もがこのプロジェクトを進めることに熱心になるには何かそれ以上の力が働いているように思うのです」。

「これから話すことが君の疑問に関連するかどうか自信はないが、数週間前、社交の席で当国の政治家たちと話す機会があった」とブロンクヴィスト所長は話を続けた。「話題が小企業育成の問題になったとき、政治家の一人がSEDPの重要性を強調し、このプロジェクトはプリ・ブミ[4]の実業家育成にきわめて有効な手段であると主張したのだ。彼はSEDPは当国の経済を実質的に支配している、アジア大陸出身の少数民族グループに対しプリ・ブミを援護する機能を果たしていると言っていた。彼によればSEDPがなかったならば、小企業は彼らの思いのままであろうし、その事業活動に必要な資金も確保できないことになるというのだ」。

彼はさらに話を続けた。「私が思うに、彼の言っていることは部分的には

正しい。実際、このプログラムの下での融資はプリ・ブミしか申請できないのだ。開発の進展に伴い、小企業の信用需要が増大するにつれて、その需要に対し銀行業界がいかに資金手当をするかはますます政治的に重要な問題になっている。しかしそのことは、SEDP が今のままの姿でこれからも存続していくべきことを意味するものではない。補助金の要素が過大であることや延滞の増大によって、SEDP は明らかに持続可能ではない。それに、このプログラムでの融資は膨大な小企業のうちごく一部しか恩恵を与えていないことに留意しなければならない。貸付銀行の支店は広大な国土のわずかな部分にしか及んでいないので、これらの融資は実際には都市居住者または農村の富裕層のみが利用できるに過ぎない。要するに、中小企業金融の制度改革は焦眉の急であるのに、政府はまだこの検討さえもしていないのだ」。

マキは彼の話を聞いて呆然とした。今まで聴いたことのない話を耳にしたからである。彼女は、ゆっくりと向きを変え、所長に何も応えないまま部屋を去った。

9　駐在事務所における SEDP 第3期の検討

その次の日に、駐在事務所のスタッフは SEDP を検討する会議を行った。マキは、政府関係者との会談内容の要約を配布した後、現状についての分析を求められ、以下のとおり手短に述べた。

1）現　状

SEDP 次期フェーズに関する東インド国政府からの要請書によれば、第2期のプロジェクトの構成は、補助金の要素、貸出銀行の構成、信用保証の仕組みを含めて、第3期に引き継がれる。行動計画は策定されており、銀行職員の訓練は3期に分けて実施される。さらに、貸出銀行は融資を拡大するのではなく、融資債権の質を改善するために貸付け業務の地固めを企図している。全般的にプロジェクトの将来予測は、貸付銀行の業務にいくらかの改善があるとしても、今の段階ではあまり明らかではない。十分考えられるのは、

今後延滞金が減少し始めるとしても、それを含め、行動計画に盛り込まれた改善過程全般は緩慢にしか達成できないであろう。

2）考慮すべき諸点

① 東インド国政府が現行の補助金政策を維持するであろうことは十分に予測される。

② 開銀の貸出銀行としての役割には変更はないであろう。

③ 政府はSEDP第3期に関し第2期よりも多額の借款を要請している。小企業の資金需要及びこの需要がプロジェクトの存続性に及ぼす意味合いを審査することが重要である。上記①及び②で言及された諸点に関しグローバル銀行と東インド国政府の高いレベルで協議を行うべきか否かは検討に価しよう。

3）決定の選択肢

A．SEDP第3期の借款を拒絶する。

B．SEDP第3期借款を第2期と同額まで認める。

C．SEDP第3期借款に関する東インド国政府の要請を認める。

D．その他。

会議が開かれている間にグローバル銀行本部から電報が届いた。それによれば、専門家チームがSEDPの件で駐在事務所及び東インド国政府と協議するために数日後にバタヴィア市に来訪する由である。この知らせを受けて、会議は中止され、翌日再開されることになった。参加者はそれまでにこの件を十分検討しておくよう指示された。

注

1　このケース教材は、外務省委託事業として（財）国際開発高等教育機構（FASID）が実施したケース・ライティング・ワークショップで執筆者が作成したケースをその後講義や研修等で修正を重ねて完成したものである。実話を基にしているが、登場人物、機関名、国名及び地名はすべて架空のものである。
© FASID

2　東インド国：東インド国は、太平洋及びインド洋にまたがる群島から成り立つ

ている。その人口は東南アジア諸国で最大である。同国は、石油、天然ガスその他の資源に恵まれ、現在は低所得国であるが、開発へのポテンシャルは高い。同国は、グローバル銀行の最大の受益国の一つである。

3 非譲許的借款：譲許的借款と対比されるもので、譲許的借款が金利、償還期間、据置期間の面で市場で提供されるものよりも借り手にとって有利な借款を指すのに対して、非譲許的借款は市場レートで提供される借款をいう。

4 プリ・ブミ：プリ・ブミとは生粋の東インド国人の意味で、古くから同国に住んでいた人々を指し、特に19世紀以来アジア大陸から移住してきた少数民族集団から区別するために使われる。この少数民族集団は、人口の約4％を占めるといわれているが、国内経済の実権を事実上握り、株式総額の75％、20大企業集団のうちの18を保有すると推定されている。

東インド国は1970年代において経済発展を開始したが、その過程において貧富の差が激しくなり、小企業、零細企業は発展から取り残されたので、プリ・ブミを優遇し、その地位の向上を図るための施策が講じられた。

1980年代後半になると、世界経済情勢に鑑み石油輸出収入の先行きが不透明になってきたことから、東インド国政府は非石油経済部門の成長を図る必要から規制緩和政策をとり、マクロ経済運営を変更せざるを得なかった。この政策変更の過程で、プリ・ブミ優遇策も次第に姿を消していった。

付属資料 B

SEDP Ⅱ　資金計画

	国内調達[1]	海外調達[1]	合計 (百万米ドル)	割合 (%)
■融資				
東インド銀行	335.00	123.40	458.40	82
グローバル銀行	—	100.00	100.00	18
小計	335.00	223.40	558.40	100
■技術普及支援	1.50	5.00	6.50	100
グローバル銀行	—	5.00	5.00	77
東インド国政府	1.50	—	1.50	23
■要員教育支援				
東インド銀行	14.62	1.32	15.94	39
東インド政府	0.80	—	0.80	2
SEDPI の未使用残	3.62	5.85	9.47	24
グローバル銀行	—	1.00	1.00	3
貸出銀行	4.62	—	4.62	11
他のドナー	2.97	5.61	8.58	21
小計	26.63	13.78	40.41	100
■資金分担額				
東インド銀行	349.62	124.72	474.34	78
東インド国政府	2.30	—	2.30	—
グローバル銀行	3.62	111.85	115.47	19
貸出銀行	4.62	—	4.62	1
他のドナー	2.97	5.61	8.58	2
合計	363.13	242.18	605.31	100

注(1)　「国内調達」とは、材やサービスが国内で調達されるものをいい、「海外調達」は同様に海外で調達されるものをいう。

付属資料 C

大・中企業・小企業・家内企業の主要経済指標　(1974/75-1979)

	大・中企業[1]	小企業[1]	家内企業[1]
事業所数	7,960	113,024	1,417,802
（％ 分布）	0.52	7.34	92.14
総従業員数	870,019	827,035	2,794,833
（％ 分布）	19.37	18.41	62.22
附加価値額（百万ルピア）	1,660,459	187,323	291,442
（％ 分布）	77.62	8.76	13.62
1人当たり附加価値額（千ルピア）	1,908.5	226.5	104.3

注(1)　「家内企業」は従事者1～4人、「小企業」は被雇用者5～19人、「大・中企業」は20人以上の被雇用者により分類される。

付属資料 D

産業分野別企業及び従事者分類

産業分野	従事者数（千人）	企業数[1]（千）	従事者数に小企業の占める割合[2] A (%)	B (%)
農業	28,040	16,348	83	92
鉱業・採石業	369	180	59	80
製造業	4,361	1,684	48	73
電気，ガス，水道	85	17	23	49
建設業	1,573	551	38	59
卸小売業，ホテル，レストラン	6,611	5,213	90	95
運輸通信	1,468	662	48	64
銀行，保険，不動産，ビジネスサービス	232	25	10	53
公務その他のサービス	7,739	2,321	36	67
準備中	666			
合計	51,144	27,001	71	85

注(1)　自営及び雇用者の数から算出した。
(2)　Aの推定は、小企業の従事者数が自営従事者、雇用主及び家族から成り立っており、被雇用者がいないことを前提にしている。Bの推定は、賃金労働者の50％は小企業に携わっていることを前提にしている。

付属資料 E

SEDP II の下における教育訓練の成果（目標 5,000 人）

東インド銀行

（修了生数）

教育訓練ワークショップ	85
地域ワークショップ	62
支店マネージャーセミナー	707
マネジメントワークショップ	60
海外での教育訓練	21
融資担当者コース	136
カウンターパートコース	696
意思伝達指導技術コース[1]	122
地域開発銀行中間管理者コース	162
地域開発銀行指導者セミナー	61
小計	2,112

貸出銀行

融資担当者コース	1,180
融資プログラムワークショップ	350
債権管理コース	40
開発金融コース	93
小企業金融コース	170
小計	1,833
合計	3,945

注(1) 研修指導者教育用の高度なコース。

2
「もう援助はいらない！」
——農業灌漑から老人協会に転換したプロセスとは？

阿古　智子

　昨日まで2日に渡って降り続いていた雨はようやくやんだが、舗装されていない道路はぬかるんでいる。郭教授一行はジープで村まで行くことにした。
　ところが、もうすぐ到着するというところで、ジープが溝にはまって動かなくなってしまった。その溝はどうみても自然にできたようには見えない。道の左右を横断する形になっており、非常に深く掘ってある。ふと周りを見渡すと、溝に入り込んで水をかき出している者がいた。
　話を聞くと、溝を掘ったのはこの男であり、自分の田んぼにたまった雨水を排出しようとしているのだという。さらに驚いたことに、彼はこの地区の長であった。身勝手な理由で公道を破壊していることを自覚しているのだろうか（図1）。
　郭教授はすぐさま携帯電話を取り出し、警察に通報したが、警察も相手にしようとしなかった。「いったいこの地域はどうなっているんだ！」
　中国の湖北省西部に位置する米花鎮は水稲栽培を中心とする農業地域である。平均年収は2,740元（2002年現在、1元＝約13円）で貧困地域ではないが、農業以外の産業は発達しておらず、若年層の多くは現金収入を得るために出稼ぎに出ている。土地を守る意識は希薄になり、昔ながらの家族文化や近所づきあいが廃れつつある。そんな中、道を掘り起こ

図1　自分勝手に公道を掘る男

していた男のように、公衆道徳に欠ける行動をとる者が目立っている。電気代の流用や盗電がたびたび起こるため、電気代を払う者が減り、頻繁に停電しているほか、泥棒が増加するなど、治安も悪化している。

1　財政悪化と公共事業の停滞

　米花鎮及びその下部組織の村[1]は多額の債務を抱えている。政府や党の幹部による公金の横領や流用、村・郷鎮企業[2]の経営失敗に加え、過重な税や費用徴収に憤った住民たちが税・費用の支払いを拒否したためである。鎮政府と村は上級政府への上納義務を果たそうと、不足を高利貸しなどからの借金で補い、債務を膨張させていった。住民は政府に対する不信感を強め、政府が新たに公共事業を実施しようとしても、協力しようとしないのだった（表1～4）。

　こうした中、毛沢東時代[3]に「自力更生」で建設した水利施設の多くは老朽化し、壊れたまま放置され、灌漑効率が低下している。そのため、雨が少ない年は生産高が落ち込んでいる。

　郭教授は友人のエドワードから、彼の所属するNGO・スカイウォーカーの農村開発助成プロジェクトについて話を聞いていた。米花鎮の人々が地域開発への関心を高め、協力しあって農業灌漑のシステムをつくり上げられるよう、このプロジェクトで支援できないだろうか。郭教授はエドワードに相談をもちかけた。

　エドワードはNGOスタッフとして経験が豊かであるだけでなく、長年、中国の社会変動について研究しており、中国の農村問題に対する理解もある。2人は議論を重ね、アクション・リサーチ[4]を兼ねた農業灌漑プロジェクトを計画することにした。つまり支援団体であるNGOスタッフのエドワードと共に、プロジェクトの促進役となる郭教授及び彼の大学院生を含む研究チームが村人たちと共にプロジェクトに参加しながら、計画から実施に至る過程を詳細に記録し、分析するのである。

　これまでスカイウォーカーは中国の農村でこのようなプロジェクトを行っ

たことはなかった。ほとんどが貧困地域における学校や診療所の建設であり、水利関係でも井戸を掘るような比較的簡単な工程のものが多かった。

表1　米花鎮の農村経済総収入（企業・家庭経営収入別）

内訳	金額（万元）
郷鎮企業収入	15,710
村・村民小組経営収入	0
農民家庭経営収入	21,457.08
合計	37,167.08

（出所）米花鎮（2004）『農村経済収益分配統計表』

表2　米花鎮の農村経済総収入（セクター別）

内訳	金額（万元）
農業	10,520.04
林業	288.11
畜産業	4,023.36
漁業	3,947.37
工業	14,875.9
建築業	1,728
運輸業	757.4
飲食業	716.9
サービス業	125.9
その他	183.6
合計	37,167.08

（出所）米花鎮（2004）『農村経済収益分配統計表』

表3　米花鎮の可処分所得

内訳	金額（万元）
農村経済純収入*	11283.73
農民出稼ぎ労働収入	999.11
合計	12282.84

（出所）米花鎮（2004）『農村経済収益分配統計表』
＊　農村経済純収入は農村経済総収入から生産費及び管理費を差し引いたもの

表4　米花鎮が抱える債務

内訳		金額（万元）
生産性支出	創業資金	177.3
	村集体経営支出	838.92
	小計	1,016.22
公益性支出	教育事業	117.9
	道路建設	375.14
	衛生事業	35.21
	小計	528.25
管理費用	村幹部給与	307.16
	接待費	40.2
	小計	347.36
税金（未徴収分）	国の未徴収分	186.47
	各部門の徴収分	2
	郷鎮政府の未徴収分	480.75
	小計	669.22
その他	小計	1,205.69
合計		3,766.74

（出所）米花鎮（2004）『農村経済収益分配統計表』

2　対立する地区間の利害

　プロジェクトは各村で委員会を立ち上げることから始まった。既存の自治組織である村民委員会が中心になるのではなく、農業灌漑のための委員会を村民代表らによる選挙によって新たに選出した。また、整備する水利施設の決定から資材の調達や工事のスケジュール、維持管理の方法にいたるまで、すべて公開討論会を開いて決定することにしたのだが、議論はたびたび紛糾した。まず問題となったのは、井戸を掘る位置だった。地区によって裨益の程度が異なるからである。

第11地区代表

　「援助で7,000元くれるといっても、これじゃあ小さな井戸しか掘れな

い。わが地区が所有する数百畝[5]の耕地のうち 30 畝しか灌漑できないじゃないか」

それぞれが自らの所有する耕地の灌漑に有利な位置に井戸を掘るよう要求し、だれ一人としてリーダーシップを発揮し、全体にとって最もよい案を取りまとめることはできなかった。

裨益の程度が異なる第 1 地区と第 3 地区も取水堰の位置を高くする工事について対立した。主に裨益するのは第 1 地区ではなく第 3 地区であった。

第 1 地区代表

「うちは南側の耕地の灌漑を新田ポンプ場の用水路を通して行っており、そのために小型の取水堰を設置している。取水堰は北側にもあり、この 2 台で基本的に地区全体の灌漑を行うことができる。取水堰を高くしても、うちにとってそれほど利益は大きくない」

第 1 地区に隣接する第 3 地区の高度は第 1 地区より高く、第 3 地区が第 1 地区の取水堰を使用するためには、その取水堰の高度を上げるしかない。これについて 1 万元をスカイウォーカーのプロジェクト費用から補うことが提案された。しかし、取水堰の高度を上げるほかにも、第 1 地区の 2 つの取水堰とそれをつなぐ用水路の修繕が必要であったため、第 1 地区と第 3 地区がその費用を折半して捻出しようということになった。しかし、折半方法に関して意見が一致しない。

第 1 地区代表

「第 3 地区の方がより大きな利益を得るのだから、最低でも 8,000 元出すべきだ」

第 3 地区代表

「出せても 5,000 元が限度だ」

第 1 地区の取水堰を使えなければ、第 3 地区は補修が進まず、新田ポンプ場を有効に使うことができない。

橋下村では、援助金を使って堤防を設置することにしたが、工事用のセメ

経済と開発　55

ントや砂利を現場まで運ぶために、川縁の耕地をつぶし、運搬用トラクターが入ることのできる道をつくらなければならない。プロジェクトによって裨益するのは第8地区と第10地区の10家族だけであるが、それに含まれない、所有地の一部が運搬道路になる農家が耕地収用に対する補償額を吊り上げようとした。また、未耕作の土地であるにも関わらず、補償を要求する者までいた。

　せっかく援助資金が下りるというのに、地区間で協力して妥協点を見出すことはできないのか。意見の対立に嫌気が差し、「もう援助はいらない！」と叫び出す者までいる。エドワードは頭を抱えてしまった。

3　新田ポンプ場の民営化

　307戸1,200人、8地区で構成される新田村は、もともと水利条件がよく、干ばつでも収穫高が減ることになることはめったになかったという。村には1976年に建てられた新田ポンプ場がある（図2）。周辺4村の1万畝を灌漑するよう設計されているが、今では老朽化し、5,000畝の灌漑が限度である。また、取水費用をめぐる争いが続いており、電気代や職員給与の滞納によって約20万元の負債が発生し、ほとんど休止している状態である。新田村は141万3,600元にのぼる債務を抱えているが、中でもポンプ場の負債が大きな割合を占める。

　2003年に農村税制改革が始まると、村は共益費（三提五統）を徴収できなくなり、ポンプ場は受益者負担を原則に運営されることになった。そして、2005年に農業税が廃止となり、村も鎮政府も実質上、財政権限を剥奪された形となった。受益者負担は一見良策のようだが、農地の水利条件には差があり、単純に取水時間や耕地面積に基づいて分担金を算出し

図2　新田ポンプ場

ても、公平にはならない。また、各家庭が自分の農地に有利になるよう個別に取水を始めると、地域全体の水系を考慮した灌漑ができなくなるという問題もある。

　新田ポンプ場が莫大な債務を抱えた背景には以下のような事情がある。まず一つは、管理コストの増大である。経営が安定していた時期には、地元幹部がこぞって子女や親戚を配置したため職員数が必要以上に増え、人件費が膨張し続けた。加えて先述の通り、税制改革によって共益費からの収入が途切れたため、職員の基本給さえ支給できなくなった。また、受益者負担が原則となってからは、取水料金の支払いを渋ったり滞納したりする者が増加した。

　職員の給与さえ滞る状態では老朽化した設備を更新できず、エネルギー効率の悪いまま機械を動かし高い稼動コストを支払う羽目になる（表5）。本

表5　新田ポンプ場の取水価格の変化

年度	取水価格（元／時間）
1977-1982	23
1985-1990	52.2
1991	58.59
1992	58.3
1993	109
1994-1995	124
1996-2002	219.8
2003	180

（出所）現地での聞き取り調査より

表6　1998年以降の新田ポンプ場の滞納金（元）

年度	新田村	陸集村	橋下村
1999	28,280	82,500	3,200
2000	14,818.5	56,080	
2001	25,330	34,475	
合計	68,428.5	173,055	3,200

（出所）現地での聞き取り調査より

来、2.2万畝を灌漑するよう設計されているが、現在の灌漑面積は5,000畝程度にとどまっており、取水料収入は減少している。

こうして新田ポンプ場は1998年頃から赤字経営が始まり、2000年には負債総額が20万元に達した（表6）。同年、県水利局は鎮に経営権を委譲した。鎮政府は1年間自主経営した後、2002年、元職員数名に経営を請け負わせた。そして2003年には数千元を投資して一部を改修した後、15年限定の経営権を20万元で民間企業に売却した。

図3　井戸から取水する農家

しかし、民営化したからといって問題が解決されたわけではない。水利体系が複雑で耕地によって取水条件に差が出てしまうため、受益者負担は不公平だと考える者が多い。そのため、共同水利に頼らず、自家用の井戸を掘り、小型ポンプとビニールホースで取水する農家が増加している（図3）。民営化してしまっては、干ばつが起きても料金が支払われない限り稼動できず、農業生産に影響が出るのは必至である。

郭教授

「鎮政府は売却によって財政負担を減らすことができたと考えているかもしれない。しかし、多くの農民の水の利用に関わるポンプ場を資金不足だからと止めてしまうのをみて、何も言わずに放置しておくのだろうか。本来ならば行政が率先して共同管理の方法を考え、地域住民を組織すべきだろう」

郭教授は鎮政府にこのように訴えたが、聞き入れてもらえなかった。

4　2年目は老人協会の設立

税・費用を過重徴収されていた時代のトラウマがあるのか、急速な市場経

済化でゆがんだ個人主義がはびこっているのか、少しずつお金を出しあい、新田ポンプ場を核に灌漑システムをつくれば、より速く効率よく取水し、電気代を節約することもできるというのに、住民たちは協力しあおうとしないのである。プロジェクトは3年間実施することになっているが、このまま農業灌漑を続けていくべきなのか。スカイウォーカーにはどのようなレポートを書くべきか。

そんなとき、郭教授から思いがけない提案があった。2年目は農業灌漑ではなく、老人協会の設立費用を支援してほしいというのである。エドワードは当初、農業灌漑と老人協会がどのように関連するのか、全く理解できなかった。

協議を重ねた結果、橋下村、新田村、陸集村の3村で老人協会を設立することになった。空き家を改修し、将棋、麻雀、DVD観賞用テレビ、卓球台などを備えつけ、簡単な運動場をつくった。60歳以上のメンバーから会長、副会長、会計、その他委員を選抜して理事会を組織し、老人協会の運営を進めていった。

老人協会は農繁期を除いて、毎日朝から夕方まで開放しており、老人たちは将棋を打ったり、DVDで京劇や映画を観たり、作詩や書道を行ったりしている。敬老の日や旧正月など特別な日には盛大な会を企画し、各グループが準備した出し物を披露する。花鼓劇というこの地に伝わる地方劇を演じるアマチュア劇団も結成された。郭教授とエドワードが訪れた際には、陸集村の女性グループが、嫁と姑の微妙な関係を表現したオリジナルの劇を上演していた（図4）。中年女性グループの指導を受けて、運動場で健康体操も行っている。縁起のよい龍の踊りを舞うためのチームも結成された。近隣の商店が開業する際などに招聘されており、収益を得た場合は、老人協会の活動資金として使っている。文化活動の他にも、独居老人、病気

図4　嫁と姑の関係を劇で表現

を患っている者、経済的に困窮している者を訪問し、見舞金を贈ったりもしている。

おわりに

　老人協会のプロジェクトは、中青年のボランティア支援や出稼ぎに出ている村出身者の寄付もあり、地域全体で盛り上げようという気運が高まってきたように見える。この調子で行けば、スカイウォーカーの援助が途切れてからも、なんとか自立的に運営できそうだ。

　しかし一方で問題も生じていた。たとえば、橋下村では共産党支部書記の指示で老人への見舞金が五保戸[6]資金として流用された。また、新田村では、老人協会の建物や設備が無断で村民委員会や党の行事で使用されている。若者が卓球台や将棋盤を占拠し、お年寄りがお茶汲みをしているようなこともあった。

　老人協会を真にお年寄りの憩いの場として機能させるためには、村民委員会や共産党支部のサポートはもちろんのこと、地域の人々の理解と協力が必要である。エドワードはこれからも郭教授の研究チームと共に、米花鎮の人たちの自立と発展を促進するような支援を行いたいと考えている。

注
1　村は行政組織ではなく「自治組織」と規定されているが、義務教育や計画出産の推進、土地の分配など、さまざまな行政上の任務を果たしている。
2　地元政府と民間が協力して運営する半官半民企業。
3　一般に1949年の中華人民共和国建国から1976年の毛沢東死去までの期間を指す。
4　研究者自ら社会活動の行われている現場に入り込み、他のメンバーと共に現状の改善を目指して行う実践的研究。
5　1畝は6.667アール。
6　農民向けの生活保護。

社会と開発

　開発プロジェクトの実施においては、資金や技術の投入だけでなく、地域社会や自然環境に対する影響を考慮することが重要である。人間的・社会的側面を無視するなら、いくら立派な施設ができたとしても、社会に適合せず、人々はそれを有効に活用しようとしないだろう。それどころか、最悪の場合には、開発事業を進める組織と地域住民が対立し、大きな代償を払わなければならなくなることさえある。

　開発の社会的側面を重視するため、世界の主要な援助機関は1970年代後半から、社会分析やジェンダー（社会的性差）分析に取り組んできた。1990年代になると、UNDPが「人間開発指標（HDI）」を提唱し、世界銀行も1980年代の「構造調整」による弊害を是正するため、社会的セーフティネットに注目するなど、社会開発が一層注目を浴びるようになった。現地調査では社会分析の専門家が活躍し、社会開発専門の部署を設置する機関も増えている。

　開発の主役は現地政府や援助機関、開発コンサルタントなどの専門家ではなく、地域の住民である。特に開発の恩恵が届きにくい社会的弱者（低所得者、女性、子ども、少数民族など）が抱える問題や社会構造に目を向けながら、住民が直接参加できるしくみをつくる必要がある。また、地域の人々が織り成す複雑な人間関係を理解した上で、利害関係を調整することが求められる。

　本章では、国際協働の複雑さ、少数民族、現地コミュニティー間の利害関係、文化的・社会的要因の影響などをさまざまなケースを通じ分析、理解していくことを目指す。

3
中東における教育支援[1]
――イエメンの女子教育推進

桜井　愛子・小川　啓一

はじめに

　比川一子は、中東のイエメン国で国際平和財団が支援する女子教育プロジェクトを実施するプロジェクトコーディネータである。プロジェクト1年目を終え、イエメン国ナズア州から日本までの3日かかる帰路の途中、トランジットでのドバイで、空港を行きかう人々の群れを眺めながらこの1年を振り返っていた。東南アジアでの経験はもっていたものの、中東地域への初赴任であったこの1年間を無事一区切りつけた達成感と高揚感のなかで、疲れを感じながらも、帰国後の本部への報告内容と、今後のプロジェクトの展開について思いをめぐらせていた。

1　プロジェクトの概要

　ナズア州の女子教育プロジェクトは、2004年に開始されたプロジェクトである。実施期間は24ヶ月間であるが、パイロット型プロジェクトとして、プロジェクト終了後には、他エリアへの拡大の可能性ももつ。おもな目的は、ナズア州における学齢女児の就学率を向上させることである。この女子教育推進のためのアプローチとして、プロジェクトでは学校への事業資金の提供を行い、地域住民参加のもとでの包括的な学校改善アプローチが採用されていた。国際平和財団では、地域住民参加型の学校改善プロジェクトや、学校事業資金の供与を通じた学校改善プロジェクトをすでにアフリカやアジア各国で実施していたが、イエメンでの特徴は同様のアプローチを女子教育に適

用したことが大きな特徴であった。同財団の実施する唯一の女子教育案件であったことから、本部での注目度は高く、一子は自分の担う責任の重さを感じていた。

　プロジェクトは、パイロット事業としてナズア州内の2郡から30校を対象に実施されている。対象郡は女子生徒の男子生徒に対する割合が低い、女子教員の1人当たりの生徒数が多い、女子生徒の中退率が高い、の3つの基準から最も女子教育の立ち遅れている2郡が選ばれた。結果的にナズア州の山岳部に位置するマハナ郡と、沿岸部のアルムッハ郡とが対象になり、これら2郡のなかから同じ基準で女子教育の立ち遅れた地区と隣りあう地区の基礎教育レベル（1学年から9学年）30校が選ばれた。

　プロジェクト事務所はナズア州都の教育委員会事務所内に置かれ、一子は現地で採用したフィールドコンサルタント兼通訳のハシムとサミアと共に、カウンターパートである州教育委員会の女子教育課と地域住民参加課とで構成されるプロジェクトチームに所属した。一子はコーディネータとして現地で実施されるプロジェクト活動のモニタリングを行っていた。

　対象となる学校では、プロジェクト開始に合わせて学校委員会、父会、母会がそれぞれ設置され、学校関係者に加えて地域住民で構成された。イエメン国では、新学期は9月に開始され、2学期制がとられている。プロジェクト開始初年度は、前半に各種研修を実施、2学期から学校事業資金が1校当たり50万リアル供与され、次年度からは年間50万リアルが供与される。つまり2年次は通年で同じ50万リアルが供与される。学校委員会は、学校委員長、出納役、父会代表、母会代表から構成され、多くの学校で学校長が学校委員長を兼務した。各学校を監督し、必要な支援を行う役割を担うのが、各郡の郡教育委員長とそのチームであり、州の教育委員長と女子教育担当課長、地域住民参加課長は、各郡の学校支援を監督し、プロジェクト終了後には学校事業資金を提供し、その使途をモニタリングする役割を担っていた。

　各学校委員会では毎年、女子教育の改善を目的とした学校改善計画と予算計画を策定し、郡教育委員会、州教育委員会の承認を得た後、学校事業資金を学校ごとに開設された銀行口座で受け取り、計画を実施する。各学校委員

会は毎月、活動進捗報告を行い、学期末には資金収支報告書を提出する。郡教育委員会は毎月、これら対象校をモニタリング訪問し、事業の進捗支援や課題の解決に向けた支援を提供する。州教育委員会は毎月、郡教育委員長との月例会合で各学校での進捗や問題についての情報を共有し、必要な支援を提供する仕組みになっている。

2　イエメン国ならびにナズア州概況

　イエメン共和国はアラビア半島の南端に位置し、紅海とアラビア海に面するアラビア半島で唯一の最貧国である。イエメン共和国は、1990年以前は、イエメン・アラブ共和国（北イエメン）とイエメン人民共和国（南イエメン）に分断されていた。1990年、東西冷戦後のソ連崩壊の流れを受けて、共産主義であった南イエメンが北イエメンに統合し、新たにイエメン共和国となった。その他湾岸諸国に比べて原油埋蔵量は少なく、採掘に技術とコストを要するため、原油輸出による外貨獲得は遅れている。

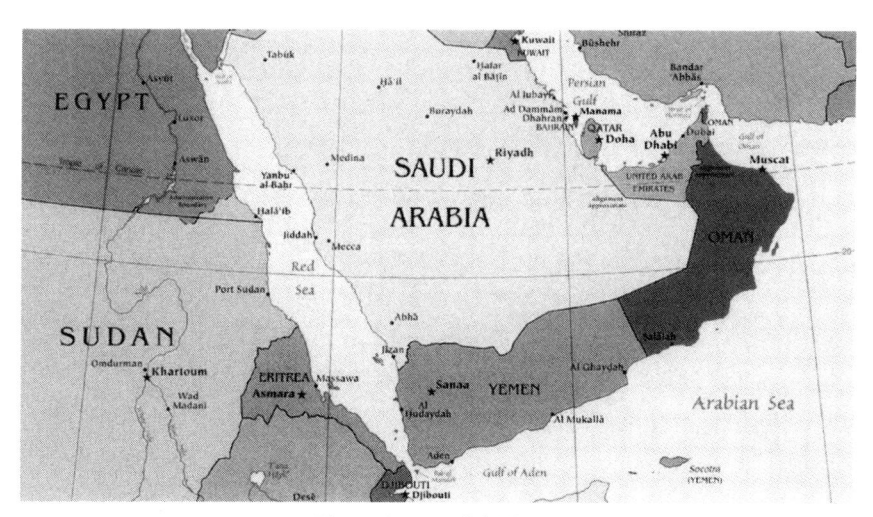

図1　イエメン共和国地図

（出典）The Perry-Castaneda Library Map Collection,
The University of Texas at Austin.
http://www.lib.utexas.edu/maps/middle_east_and_asia/middle_east_pol_2003.pdf

66 3 中東における教育支援

プロジェクト対象エリア

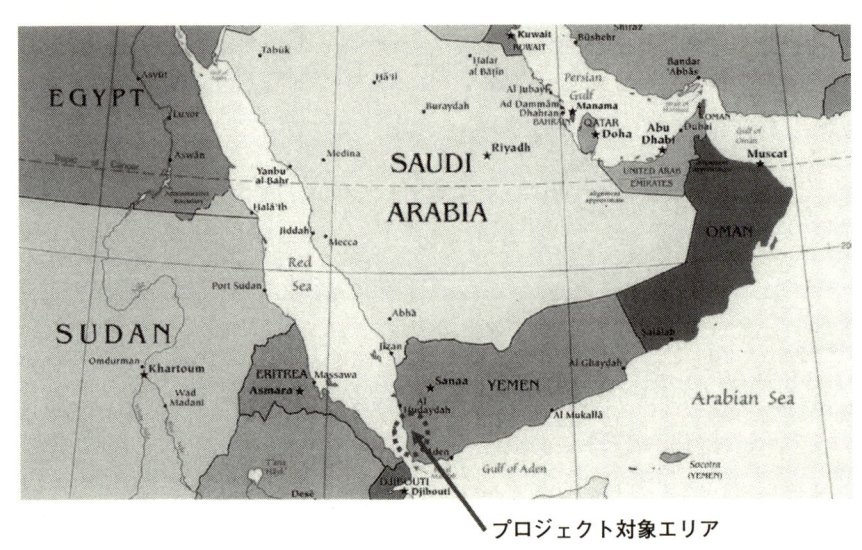

図2 プロジェクト実施対象州地図（囲み）

（出典）The Perry-Castaneda Library Map Collection,
The University of Texas at Austin.
http://www.lib.utexas.edu/Libs/PCL/Map_collection/

　国民は敬虔なイスラム教徒であり、イスラムの教えは日々の生活に密着している。「イエメン人はイスラムの良き規範である」とイスラム教徒の中でも言われている。1日に5回の礼拝時には、街中のモスクのスピーカーからアザーンが鳴り響く。公共の場においては、年頃以降の女性はアバヤと呼ばれる黒いドレスコートで体を覆い隠し、その上にヒジャブと呼ばれるスカーフで髪の毛を隠しており、さらにニカーブと呼ばれる黒いベールで顔を覆っている女性も多く見られる。

　ナズア州は、旧北イエメンにあるが旧南イエメン国境に接しており、現在のイエメン国の首都サナアから300キロ離れた場所に位置する。ナズア州は山岳地帯から紅海に面する沿岸部に広がり、多様な地理環境がある。また旧南イエメンの首都アデンに近いこともあり、首都サナアに比べると州都ナズアは比較的開放的な土地柄で、教育水準も一般に高いといわれている。

3 キックオフ会合での議論、基本方針の決定

一子の現地着任後、早速ナズア州の州教育委員会では、プロジェクトのキックオフ会合が開催された。ハッサン州教育委員会委員長が議長を務め、同委員会よりプロジェクト担当の女子教育課長のバルキス、地域住民参加課課長のアブドゥラ、加えて対象2郡の教育委員長であるカッセム、サイードに一子とフィールドコンサルタントのハシム、サミアが加わった。

まず、州教育局のハッサン教育局長から所信が表明された。「イエメンには21州あるが、教育省統計によると州間の女子教育普及の状況には格差がみられる。その中でも、ナズア州は女子教育が首都サナア、アデン州に次いで普及している州である。ただし、全国的にも女子教育が進んでいるとみられる我がナズア州においても、都市部3郡の男女生徒数比率[2]が2007年には1.01と女子生徒数が男子生徒数を上回る状況であるのに対して、農村部の20郡では男女生徒比率は同じ年で0.68と依然女子の就学が立ち遅れている。さらに、農村部の20郡のなかでも格差は大きく、マハナ郡では0.49とタイズ州内で最も女子の就学が遅れている。州内の遠隔地において女子教育の普及が遅れていると言える。私としては、今回のプロジェクトを通じて、まず最も女子教育の立ち遅れた2郡の底上げを目指し、この2年間の活動を成功に導き、今後は拡大展開をしていきたいと考えている」。

ハッサン局長の挨拶に続いて、プロジェクトの基本方針が確認された。その中で、学校に供与する事業資金の使途について意見が分かれた。バルキス女子教育課長は「女子教育を推進するためのプロジェクトであるのだから、学校が行う活動は女子生徒を対象とした活動であるべきである。私のこれまでの経験や教育省の調査から、女子教育を推進するためには女性教員の採用が最も必要であり、ついで女子専用の教室、女子トイレ、女子生徒が学校に入る際に顔を見られないようにする学校の敷地周囲の塀の建設である。都市部で女子教育が普及している大きな要因は、男子校、女子校と性別で学校が分けられていることが大きいので、限られた活動資金を遠隔地で活用していくためにも同様のアプローチが効果的だと思う」。

この発言に対して、アブドゥラ地域住民参加課長が反論した。「ナズア州の他郡では、国連機関の支援により、女子生徒家庭に対する食糧支援が行われている。対象校では、女子生徒数が大幅に男子生徒を上回る結果となり、確かに女子生徒の数は増えたが、その一方で遠隔地の貧しい地域で行われていることもあり、各家庭では食糧欲しさに息子の代わりに娘を通学させ、男子の就学が立ち遅れる結果となった。今回の対象郡も遠隔地の貧困の厳しいエリアになるので、二の舞になってはならない」。

　加えて、アルムッハ郡のカッセム教育委員長から、「女性教員は大切だが、実際に女性の教員を探すことはたいへん難しいというのが経験から学んだことだ。鶏と卵の議論になるが、遠隔地では女子教育が立ち遅れているから女性教員を探しても見つからない。女性教員は比較的都市部に多く在住している。そのため、砂漠のなかでサソリや蛇が出る、生活用水の確保すら困難な荒野のなかの学校に都市部出身の教師を送っても定着できない。だから、我々のような遠隔地の郡には、登録はされていても実際には教えていない幽霊教員が多数存在するのだ。ましてや女性が単身で赴任することは、村としても受け入れるのは困難だ。それよりも、地元の教員を採用することが大切だ。地元出身であれば、コミュニティーで知られており警戒心は少ないし、毎日学校に確実に来てもらえる」。

　マクバナ郡のモハメド教育委員長も続けた。「イスラムの教えでは女子と男子は共に平等に教育の機会を与えるべきことが強調されている。ところが現実には女子には教育は不要だという考えが、イスラムの教えだと誤って認識されている。女子教育を推進するためには、こうした考え方を改めていかなければならない。そのためには、男子か女子かの議論ではなく、教師や保護者も含めて、女子教育の重要性を正しく認識していく努力が必要だ」。熱い議論が交わされる中、ハッサン局長がまとめた。「われわれナズア州としては、今回の支援対象が女子教育推進のための学校改善を図るという趣旨を踏まえて、あくまで学校を対象とすることにして、男子、女子、生徒、保護者等の裨益グループの限定はしないでいきたいと思う。遠隔地の現状を踏まえると、女子のみならず男子も含めた就学数の向上を図りつつも、女子教育

のための啓発活動により重点を置くというアプローチにしたいが、どうだろうか」。

　一子は早速会議の後、この日の議論の論点と局長の意向を東京の本部に打診をした。本部からの回答は、「現地の実情を踏まえて、女子生徒のみに限定することでなくてもよい。ただし、女子教育プロジェクトであるという点は忘れず、女子教育に対する啓発活動には重点を置いてもらいたい。また、具体的にどのような活動が女子教育推進に寄与できるのかわかるようにしてもらいたい」とのことであった。一子はハッサン局長に本部の了解を伝え、キックオフ会合で合意された方針に基づいてその後のプロジェクト活動は本格的に進められた。

4　研修実施

　研修には、各校から学校委員長、学校長、出納役、父会代表、母会代表の5名が参加し、講師として郡教育委員会メンバーが加わった。州教育委員会と一子、フィールドコンサルタントは、事前に研修マニュアルを策定し、郡教育委員会での講師研修を済ませており、学校関係者への研修ではモニタリングを行っていた。各郡での研修はおおむね順調に進められた。当初は男女混合での研修を予定していたが、母会代表者のみ別室で女性講師が研修を行い、結果的に男女別の研修となった。母会という名称ではあったが、研修内容を理解し、読み書きのできる対象となる女性は一部小学校5-6年生の生徒が混じってはいたものの、小学校または中学校の教育を終え、自宅で家事手伝いをする若い女性が多勢を占めていた。これら女性たちが研修に参加する際は、男性家族が同伴し、研修会場である学校まで来て、研修が終了すると彼らと共に帰っていく。研修は、各郡の対象校の中で規模が大きく設備の整った学校で行われたが、これは見知らぬ場所へ女性一人で出かけることができないためである。また各郡では郡教育委員会が会場から遠い女性たちに対しては、自発的に送迎の交通手段として車を用意した。参加者には研修参加費が支払われた。

研修では、女子教育を妨げる要因を分析したうえで、阻害要因の解決策と考えられる活動を列挙し、優先順位を決めていった。示された解決策が各校で実施する活動となる。これに実際の費用の見積もりを盛り込むことで各校の活動計画となる（学校改善計画フォームは**添付資料**参照）。予算の上限は、1校当たり均一の50万リアルである。政府の新任教員の給与が1年間で15万リアル程度で、この地方特有の石造りの教室を基礎からつくると1教室がなんとか建設できる金額が50万リアルである。研修では、郡教育委員会講師の指導のもと、学校改善計画のドラフトを策定し、研修後、各学校でドラフトをさらに詳細に検討し、見積もりを概算して完成させる。完成された各校の改善計画案は、郡教育委員会に提出される。郡教育委員会では活動開始前の状況を視察するために提出された活動案をもって学校訪問し、計画の妥当性を検証し予算額を検算した後、州教育委員会に提出されその承認を待つ。
　一子は郡教育委員会による学校訪問にハシム、バルキス課長と共に参加し、学校での議論を通じて現実への理解をより深めようとした。

＜添付資料＞
学校改善計画フォーム（郡名：　　　　　　　学校名：　　　　　）
目標：

現状分析（問題）	問題の原因	解決方法	投入資金（リアル）
例）女子生徒の数が男子生徒よりも少ない。	例）父親が年頃の娘が異性と同じ教室にいることを許さない。	例）校舎の壁を利用して、女子生徒用の新しい教室を作る。	35万リアル

学校委員長、出納役署名

5　アルムッハ郡サバヨルヨ校

　サバヨルヨ校では提出された学校改善計画に対するヒアリングが郡教育委員会と学校委員会との間で開始された。サバヨルヨ校の学校改善計画は**表1**の概要の通りであった。学校長から概要の説明があり、母会代表として参加していたヤスミンが自らの体験をもとに抱負を語った。

　「私は、これまで7年間ボランティアでこの学校で教えてきました。私の父も母も教育を受けられなくて読み書きもできませんでしたが、教育の大切さを部族長から説かれて、私を学校に行かせてくれたのです。たまたま15歳上の兄が隣国のサウジアラビアに出稼ぎに行って財産ができ、その後ムッハ（アルムッハ郡の中心部）で商売を始めたので、小学校を卒業すると兄のところに行って高校まで卒業して、教師になりました。私のような家はとても珍しくて、両親はよく村の仲間から、『娘を学校に行かせる暇があったら、もっと家の手伝いをさせればいいのに。教育を下手に受けさせると嫁に行けなくなるぞ』と脅されたりしたそうです。私は幸運でした。ムッハ市で教師になってから、故郷のこの村に住むアブドゥラーと結婚して村に戻り、この学校でボランティアで教えてきました。女子生徒とは姉妹のように仲良く、いろいろな相談事を聞いてきました。

　先日も生徒の一人であるアマルが泣きながら、私のところにやってきました。『どうしたの？　何かあった？』そう問いかけると、アマルは目に涙をためて『親友のシーファーとハウラが学校を今月いっぱいで辞めると言うの。シーファーはお父さんが男性の先生に男子生徒と一緒に勉強させるのはけしからんといって、これ以上学校に通わせてもらえないの。ハウラは、家が貧

表1　サバヨルヨ校学校改善計画概要

活動	予算
教員採用（ヤスミン：女性、アニス：男性2名）	150,000 リアル
教室増築（石材、セメント等）	300,000 リアル
学校祭の開催	50,000 リアル
合計	500,000 リアル

表2　サバ・ヨルヨ校の学年別、男女別生徒数（2004年1月）

	1年生	2年生	3年生	4年生	5年生	6年生	合計
男子生徒数	40	38	30	15	10	8	141
女子生徒数	42	35	20	8	4	1	110
合計	82	73	50	23	14	9	251

しくてこれ以上学校に行ってる余裕はないんですって。去年は、やっぱり仲の良かったウィアムが隣の村にお嫁に行かされてしまって、学校に来なくなったし…お友達がどんどん学校をやめてしまうから、もう私もこれ以上学校にきたくないわ』、アマルはそういって泣き止みませんでした。実際、こういったことは毎年起こります。私自身がこうして結婚して学校で教えていることが、村の皆さんや女性たちの励みになってくれればと考えております。また、学校をやめていく生徒の家庭訪問をして、何とか続けさせてもらえないかとお願いにも行きます。いろいろご両親のお話を伺っていると、家庭での水汲みや家族の世話には娘がどうしても必要であったり、早婚で嫁に出してしまうことで家計の負担を楽にしたいという考えが強く見られます。この地域では多くの女児がニカーブを被り始める小学校4年生が女子教育推進の大きな関門になっています」。

　父会代表で部族長のヤシン氏が続けます。「その通りです。娘を学校に通わせることに抵抗をもつ親、とくに男親は多く、女性に教育は不要だとかたくなに信じる人たちは多い。また娘にも教育をと思っていても、経済的理由から娘を学校に行かせられない家族もいる。学校に行ってる間、いったい誰が大切なヤギの世話をするんだとね。そうでなくても、『他所者の男性が教えてる学校になぜ娘をやらないといけないんだ。年頃の娘を男子と同じ教室で一緒に授業を受けさせるのを許すなんて、そんなことはできない。学校で何が起こるかわからないじゃないか』と学校に対する不信感をあらわにする人が多いのも確かです。だからこそ、ヤスミン先生をきちんと教員として採用することで、保護者の態度を軟化できればと思っている。加えて、この学校ではそれ以前の問題として絶対的に教室が不足している。今の学校では3教室しかなく、残りは青空教室で炎天下で勉強しなければならない。そう

いった事情も考えて、今の3教室の壁を利用して、もう1教室を増築しようというのが2番目の案です」。

アハメッド校長は、生徒数の記されたノートを広げて発言をした（詳細は表2参照）。「我が校では1、2年生は男女ほぼ同数に近いが、3年生になると、女子生徒の数が20名にまで減る。4年生になると女子生徒はさらに8名にまで減り、5、6年生ではそれぞれ4名と1名がいるだけです。教師は学校長を含め4人いるが、女性教員はヤスミン1人で、学校長の私を除く2名の男性教員は学校からバイクで2時間ほどに位置する郡中心部から通勤しているため、遅刻や欠勤が目立つ。教師が足りないため5、6年生は1クラスで一緒に授業を分けて行っている。遅刻や欠勤が絶えない教員は、ヤスミンや私にとって頭が痛い問題です。なぜなら、教師がいない教室では子どもたちに授業を行えないので、その都度ヤスミンと私は、自分の受け持つ授業を中断して、欠勤教員のクラスを掛け持ちで教えなければならない状況です。そのため、1名分の給与ですが、今までボランティアで働いてくれたヤスミンと新たにアニスを教員として採用しようと考えています。また、学校祭を開催して、各学年の優秀生を表彰したり、生徒による歌や劇を披露して村人を集め、教員による村人への啓発の機会にしたいと思っています」。

バルキスやハシムによれば、この学校はたいへん貧しい僻地にはあるが、こうしてボランティアの女性教員や理解のある部族長、教育に熱心な学校長がいるという点では、恵まれた学校であるという。正規教員の出勤率については郡教育委員会から警告を出すこととし、計画案は概ね了承された。一子は、厳しい学校の現状を目の辺りにし、このプロジェクトでこの状況を少しでも改善できればと強く願った。

6　マハナ郡アルファウズ校

続いて、一子はアブドゥラ課長とサミアと共にマハナ郡のアルファウズ校を郡教育委員会の案内で訪問した。アルワズィーヤ郡は、対象6郡の中では唯一、旧南イエメンとの国境に接し、部族意識が強く、部族間の争いの多い

地域である。また、女性に対する保守的な意識のより強いエリアで、部外者に対する強い警戒心を村人は有している。

学校には、あらかじめ学校委員会メンバーを集めてもらうように依頼してあったが、実際には学校長と3名の男性が待っているだけであった。アブドゥラ課長は、マフディ校長に尋ねた。「今日、我々が来ることはご存知でしたか。お願いした人数よりずいぶんと少ない。女性の保護者の方が見当たらないのだけれども」。学校長は申し訳なさそうに答えた。「はい、知っています。ただ、私は村外から赴任してまだ1年もたっておらず、村人のことはあまり知らないのです。学校改善計画はここにいる人間が中心になって作成しました」。保護者を代表して、一人の生徒の父親が答えた。「マフディ校長から学校に来るように言われたのは今回が初めてで、学校に足を踏み入れたのも2回目です。母親たちは、村外者のいる学校へ来させることはできません。この学校はまだ設立されて5年ほどしかたっておらず、教師も村外者の男性ばかりで学校に住んでいると聞いていましたので、学校に子供を預けてよいか多くの村人は判断しかねているのが現状です」。

校舎はやはり5年前に政府によって建てられたもので立派ではあるが、6教室の1つは教師の寝泊り用に占有されていた。アブドゥラ課長は生徒数を学校長に質問したが、学校長は生徒数を記したノートをどこかに置き忘れてしまったとのことである。マフディ校長は、学校改善計画の概要を説明した（**表3**）。

「校舎はありますが、水洗トイレがないので、トイレを建設しようと考えています。この先の水汲み場からパイプを引いて水を確保し、浄化槽設置等で40万リアルを見積もっています。トイレができれば周辺の村人も学校への関心を高めて、利用してくれるのではないかと思っています。識字教室は、

表3　アルファウズ校学校改善計画概要

活動	予算
水洗トイレ（水供給パイプ敷設、浄化槽設置、建設等）	400,000リアル
識字教室（講師）	100,000リアル
合計	500,000リアル

この学校に通う女子生徒が少ないので、まずは母親学級として識字教室を開催して、母親に学校に来てもらうようにしてはどうかと思っています」。

サイード郡教育委員長は、渋い顔をして質問した。この先の水汲み場からパイプを引くのは、地理的、資金的にたいへん難しいと思うし、水利用について住民が理解しているとは思えない。トイレが欲しいという学校の声は大きいが、実際、政府資金で建設した学校のトイレであっても、水の供給が難しくまた清掃がきちんとできずに汚れてこわれたまま放置されているケースが多い。トイレ建設については再考が必要だ」。

アブドゥラ課長は「そもそも学校委員会できちんと議論されたのだろうか。これから、このエリアの部族長のところへ行って、この学校改善計画について聞いてみてはどうかと思う」。サミアはサイード郡教育委員長に、「どうすればこの村の女性たちに会うことができますか」と尋ねると、郡教育委員長は、「部族長に会った際に、部族長の家に女性を招くようお願いすればよい」と答えた。

一行は早速部族長を訪ね、学校改善計画について尋ねた。アミン部族長は、計画について全く知らされておらず、郡教育委員長から学校長と再度、計画を立て直すよう依頼した。部族長からも水利用については厳しい意見が寄せられた。あわせて依頼した女性との会合は、1時間ほどおいてすぐに実現した。すると、アブドゥラ課長、学校長、郡教育委員長は女性との会合には同席しようとはせず、「我々はよそ者ですから女性たちの会合には出席できません、あちらで男性陣とカート[3]でも噛んで待ってます」と一子に言ってその場を離れた。一子はサミアと共に女性との会合に参加することにした。

女性たちは総勢30名ほどであっただろうか、それぞれが乳飲み子や子ども連れでの参加で、部族長の自宅の応接間にあふれんばかりに集まった。女性たちは一子の意に反して雄弁であった。「この村には電気がない。電気を通して欲しい」「水汲みが重労働で娘たちを学校に通わせると、水汲みができない。近くの水源まで往復で4時間はかかる」「私は教育を受けたことがなく、識字教室に通いたい。だけど、学校に行くことはできない。知らない男性が住み込んでいる危険な場所には行けない」「識字よりもミシン教室を

開いてくれれば、夫も実用的と納得して外出できる」「女子校があれば娘を学校に通わせてもいい」「学校には塀もないし、男女同じ教室で学ばせるなんて恥ずかしいことはできない」「学校は見知らぬ教師ばかりで娘の身が心配だから夫が反対している」など要望や意見が相次いで寄せられた。部族長の妻ハウラは言う。「女性たちの声に耳を傾けてくれる人はこれまでいなかった。彼女たちにも言い分は数多くあるのです」。

会合の後、学校長ら一子とサミアを待っていた男性陣に対して、サミアが女性の言い分を伝え、付け加えた。「これからプロジェクトが開始された後、女性の意見が学校計画の意思決定に反映されるよう、学校長、部族長、郡教育委員長の間で、その方策を検討してもらえませんか。また識字教室に対する要望は多く聞かれましたが、学校には行けないとみなさんは言っています。どうやったら識字教室に女性が参加できるようになるかも、検討してみてください」。

7 計画実施

何回かの修正を経て、30校の学校改善計画は州教育委員会によって承認された。30校合わせて120件の活動が提案されたが、そのうち教室の建設補修、地元教員採用、学校祭りなどの啓発活動が人気の活動上位3計画となった。その他、学校放送用の拡声器、黒板、ミシンや給水タンクの購入、裁縫教室開催、トイレの建設などが実施された。対象校では、自ら資金を得て学校改善を行える機会を得て、当初は戸惑いやためらいが見られたが、徐々に活気を帯びていった。一子と州教育委員会のもとへは、対象校を巡回モニタリングしているフィールドコンサルタントのハシムとサミア、郡教育委員会から報告が続々と届いた。「アルムッハ郡では、郡教育委員会メンバーが熱心に学校訪問を続けています。アスラヤ校からはこれまで郡教育委員会が来たことがなかったのに、実際に足を運んでくれるおかげで学校の問題を認識してくれるようになり、今回の動きをきっかけに政府のソーシャルファンドへの資金供与を依頼して新しい校舎を建てることが決まりました。

アスラヤ校は、山頂部の学校訪問も容易でない遠隔地にありますが、コミュニティーの中の教育熱心な部族長を中心に自発的に学校改善してきましたが、今回の国際平和財団の支援を受けて、行政も積極的な姿勢を見せてくれたことで、さらなる協力の可能性が広がっています」。「50万リアルでは足りない資金は、学校委員会がコミュニティーの有力者や海外に在住する親族から寄付をしてもらったという話がほとんどの学校で聞かれています」。「地元教員が採用され熱心に教えていることで、遅刻や欠勤の多く見られた正規教員が毎日時間通りに学校に来るようになりました。正規教員が地元教員に対して、授業準備や授業方法についてアドバイスしてくれます」。「保護者の学校に対する関心や、子どもの学習についての相談が増えました」。

　その一方で問題も各種報告された。「マクバナ郡のアルナッガ校では学校長と出納役との対立が激しく、学校長が出納役を交代させようとしていると報告が入ったので、郡教育委員会と共に先日学校訪問しました。学校委員会メンバーも集めて話を聞いてみると、学校長は研修後、学校委員会を招集せずに学校改善計画を策定し、計画に関係ない自分のオートバイ購入のために資金を使おうとしていることを出納役が指摘したことで、対立が深まっていました。出納役は学校委員会に事実を報告し、学校委員会から学校長に資金管理について指摘したところ、学校長はこれに耳を貸さず出納役を交代させようとしたので、学校委員会が郡教育委員会に報告したということです。事実は出納役の言うことが正しく、郡教育委員会の計らいで学校のあるコミュニティーの部族長に仲裁してもらい、学校長を学校委員長からは外して銀行口座へアクセスできないようにし、部族長が学校委員長に就任し出納役と共にもう一度学校改善計画を策定しなおし、活動を実施することになりました」。

　「郡教育委員を名乗る男が、学校に対してリベートを要求してきました」「拡声器を使って女子生徒が朗読をしてコミュニティーに聞かせたところ、住民の一部から女子生徒の声を公に放送するのはけしからんと学校にクレームが入りました」「教員採用方法をめぐって、なぜ自分の息子が採用されないと住民の間で不満があります」など1年目の活動中は、各校での諍いは相

次いで起きてはいたが、郡教育委員長や各地の部族長、州教育委員会等の仲裁や助言を受けて各校での問題は解決に向かい、活動は概ね順調に進展した。年度末には、各校から会計報告書が提出された。活動を通じて郡教育委員会が頻繁にモニタリングを行い、会計報告書の作成指導を行い、証憑の保管等にも気を配ってきたこともあって、2ヶ月ほどの遅れはみられたが、すべての報告書は無事提出され、州教育委員会の承認を受けることができた。一子は、一連のプロジェクト運営の管理について、プロジェクトのそれぞれのステージにおいて、カウンターパートであるバルキス、アブドゥラ両課長やカッセム、サイード郡教育委員長に対して手ほどきを行った。

8 結び

学校改善計画の活動が開始されて間もない頃は、女子生徒だけでなく学校全体の改善を図るという包括的なアプローチで、女子の生徒数が増えるのかという懸念も東京の本部から寄せられていたが、実際に1年間の活動を終えようとしている今、女子のみならず男子生徒の就学数も増加していることが明らかになった（表4）。

表4　プロジェクト対象校（N=30）における男女生徒数の推移

学年	男子生徒数		女子生徒数	
	2004年1月	2005年3月	2004年1月	2005年3月
1学年	312	359	201	250
2学年	297	309	182	198
3学年	259	287	164	176
4学年	201	241	99	120
5学年	187	198	82	88
6学年	140	150	61	65
7学年	87	93	29	33
8学年	45	67	16	23
9学年	44	40	13	13
合計	1,572	1,744	847	966

一子の分析では、こうした女子生徒の就学向上に大きく寄与した要因は、女子教育のための学校改善を地域コミュニティーと学校が一体となって取り組むスキームによるところが大きいと考えている。イエメン国では統一後の平和と一時の石油価格の高騰による経済の活性化により、人口増加が著しく、年率３％を記録している。こうしたなか、政府主導による新設の学校が増えたものの、現在の政府の教員配置政策では地域出身の教員が配置されることは珍しいため、よそ者のいる学校に対するコミュニティーの視線は冷たく、学校がコミュニティーで孤立していた。これがプロジェクトにより、学校とコミュニティーをつなぐ学校委員会によって、学校を地域の財産と考える意識が住民に芽生え、また郡や州の教育委員会という行政の支援を受けて、これまで及び腰であった学校長も積極的に地域に対して教育の必要性をアピールすることができるようになった。また女性の参加に配慮した結果、これまで教育に縁の薄かった女性たちが識字教育や学校での各種行事への参加を通じて、教育に触れる機会を得るようになったことも大きな成果である。プロジェクトの２年を終え、ほぼすべての学校で識字教室や裁縫教室が開催されている。

　ただその一方で不安もあった。プロジェクトでは総勢40名の地元教員が学校改善の資金を使って採用されたが、このボランティア教員はこのままではプロジェクト活動が終了した後、正規の教員にはなれず、学校に残って引き続き教鞭をとることはできなくなってしまう。これまでの活動をモニタリングしている中で、一子は地元教員の採用は女子生徒数の増加に貢献する重要な要素の一つであると確信していた。教員が学校に定着しなければ、生徒数は再び減少してしまう。このプロジェクトが地元教員採用に大きく依存している現状を顧みて、今後の持続可能性を考えた一子は、プロジェクトのインパクトとその将来に不安を抱くのであった。

注
1　このケースは、(株)パデコ次長（当時）の桜井愛子と神戸大学大学院教授の小川啓一が作成した。これは、国際協力機構のイエメン女子教育プロジェクトで

実際にイエメンの農村部でプロジェクトを実施した経験をもとに作成。登場人物、機関名は全て架空のものである。
2 　女子生徒数を男子生徒数で割った比率。0.78 であれば、男子生徒 100 人に対して女子生徒が 78 人を意味する。州、郡別の人口統計データの信憑性が疑わしいため、プロジェクトでは就学率に代わり、女子生徒の男子生徒に対する比率を指標として用いていた。
3 　アンフェタミンのような幻覚作用をもたらす植物の葉。イエメンでは、嗜好品としてカートの栽培、販売が認められ、国民に広まっている。

4
経済移行国における国際連携とは
―― モンゴルで

山口 しのぶ

1 1993年 冬

　二重窓になっているゲストハウスの窓からは、今日も道が凍り、街中がスケートリンクの様相を呈していることがうかがわれる。9月の半ばに雨が降ってからは、海抜1,500mであるこの首都では氷点下の日々が続き、車通りも少ない街は霜とうっすらとした雪に覆われている。国際機関の教育開発専門家である南レオナはマイナス25度の外に出るべく重ね着をし、ゲストハウスの入口に唯一設置されている大きなテレビの前で迎えを待った。今朝の番組は1970年代に日本で人気を博したテレビ番組「リボンの騎士」の現地語放送である。

　レオナがアジア大陸の北方にあるこの国の教育分野に開発に携わって1年が過ぎようとしている．今回2度目の出張である。70年にわたる隣国の統治から独立し、民主主義を柱とした新しい改革を進めようとあらゆる分野で開発プロジェクトが急ピッチで進んでいた。教育分野では、1993年に新教育法[1]が制定されることになり、教育分野を専門とする国際機関に援助の要請が送られてきた。特にこの半年間は集中的にこの国の教育研究所のチームと調査を続け、今後のプロジェクトの見通しも立ってきた。しかし、今朝の教育大臣との会合に向かうレオナの足取りは重かった。

2 1993年 初夏

　レオナはこの夏、街の外れの政府高官専用のゲストハウスに案内され、教

育科学省の研究機関である教育開発研究所の専門家と共に、地方教育行政官および学校経営者のトレーニングニーズに関しての調査を進めていた。短い夏はアルプスを思わせるような気候で、街中から車で20分も離れていないこのゲストハウスの敷地内には、丘あり、川ありで、遠めにはトナカイの群れも見受けられる。レオナがゲストハウスの場所から30分ほどかかる門まで歩いていたところ、向かいからジープに乗った外国人数名が見受けられた。外国人を見かけるのも珍しかったため手を振ると、ジープの中から「レオナじゃないか！」と英語で声をかけられ驚いた。よく見ると10年前に米国留学中に大学院で指導をしてもらっていた教育評価法を専門としているキーン教授ではないか！「なぜ、ここにいるの？」「ここで何を？」とお互いを質問攻めにし、大笑いした。

　キーン教授は、国際機関である開発銀行が政府と協働のもと行っている大規模な教育改革プランの専門家グループの一員として、1ヶ月前から調査に来ているという。5名からなる専門家グループは米国の開発コンサルタント機関から派遣されている米国東海岸、中部、西海岸の著名な大学教授および香港の大学教授からなるコンサルタントチームであった。偶然にも同じゲストハウスに滞在していたため、寝起きを共にし、情報交換等も密に行うことができた。

　経済移行時期のために減少する国家予算の現状を受け、教育を含む社会分野はまず初めに予算が削減される分野であった。教育省、地方教育部、学校とも減少する予算のなかで増大する責任を担い、基本的な物資不足、老朽化する校舎、宿舎への対応、暖房が故障し宿舎が使用できないため学校に通えない生徒への対応など、問題は日に日に拡大する一方であった。そのうち、改革に直面している教育分野のみならず、教育省自体がさまざまな問題を抱えていることが浮き彫りになってきた。第一に、首都のある街全体が電力不足に直面していること。4つあるうちの発電所の2つが使用不可能になっているため、この首都全体が必要としている電気の供給に間に合わず、毎日のように計画停電にみまわれる。計画停電とはいえ、事前の連絡があることは稀で、このような状態でコンピューターを連日使用することはたいへん困難

であった。第二に、あらゆる基本的物資が足りないこと。セミナーを開催しようと準備を始めても、プリンターのトナーどころか、印刷する用紙すら不足しており部署間、省庁間での用紙の貸し借りは日常的に行われていた。援助プロジェクトのコンサルタントも身の回りの備品を整えることだけで最初の数週間は優にかかっていた。第三に人材不足である。各省庁のなかで英語ができる人材は限られており、さらに決定権をもっているかまたは決定権をもっている人間に近い人材はたいへん少数であった。海外からの開発コンサルタント、および国際機関のカウンターパートとして仕事ができる人材の取り合いにまで発展していた。また、将来性のある人材を海外の大学研究機関に留学させての人材育成を各機関が試みており、不在中の後継者選びにも苦戦しているのが実情であった。このような状況下、各機関のコーディネーションは不可欠であり、できる限りのオーバーラップは避けようというのが各機関の代表者の誰もが感じていることであった。

　独立後、開発初期の段階で各機関の代表者が把握できることや、コーディネーションの重要さが強調されていたため、いちばん古くから現地密着型の開発手法を唱え実践していたレオナの属する国際機関がドナー機関、国際機関、現地政府機関との調整役を担っていた。そのたび重なる話し合いの中で、教育分野のなかでも、地方教育行政官ならびに学校経営者、および広い意味では教員の再教育トレーニングを、その分野の専門として行ってきたレオナの国際機関が教育省と協働のもと担当するというのは、理にかなうものであった。

　レオナは教育コンサルタントであるオーストラリアの大学のパット教授と共にひと夏の調査を終えようとしていた。首都にある教育省のみならず、現地の2県にまたがる3都市、5村の学校訪問・聞き取り調査からわかったことは、社会主義下における教育体制では地方行政官、学校長共に、すべてを中央政府から与えられ、教育に関しても学校運営に関しても教師の研修に関しても計画に基づき予算が配分され、計画通りに実行していくことがすべてであったということである。体制が変わり、改革後は地方行政官および学校長の役割が格段に増大し、中央からの予算配分は減る一方で、学校長が効果

的な学校運営のための特別予算措置を考えなくてならなかった。訪問した学校のいくつかでは、学校長はスクールファームの運営のため牧場に出ており、そこまで追いかけて聞き取り調査を行ったものである。また、全国から53名の学校長を招集し、1週間におよぶワークショップおよびディスカッションを行い、そこからさまざまな困難な現状が浮かび上がった。その中でも、地方行政、学校長の再研修プログラムの確立が重要課題であることは明確であった。教育行政官・学校長のトレーニングに関しては教育省における直属の教育開発研究所が担当部署であるため、当研究所の副局長を中心とした専門家チームが編成され、レオナのカウンターパートとして作業を続けていくことになった。副ディレクターのスター氏は30代半ば、経済学の博士号をもつ人物で、教育研究所のみならず、教育省の中でも顔が広く、若手の中のライジングスターであった。英語は学び始めたばかりだというが、コミュニケーションには事欠かなかった。スター氏の上司であるベグ氏は共産党の幹部で、教育省のみならず他の省庁にも顔が利き、どのようなアポイントメントでも数日後には実現した。英語は一言も使用せず、ベグ氏とのコミュニケーションはスター氏を介して行われていたが、ベグ氏の多大なるサポートがあることは明白であった。

　レオナは、コンサルタントのパット教授、スター氏と共に、今後の計画を立て、アンケートの原案を作成した。アンケートによる調査は教育研究所が現地機関として担当し、次回の現地調査までに集計を行うことになっていた。アンケートの原案は今までの調査をもとに作成され、学校長を集めたワークショップでも意見収集、語彙の確認作業等が行われた。翻訳が完成し、物資の不足する状況のもと、何とか必要枚数のアンケート用紙を刷り上げ、郵送する準備が整ったところで、レオナとパット教授は毎日のように顔を合わせていた教育省の面々、すっかり同志のようになった他機関のプログラムオフィサー、コンサルタントに別れを告げ、次回の調査の計画案を練り現地を立った。

3　1993年　秋

　レオナが所属する国際機関の本部に戻ってからは、報告書作成、資金調達案作成のほかに、連日のように部署内でのロビーイング[2]に追われた。通常予算は年々減少するなか、外部資金を導入する必要性に迫られていた。それと同時に、部署内での予算を獲得、円滑に管理・運用するために、上司だけではなく同僚ならびに専門分野の部署外である契約部、さらには外部資金導入掛、予算部局のプロフェッショナルの理解・協力を得ておく必要があった。レオナはこれだけ現地調査が進み、教育分野の開発において重要項目とされている案件をぜひ実現させたかった。現地機関のカウンターパートの真剣さ、地方の教育行政官、国の体制の過渡期における厳しい環境の中にあっても一生懸命に学校を運営しようとする学校長の姿勢が思い出され、毎日の仕事にも力が入るレオナであった。「この案件はこの国の今後の開発マスタープランのなかに組み込まれるものであり、特に、地方教育行政官、学校長を中心とした再教育プログラムは他のどの機関も担当しておらず、我々の国際機関が現地機関との協働のもと、活動を進めていかなければならない分野なのです！　我々がやらずして、誰が行うのでしょうか！」と熱弁するレオナであった。必死のロビーイングが効を奏してか、当案件に通常予算が配分されることとなり、レオナの部署の重要案件の一つとして明記されるようになった。

　このニュースを聞いたパット教授も、母国の開発機関に対して当案件の資金調達のためのプロジェクト案を作成しており、これらの動きは逐一カウンターパートであるスター氏にテレックスで送られた。スター氏からはアンケート調査表は徐々に返送されて来ており、データ処理を行うチームも結成されたということであった。現地では、真冬の気候はたいへん厳しく、冬の作業は11月までというのが通常の考え方であった。次回のワークショップは11月中旬に開く予定になっており、それに向けて現地でも準備が進められていた。同時にマスタープランの中間会議も11月に予定されており、レオナのチームメンバーもそこで報告できるようなアンケート結果が出せれば

と考えていた。部署内でのサポートも得ることができた。予算もついた。現地での調査も順調に進んでいる。他関連機関との連絡も密にとっている。順調に進む開発プロジェクトの醍醐味を垣間見たレオナは、少なくなりがちな睡眠をものともせず、次の調査への準備のみならず、多々あるほかの仕事も順調にこなしていた。

4　1993年　冬　パート2

　たいへん興味深いアンケート結果を受け取ったレオナはパット教授と共に現地入りを早め、スター氏の率いる現地チームと打ち合わせを行った。再度全国から地方教育行政官、学校長を招集し、ワークショップを開くことになっていた。今回のワークショップはアンケート調査の結果報告を行うと共に、これに基づいた中・長期的なトレーニングプログラムの原案を作成するという重要な課題を有していた。同時に今回の出張業務には、開発銀行が政府と共同開催するマスタープラン中間会議への出席が、2日間ほど含まれていた。レオナとスター氏のチームは調査の結果をわかりやすく紹介し、今後のマスタープランの骨組みの一部に取り上げてもらいたいと考えていた。物資不足は解消するどころか冬場を迎えますます困難となるなか、何とか必要な配布資料をそろえ、中間会議での報告のための準備は整った。

　当初から意見交換会を頻繁に行っていただけに、中間報告会議といっても顔見知りが多い。さらに困難な状況の中、教育体制向上という同じ目的に向かって進むという共有されたミッションがあるためか、異なる議論が交差することはあっても、最終的には今の状況の中で実現性の高いベストな妥協案が生まれていた。他機関のメンバーに挨拶をし、席に着いたレオナは円卓の斜め前に今まで見たことのない外国人と現地スタッフがいることに気付いた。現地政府高官と開発銀行プロジェクト担当官による報告に続き、各機関の代表者が教育・人材育成に関するさまざまな分野の活動、調査報告を行った。そのうち、斜め前の外国人が早口で話し始めた。

　「我々はこの夏より現地調査を通じ、ニーズアセスメントを進めてまいり

ました。その結果、地方行政官と学校長の再教育トレーニングは一瞬たりとも待つことのできない危機に直面しています。わが政府もそれを理解し、ドナーとして来年度より3年間の援助を行う予定です。教育大学とわが政府との連携のもと、学校長の再教育トレーニングは成功すると考えて間違いないでしょう。以上」。

　この発言を聞いて、レオナは耳を疑った。「この専門家はどこの誰？ニーズアセスメントは誰が行ったのですって？」そのとき、耳を疑ったのはレオナだけではなく、教育開発研究所のカウンターパートチーム、および教育省の担当者、ならびに開発銀行のコンサルタントチームも顔を見合わせて肩をすくめていた。その日の中間報告会は予定通り終了し、解散するころには謎の外国人とそのチームは姿を消していた。翌日、レオナとパット教授は、偶然にもその外国人が同じホテルに宿泊していることを知り、当人と朝食を一緒にとりながら話し合った。ヨーロッパのある研究機関を代表するコンサルタントであるバドジェー氏は、レオナたちのニーズアセスメントに関する質問に対し、「我々の調査でもちょうどあなたたちが行ったものと同じような結果が出ているんですよ。調査を行った地域も偶然にも同じでした。面白いものですね。チームは教育大学内にすでに形成されており、作業も順調に進んでいます。予算も十分あるので心配ありません」。調査結果を見せてほしいという要請に対しては「現在、調査結果の最終版を作成中ですので、完成しだいお見せしますよ」と繰り返すのみで、どのような調査が行われたのか一向に様子がつかめなかった。

　教育研究所のチームはスター氏を筆頭とし、教育大学のチームとの話し合いに臨んだ。どのように連携をとっていこうかとの話し合いである。しかし、この話し合いも、教育大学のチーム長の「学校長の再教育に関しては、我々のプロジェクトが優先だ。連携をとるつもりは一切ない」との強い意見のもと決裂したとのことである。にも関わらず、スター氏は涼しげな顔で「心配ないよ。我々は国の教育のために働いているのだから連携を取れないなんていうのは何かの間違いだよ。再度話してみるから心配しないで。明日のワークショップにも参加するとの連絡を受けたから、きっと連携の話だと思う

よ」というのであった。とにかく明日は我々が半年かけて行ったニーズアセスメントのワークショップの初日である。電気の来ているうちに準備を整えて、明日の会議に臨もうということでチームの意見は一致した。

　教育研究所のワークショップの当日。地方からの出席者を中心に70名ほどが午前中から教育省内の大きな部屋に集まり、各地方の学校が直面する問題点に関する意見交換で盛り上がっていた。午後一番にニーズアセスメントの結果発表がなされた。多くの出席者が頷きながらスター氏の説明に聞き入っているなか、教育大学のチーム長が挙手をし、意見を付け加え始めた。それを聞いたレオナは「教育大学のチーム長が出席してくれている。やはり、同分野の開発を望んでいる専門家だけあって、協力体制を築くつもりになってくれたのだわ。スター氏の言うとおりね」と感心して聞いていた。ところが、右隣に座っていた通訳の顔が青くなっていくのをパット教授は見逃さなかった。そればかりか、逐次通訳をしてくれていた女性が席を立ち、スター氏とベグ氏の耳元で何かささやき始めた。レオナはそれに気付き、「ドルウ氏はなんと言っているの。簡単でいいので訳してください」と通訳とスター氏に声をかけたが、スター氏の視線はドルウ氏に注がれており、レオナの声も耳に入らないようであった。何が起こっているのかわからないうちに、ドルウ氏の口調は厳しくなり、最後には同行していたチームメンバー2名を連れて席を立ち、会議室を出て行ってしまったのである。ドルウ氏が退出した後の会議室はざわつき、そのまま一時休憩にはいった。不安げな表情をしているレオナのところにスター氏がやってきて一言いった。「心配はいらない。ちょっとした誤解があったようだけど」といつものように淡々と言うのであった。次々に質問が頭に浮かぶレオナに対し、「レオナたちのお茶をもってくるよ」とスター氏はベグ氏と会議室を後にした。「雰囲気からすると、スター氏のチームとドルウ氏のチームは公衆の面前で決裂したようだね」とパット教授がレオナに耳打ちし、驚いているレオナに恐る恐る通訳が近づいてきた。1年近く一緒に仕事をしてきた通訳である。「ドルウ氏はやってはいけないことをやってしまいました。公衆の面前で、それも地方行政官の前で、教育省のスター氏を批判したのです。この調査はでたらめで、正しい調

査結果をもっているのは教育大学のチームであると。教育者である人物がこのような態度をとることはたいへん珍しいことで、ドルウ氏はどうかしていると思います。何か、怖いもの知らずといった様子にしか映りません。強いバックがついているのでしょうか？　それにしても私にはわかりません。それで、訳してよいものかどうか迷ったのです。すみませんでした」。しきりに謝る通訳に対し、「教えてくれてありがとう」としか言葉が出ないレオナであった。

その日のワークショップが終了すると、スター氏がやってきてレオナに言った。明日は朝一番で教育科学大臣とのアポイントメントを取り付けたという。そこで、どの機関が何の分野を担当するのかはっきりさせようというのである。そこに、教育省の関連分野のチームに加え、教育大学のドルウ氏、コンサルタントのバドジェー氏も同席するという。

「レオナ、戦略を考えよう。大臣の命令は絶対だから…」。そういった教育開発研究所のスター氏の言葉が、レオナの胸に重く響いた。

注
1　社会主義経済から市場経済に移行したモンゴルでは、教育分野も今までの中央集権制度から地方分権化が重要視されるようになった。その中で制定された新教育法では学校長の権限および責任が増大することなり、学校長は少ない予算を駆使し学校経営を担うことになる。
2　Lobbying：大切な議題・案件などの理解を得るため重要人物に働きかけること。特にアメリカでは議員に働きかけること。

5
生活スタイルを変えることは可能か
——スリランカで

樋口　まち子

1　ボランティアとして赴任

　佐藤香里は32歳の保健師。看護系大学を卒業後、病棟で看護師を5年経験したが、日々医療が高度化し人間らしい看護ができないことに疑問を感じ、病院を退職した。その後地域保健センターで保健師として4年間勤務したが、市町村合併に伴い地域保健行政が空洞化し、公的サービスを必要としている人々のもとへアクセスできないもどかしさを感じ、退職。その後民間の海外ボランティア派遣に応募し2度目の採用試験のすえに合格し、スリランカに派遣されることになった（図1）。

　スリランカはインド亜大陸の南端のインド洋に浮かぶ島国で、大きさは北海道の8割ほどにあたり、赤道のやや北部に位置している。インド亜大陸との距離が30キロほどであるため様々な民族が移住し、多彩な文化や宗教が融合してきた。自然環境は乾燥地帯/湿潤地帯、高地/低地と変化に富んでおり、熱帯の季節風が島中央部の高地にぶつかり、島全体に雨を降り分けている。その降雨を活用したため池や灌漑技術は稲作文化を発展させてきた。

　自然豊かなこの島国の香辛料や様々な

図1　スリランカ

資源を求めて、ポルトガルとオランダは海岸線を中心に植民地支配を行い、その後は大英帝国が全土を支配化に置き、大英帝国が浸透させた政治経済や社会構造の影響は現在も続いている。大英帝国から独立後は民族紛争が続き、2009年に終結するまで治安は悪化し、国の発展が妨げられていた。

スリランカは内戦が続き、治安がよくないという印象をもっていたが、空港から現地事務所に向かう車の中から見えるコロンボ市内には近代的なマンションやショッピング街が立ち並び、郊外に行けばのどかな田園風景が目についた。貧困であるということも聞いていたので、「穏やかで平和な国だなあ。しかもそれほど貧困でもないようだ」と心の中でつぶやきながらほっとする反面、それほど貧困でない国でやりがいのある活動ができるのだろうかと妙な不安感も頭をもたげていた。

赴任した翌日、早速現地事務所への挨拶を行い、同時に活動全般のオリエンテーションが行われた。香里が赴任するのは、コロンボから車で1時間のところにある国立公衆衛生院である。1928年にアジアで最初にできた公衆衛生活動の拠点となる場所である。

2　保健衛生状況の劇的変遷

スリランカは、イギリスからの独立後も教育や医療の無償制度を維持し、国家予算の多くをそれらに当ててきた。古くからの豊かな国土や歴史的な影響を受け、他の発展途上国に比べて教育及び保健衛生は飛躍的に向上した。1945年から52年までの7年間に平均余命が12歳延びたことはUNDP（国連開発計画）の人間開発報告書にも毎回特記されるほどである。

しかし、1983年から本格化した民族間紛争は、この国の悲劇の始まりとなった。国家予算のうち軍事関連予算の占める割合は4割とも言われ、保健医療福祉及び教育の質は低下の一途をたどっている。2008年現在、スリランカはGDP（国内総生産）が世界ランキング91位であるが、HDI（人間開発指数）は91位、GDI（ジェンダー開発指数）が78位で、日本がGDP 2位でHDIが11位、GDIは12位であるのと比較するとGDPに対してHDIと

GDI は相当のレベルに達していると言える。

スリランカの地域保健は人口約6万人ごとに保健所が設置され、そこに医師、保健師、助産師、環境衛生員等の専門職が配置され、活発な地域保健活動がなされてきた。すべての保健所は国の直轄であるが、国立公衆衛生院がある地域の保健所はこの衛生院の傘下におかれ、古くから地域保健のモデル地区として、新たなプロジェクト実施の候補地となり、国内外のさまざまな援助機関が入っていた。現在も2ヶ所の保健所がこの衛生院の管轄下にあり、調査研究や学生の研修場所を提供し、衛生院からは専門的アドバイスや専門職派遣の支援も受けていた。

開発指標の説明

1990年に人間開発報告書が創刊されて以来、人間開発を測る新たな指標として、人間開発指標（Human Development Index：HDI）、ジェンダー開発指標（Gender related-Development Index：GDI）、ジェンダー・エンパワーメント指数（Gender Empowerment Measure：GEM）、人間貧困指標（Human Poverty Index：HPI）の4つが制定された。

HDI は出生時平均余命（歳）、成人識字率（15歳以上）、複合初等・中等・高等教育総就学率、購買力平価で計算した一人当たり GDP（USD）の指標から換算される。

GDI は出生時平均余命（歳）の男女間格差、教育を受ける機会の男女間格差、所得男女比の指標から換算される。

GEM は社会、政治、経済の側面から女性のエンパワーをみようとするもので、男女の国会議員比率、男女の専門職・技術職比率と管理職比率、男女の推定勤労所得の3つを用いて算出される。

HPI は基本的な人間開発の剥奪（Deprivation）の程度、つまり、短命、初等教育の欠如、低い生活水準、社会的排除について測定した指数である。開発途上国を対象とした HPI-1 と、経済協力開発機構の国々を対象とした HPI-2 の二つがある。

3　派遣の経緯

　保健師である香里が派遣を要請されたのは、2004年から3年間に公的研究費で日本のK大学の研究グループが実施した研究結果で、生活習慣病予防対策の重要性が謳われたためである。K大学がスリランカを選択したのは、たまたまスリランカに長期間滞在していた研究グループのメンバーのひとりである保健医療関係者をはじめとするさまざまなネットワークが活用できると考えたからであった。また、この地域を研究対象地に選択したのは、カウンターパートになる国立公衆衛生院が海外の援助団体を受け入れていること、そのなかには日本からのボランティアもおり、初期の共同研究の調整に時間を要しなくてもすむと判断したからであった。

　研究の結果によると、研究対象となった住民のうち肥満傾向の人が40％で、日常的に運動をしている人が20％で全員がたっぷりの砂糖を入れた紅茶を1日に2回のみ、ビスケットをお茶受けにしていた。このままでは生活習慣病から深刻な慢性疾患者が増えると予測され、緊急の対策が求められた。

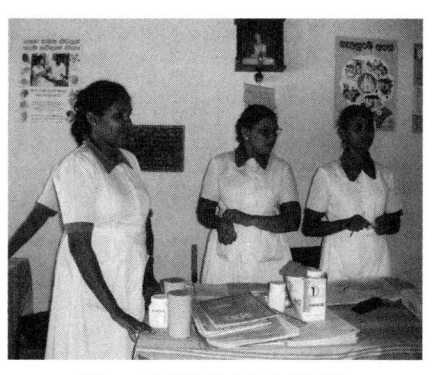

図2　乳児検診を行う助産師

　香里は公衆衛生院を訪問し、サマラシンハ所長に挨拶した。挨拶するときに、K大学の研究グループの代表者であるO教授の名前を付け加えた。すると所長はすぐに香里が来たことが腑に落ちたらしく、香里をカウンターパートとなる保健師や助産師のいる事務所に案内した。しかし、保健師や助産師は香里のことに

図3　スーパーバイスする保健師

ついて何も聞いておらずやや驚いた表情をみせたあと、所長が香里の机と椅子を用意するように指示されたときには、窮屈な部屋にさらに香里が増えることに不快感を露わにするような表情をみせた。

香里は先が思いやられると意気消沈しそうになったが、始めからネガティブに相手をとらえては、これから2年間の活動そのものがうまくいかなくなるかもしれないと気持ちを落ち着かせるように努めた。

香里はK大学が行った調査研究の結果のコピーを鞄から出して、保健師のクマラと助産師シャンティにみせた。コピーは英語であり、シンハラ語で教育をうけたクマラとシャンティには理解しにくい部分もあった。シャンティは日頃の地域活動から肥満や高血圧が住民の問題になっているのは知っていたが、具体的な対応についてはどうしていいかわからないでいた。クマラとシャンティにとっては、香里が来たことで、手助けになってもらえることが期待できる反面、さらに仕事が増えて忙しくなるのではないかという思いもぬぐい切れず、手放しで香里を受け入れることには複雑な思いがあった。

スリランカ保健省の報告では、早い時期から一般的感染症はある程度減少し、母子保健分野ではいくつかも問題を残しながらも、ある程度の改善が見られるとしていた。しかしその一方で、人口の高齢化や生活習慣の近代化で生活習慣病が増加していると分析し、その対策を早急に打ち出すべく保健施策を打ち出していたが、施策実施のための具体的方策は打ち出されていなかった。そのため肝心な専門職の配置は母子保健を中心にした助産師が地域活動の中心を担い、保健師の養成は数十年行われておらず、慢性疾患の予防的視点で直接住民を支援できる人がいない状況にあった（**図2、3**）。

香里は日本の保健所で行っていた活動を踏まえて健康教育プログラムを実施しようとクマラに提案した。クマラは、香里に2ヶ所の保健所を紹介し、シャンティも自分の担当地区に香里を案内し、村長に紹介した。赴任してわずか数日で予想以上に物事が順調に進んだことに香里は安堵した。これで任期が終了する2年後には、予定通りの活動の成果が得られると思った。

4　香里の挑戦

　香里は、健康教育に必要な教材づくりを開始した。健康診断を受けたことのない住民の身長・体重や肥満度を計測する計画を立て、助産師とともに村の寺院に出向いた。多くの女性が待ちかまえていた。昼間集まることができるのは、主婦に限られていた。香里は対象となる3ヶ所の村で早速測定にかかった。30歳過ぎの女性で肥満傾向が、50歳を過ぎると高血圧傾向の者が多く見かけられた。女性は当初、興味をもって熱心に参加していたが、2回3回と回数を重ねるうちに参加者が激減していった。しかも、毎回行う食事や運動指導も自宅ではまったく実践されていなかった。

　香里は再び村を廻り、住民の生活状況を把握しようとした。そして台所の様子をみて驚いた。

　スリランカ料理は多種の香辛料を使ったカレーである（図4）。ココナツミルクも豊富に使う。塩分も欠かせない。ココナツミルクはカレー料理のほかにお菓子にも多く使われ、祝賀には欠かせないミルクライスにも使われている。糖分と脂肪分の過度な摂取のほかに、塩分は岩塩を水につけてつくった塩水をたっぷりと料理に使い、米を炊くときにも「味がよくなる」と米に塩を入れて炊いていた。香里は、食事の習慣をよく知っている日本でも、住民に対する食事指導が成果をあげなかったことを思い出していた。どこから手をつけていいか混乱していた。

図4　スリランカカレー

5　挫折と孤独感

　カウンターパートのクマラとシャンティに相談したが、「スリランカ人の

食生活を変えようなどと思わないほうがいいわよ。あの人たちは食事が楽しみの一つなんだから…」とたしなめられてしまった。そして、昼になり香里はいつものように自宅からもち寄った弁当を開けている2人を見て、驚きと落胆の言葉を飲み込んだ。ご飯は茶碗3杯分ぐらいの量で、それに油がにじみ出た3種類のカレーをかけてカウンターパートの2人が食べ始めたのであった。

　香里はまず、カウンターパートの食行動を改善しなければならないと思いいたった。スリランカには食品成分表はなく、コロンボの国立医療研究所（Medical Research Institute）の栄養士が栄養調査をしている報告書があるだけだった。取り急ぎ、栄養士から報告書のコピーを譲り受けたが、食品成分について記載されているものはわずかであった。また、香里が対象としている地域の食生活の実態も、客観的なデータがないことに気がついた。下宿に戻った由香里は赴任してから自分がしてきた活動を振り返りながら、「住民は予防よりも健康診断に興味をもっている。しかし、住民の健康診断をして異常値がでた人々全員をフォローできる医療費や専門機関、専門職員を国は確保できるのだろうか。単に問題を掘り起こして、地域保健の状況を悪化させるだけではないか」とさまざまな可能性を模索すればするほど出口の見えない袋小路に入りこんでしまいそうになりながら、いつしか深い眠りに落ちていた。

　翌日、サマラシンハ所長に事の経緯を説明し、実態調査をする許可と協力を得ようとしたが、それに対して所長は、研究調査の協力者としてK大学に招聘され日本を訪れた際に入手したという、日本で使われている日本語の生活習慣病に関する指導マニュアルの資料を見せ、これを活用してスリランカの地域で健康教育を行ってはどうかと提案してきた。

　そんなとき、K大学の研究グループの一人であった澤田教授がスリランカを訪問することを知った香里は、澤田教授と会う約束を取りつけることができた。香里はスリランカに赴任する前に、スリランカについてのブリーフィングを受けたいと澤田教授の大学の研究室を訪れたのが、教授との最初の出会いであった。澤田教授は、スリランカで10年以上保健医療分野の国際協

力活動に携わり、スリランカの保健医療に関する専門的分野だけでなく、スリランカの人々の暮らしぶりに精通している。

　教授はスリランカ訪問の目的であるフィールド調査を終えた後に、香里が所属する衛生院を訪れた。香里は自分が現状を報告しながら、澤田教授のアドバイスを受けることにした。

　香里「いままで、地域の保健所や集会場を廻って住民の簡単な健康診断を５つの村で行いました。特にBMI（Body Mass Index）の測定から、女性の３人に１人、男性の４人に１人が肥満気味という結果でした。村人の生活スタイルを具体的に知る必要があると思うですが…」
　澤田「それはいいことだと思うけれど、カウンターパートはそれを認識しているの？」
　香里「いえ、カウンターパートの看護職ですら昼食の弁当は米と油をどっさりとっているし、紅茶は砂糖をたくさん入れて飲んでいるので住民の肥満をどれだけ問題視しているかは疑問です」
　澤田「日常の運動量はどうなの？　それに消費カロリーと摂取カロリーのバランスはどうなの？？」
　香里「スリランカでは食品成分表のようなものがないので、摂取カロリーがどのくらいなのかを知ることができないのです」
　澤田「糖尿病予防には確かに食事指導は重要なことだけど…。いまの食事だけにとらわれないで、スリランカの気候風土や食文化についてよく理解することが必要じゃないだろうか。国全体でも個々人にとって、生活習慣、その中でも食生活は長年にわたってつくり上げられたものだし…。我々が調査した結果は、スリランカの一部の地域の状況を表わしているのに過ぎないので、それをもとに香里さんがすぐに指導計画を立てようと考えなくてもよいのではないだろうか」
　香里「まずは人々の生活の現状把握をもっとすべきだということでしょうか」

香里はそのほか、澤田教授とさまざまな話をし、これまで自分の活動の経過を振り返ることにしたが、まだ納得できる次の行動への結論が出た訳ではなかった。

6
活動は誰のためのもの？
——中南米のある国で

村山　智子

はじめに

　藤田碧は大学卒業後、途上国の保健医療の改善に携わりたいと考え、アメリカの公衆衛生大学院で国際保健の修士号を取得した。その後、日本のNGO職員としてキャンディ国で小中学校を対象とした学校保健活動に1年間従事した。その活動中に、日本の政府開発援助機関である国際開発協力事業団（Japan Agency for International Development : JAID）が実施している海外ボランティアの評判をよく耳にした。キャンディ国での任務が終了すると、JAIDのボランティアに応募した。晴れて合格し、中南米・ラパス国に風土病であるシャーガス病の対策隊員として派遣されることが決定した。任期は2年間である。

1　シャーガス病

　シャーガス病は中南米に広く分布する原虫症である。感染経路には、①サシガメという吸血性カメムシ（媒介虫）による媒介虫感染、②輸血などによる血液感染、③母親から胎児への母子感染がある。このうち、媒介虫感染が約8割を占める。サシガメは、土壁や日干しレンガ壁の内側や植物性の屋根に好んで生息する。このため、こうした住居環境で生活する貧困層に多い疾病である。感染後、1～2ヶ月続く急性期のうちに発見できれば完治できるが、片目が大きく腫れるシャーガス病特有のローマニャ兆候が現れるケースは5％未満とされ、特に目立った症状が出ずに見過ごされてしまうことが多

い。急性期を過ぎると、症状のない慢性期に移行する。10〜20年以上に及ぶ長い潜伏期間中に、原虫は心筋に移動し増殖を続ける。その後に心臓肥大などを発症させ、突然死を引き起こす。無症状の慢性期において、献血時のスクリーニング検査により発見されるケースが多い。感染後1〜2ヶ月間続く急性期には、有効な治療薬があるが、ひとたび慢性期になると、有効な根治薬が存在せず、長期間に渡って対処療法を継続することを余儀なくされるために、患者本人・家族及び社会の経済的負担が大きくなる。そのため、中南米においては、マラリアに次ぐ深刻な熱帯病としてシャーガス病は米州保健機関では位置づけている。中南米の推定患者数は推定750万人とされている。

シャーガス病は世界保健機構（WHO）が指定している14の顧みられない熱帯病（Neglected Tropical Disease：NTD）の一つである。NTDは特に発展途上国において、遠隔地の農村部や都市部のスラム街および戦闘地域の貧困層にさらなる貧困と不利益をもたらしている寄生虫症や細菌症を指す。世界人口の6分の1に当たる10億人以上が、何らかのNTDに罹患していると推定されている。3大感染症であるエイズ、結核、マラリアと比較し、死亡報告数が少ないことや貧困層に特有な疾病であることから、国の政策や新薬開発の対象にされてこなかった。容易な予防方法や治療方法があるにも関わらず、それを知らないがために疾病負荷を被っている貧困層が多くいることが、NTDの特徴である。

JAIDプロジェクトが開始する前にはラパス国では、シャーガス病対策がほとんど行われていなかった。急性患者が発見された場合にその患者に治療を行うこと、及び患者の家屋とその周辺家屋へ殺虫剤を散布することが応急処置的に行われているだけであった。また、医師をはじめとする保健関係者の知識は、問診や症状からシャーガス病を疑いシャーガス病検査を実施したり、診断された患者の治療を完治させるためのフォローを行うのに十分とはいえない状況であった。このため、シャーガス病に罹患していても、風邪と誤診されるなど診断されていないケースや、診断されても治療を完治せずに薬をやめてしまっているケースなどが多く存在する可能性が高い。ほとんど

の住民は、サシガメを認知しているものの、サシガメがシャーガス病を媒介する昆虫であること、シャーガス病という疾病があることを知っている者はほとんどいなかった。

2　シャーガス病プロジェクト

　JAIDのプロジェクトは、ラパス国の西部3県（サンタ県、ナテ県、チャパ県）を対象に、媒介虫によるシャーガス病の伝搬が中断することを目標として実施していた。プロジェクト期間は5年間である。碧が派遣されたのは、プロジェクト開始から3年目であった。プロジェクトでは、長期専門家1名が中央保健省に派遣され、全体調整を行っていた。対象3県にある医務局には、協力隊員が派遣され、県レベルでのシャーガス病対策を促進することが期待されていた。

　プロジェクト活動は大別して、プレパレーション・フェーズ、アタック・フェーズ、メンテナンス・フェーズの3つで構成されていた。プレパレーション・フェーズとは、村落別に家屋内のサシガメの生息状況を調査し、サシガメ生息率によって活動重点地域を特定するフェーズを指す。アタック・フェーズとは、プレパレーション・フェーズの調査結果に基づき、殺虫剤散布計画を立て、実施するフェーズである。散布は、1回目散布終了後6ヶ月以降に、2回目散布を実施する。これは、殺虫剤がサシガメの卵には効力がないことや、散布洩れを防ぐためである。メンテナンス・フェーズとは、アタック・フェーズの散布により低下したサシガメ生息率をそのまま維持するフェーズを指す。具体的には、外部からのサシガメの再侵入や、散布で残ったサシガメの再繁殖を防ぐために、家屋内環境の改善、定期的なサシガメ探し、見つかった場合の殺虫剤の再散布を実施する。

　碧の派遣される時期は、アタック・フェーズが50％程度終了し、メンテナンス・フェーズの準備を開始する段階にあたっていた。

　プロジェクトでは、活動に必要な車両、コンピューター、サシガメ生息率調査に必要なピンセット、懐中電灯、殺虫剤散布に必要な噴霧器、殺虫剤な

どがJAIDから保健省に供与されている。殺虫剤にかかる費用はプロジェクトと保健省で半分ずつ負担することとされ、散布員の確保は保健省の責任で行われることがプロジェクト開始時に約束されていた。

3　ラパス国保健省組織

　ラパス国では中央保健省の下に、17の保健管区が存在する。それぞれの保健管区には、2次医療を行う国立病院と公衆衛生を担当する医務局が配置されている。医務局の下には、1次保健医療を担う保健所が複数ある。多くの場合、保健管区の管轄地域と県の管轄地域は一致し、保健所は市ごとにある。人口の多い県のみ、県の中に複数の保健管区が存在する（図1）。
保健行政の地方分権化に伴い、シャーガス病プロジェクトも各保健管区レベルがプロジェクト運営実施機関となっていた。

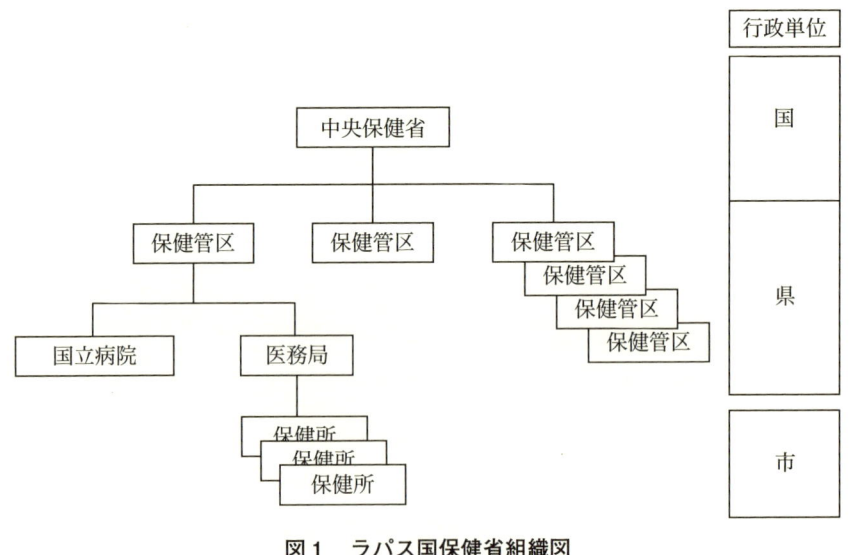

図1　ラパス国保健省組織図

4　プロジェクト地域

　シャーガス病プロジェクトはサンタ県、ナテ県、チャパ県の西部3県で実

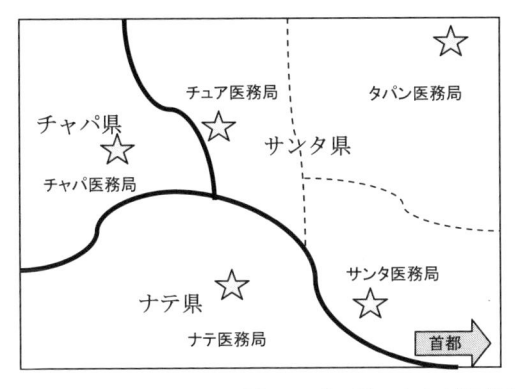

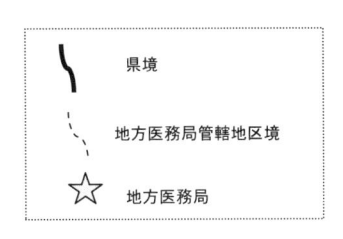

図2　プロジェクト対象地域西部3県

施されていた（図2）。各県にはそれぞれ一局ずつ医務局が配置され、県の保健行政を担っていた。ところが、地方分権化の流れにより、プロジェクト2年目に医務局の再編成が実施された。この結果、人口の多いサンタ県にあったサンタ医務局は、3つの医務局（サンタ医務局、チュア医務局、タパン医務局）に分割された。

サンタ医務局は県中心地に位置し、チュア医務局はチャパ県との県境に位置していた。タパン医務局は隣国との国境近くに位置し、最も僻地にあった。タパン医務局以外は、隣の医務局までバイクやバスで30分ほどであった。一方、タパン医務局は最寄りのサンタ医務局まで、2時間ほど要した。

発見されているシャーガス病患者の数は、プロジェクト対象地域内で差があった。ナテ県医務局で最も多くの急性患者及び慢性患者が報告されていた。ナテ県の貧困度はラパス国の中で最も高く、住民の住居環境は劣悪であった。次いでチャパ県、サンタ県の順番で患者が多く報告されていた。サンタ県においては、サンタ医務局管轄地区からは急性患者が多く報告されていた。チュア医務局管轄地区では年に2、3名の急性患者が、タパン医務局管轄地区ではここ4年ほど急性患者の報告はなかった。

プレパレーション・フェーズの調査では、対象県の約80％の村落において高いサシガメの生息率が確認された。このため、アタック・フェーズでは全村落を対象に散布を実施することとなった。特に高い生息率を有する村落

が多かった地域は、順番にナテ県、チャパ県、サンタ医務局、チュア医務局、タパン医務局であった。

5　隊員の派遣地域

　隊員は、各県の保健行政を担っている医務局に配置された。プロジェクト開始当初には、対象3県のサンタ県、ナテ県、チャパ県にそれぞれ一つずつ医務局が存在し、1代目隊員が3名派遣されていた。

　その後サンタ県の医務局が分割され、サンタ医務局に配属されていた1代目隊員はそのままサンタ医務局に残り、同隊員が新しくできたチュア医務局とタパン医務局には、それぞれ月に1週間ずつ通う体制をとっていた。

　1代目隊員の任期終了に伴い、2代目隊員の派遣先が検討された。ナタ医務局とサンタ医務局への2代目隊員の派遣は中止となった。ナタ県は治安上の理由から、サンタ医務局は組織能力が十分に強化されたのでこれ以上隊員を送る必要性がないとの判断から、中止が決定した。このため2代目隊員は、チュア医務局、タパン医務局、チャパ医務局の3医務局へ派遣されることとなった（**表1**）。

表1　隊員の配置状況

県	医務局	1代目隊員	2代目隊員1年目
サンタ県	サンタ医務局	○	×
	チュア医務局		○
	チャパ医務局		○
ナタ県	ナタ医務局	○	×
チャパ県	チャパ医務局	○	○

6　タパン医務局

　碧の派遣されたタパン医務局は、長距離バスで首都から4時間ほどの距離に位置するサンタ県タパン市にあった。サンタ県中心のサンタ市からバスで

2時間ほどの距離であった。タパン医務局は、タパン市、ピリン市、マサウ市の保健医療および公衆衛生を担っていた。29の村落で構成されるタパン市には保健所が5つ、5村落から構成されるピリン市とマサウ市には保健所がそれぞれ一つ存在した。

　タパン医務局が管轄している3市のうち、タパン市はラパス国の中で比較的裕福な市であった。一方、ピリン市とマサウ市は政府が行っている最貧困層プロジェクトの対象100市町村の一つに指定されていた。タパン市にはセメント会社があり、多くの市民がそこで雇用されていたが、地域の求職人口を十分に吸収できるほど雇用力はなく、アメリカへの出稼ぎによる仕送りで生計を維持している家庭の割合も少なくなかった。電化製品をもち、コンクリート製の住居に住むなど、住居環境も周囲の市と比較して裕福であった。一方、ピリン市とマサウ市は、タパン市からさらに奥地に入った地域にあり、土壁の住居が主流であった。サンタ医務局に配属された初代隊員は、ピリン市とマサウ市において2回の散布を終了させ、啓発活動も小学校を巻き込んで活発に行っていた。

　医務局はタパン市にあるタパン国立病院の敷地内にあった。医務局長、疫学担当医務官、教育担当官、保健推進員長、媒介虫対策長、栄養担当官から構成され、彼らは技術グループとして管轄下の保健所の指導、モニタリング活動に従事していた。医務局長と疫学担当医務官は隣接する国立病院の病院長および疫学担当官を兼任していた。

7　同　僚

　碧はタパン医務局に赴任すると、カウンターパートである疫学担当医務官のアルフレド医師にまず会った。アルフレドから、同僚として媒介虫対策班長のホセ、媒介虫対策班員5名、保健推進員長ドン・アレバロ、保健推進員数名が紹介された。医務局オフィスには、疫学担当医務官、媒介虫対策班長、保健推進員長、栄養担当官、教育担当官の席があった。

　アルフレド医師は病院長でもある医務局長の代わりに、タパン医務局を取

り仕切っていた。病院の疫学部門も担当しており、朝職場に来るとすぐに会議や病院の業務、保健所指導などで忙しく飛び回り、医務局のオフィスにいることはほとんどない状態であった。このため、碧の実質的なカウンターパートは媒介虫対策班長であるホセということになった。

　媒介虫対策班は、もともとマラリア全盛期に保健省とは独立して設置された部署である。マラリアが鎮圧された現在は、シャーガス病とマラリアを担当する班として、保健省内の医務局に統合されている。媒介虫対策班長の席は医務局内にあるが、媒介虫対策班事務所自体は医務局ではなく、隣接するタパン保健所にあった。媒介虫対策班は5名で構成されており、主に2名がマラリア、1名がシャーガス病の専任、もう1人は運転手兼見習として両方を手伝い、班長が活動全般を管理していた。

　次に紹介された保健推進員長ドン・アレバロは、50名の保健推進員を取り仕切っていた。保健推進員は各村落あるいはその下の数集落に配置され、母子保健やワクチン接種など村人への1次保健サービスを担っていた。通常、各保健推進員は自分の家や集落住民の家の中に小さなオフィスを構え、フィールドで活動を行っている。月末に一度、保健推進員が医務局に集まり、その月の活動報告と翌月の活動計画を作成し保健推進員長に提出する。この機会を利用して、研修や必要な教材などが保健推進員に配布されるのが常であった。

　啓発活動全般を担当する教育担当官は、タパン医務局では妊娠休暇に入ったばかりで、その代わりのスタッフは配置されていなかった。このほかに、栄養担当官なども医務局に配置されていたが、シャーガス病対策活動に直接関与することはなかった。

　これらの同僚のほかに、JAIDのプロジェクト費用で散布員が日雇いで5名雇われていた。彼らの業務管理は媒介虫対策班長が行っていた。

8　タパンにおけるシャーガス病対策

　タパン医務局管轄地区はプロジェクト対象地域の中で、シャーガス病の発

見患者数が圧倒的に少なかった。過去4年間に急性患者は報告されておらず、慢性患者は50数名が毎年主に献血時の検査で発見される程度であった。碧が赴任した当初、タパン国立病院のスタッフの多くはシャーガス病という名前は知っていても、その感染経路、治療方法、予防対策について具体的に知らなかった。アルフレド医師もシャーガス病急性患者を診断治療したことは、これまでに一度もないと碧に語った。

　碧は現場の活動に同行し、実際の活動を見るように心がけた。対策活動は、ピリン市とマサウ市の2回目散布が終了し、タパン市では3村で1回目散布が終了していた。散布活動は散布員5名によって毎日行われていた。朝7時半に医務局に到着すると、媒介虫対策班長であるホセが散布員のリーダーから前日の散布活動の報告を受け、当日の散布予定を聞く。何か問題はないか、軽く話し合いを行い、車両の準備ができるまで散布員たちはオフィスの外で待つ。散布にはホセかシャーガス病担当の媒介虫対策班員であるアレックスが同行し、散布活動の指導を行いつつ、碧の話し相手になってくれていた。各散布員は1日当たり7軒程度を散布した。サシガメは夜行性で、日中は土壁の奥深くや積み重ねられた洋服の山のなか、あるいはベッドの下に放置された靴のなかなどに潜んでいる。このため、散布では家財道具をすべて壁から離し、壁全体に散布液を噴霧する必要がある。散布前日に家々を訪問し、散布時刻を連絡し、散布準備を要請しているものの、ほとんどの家では散布準備が適切に行われていない。このため散布員は家財道具を壁から離すこと、食べ物を家の外に出すところから手伝わなくてはならなかった。

　散布活動中に碧が貢献できることと言えば、散布前に家財道具をすべて壁から離し、食べ物を外に出すことを手伝うこと、散布中に住民に対してシャーガス病の話をすることくらいであった。先輩隊員に、散布活動中は手が真っ黒になるから軍手をしたほうがいいよと助言をもらっていたが、まさにその言葉通りであった。家財道具には蜘蛛の巣や砂埃がかぶっており、寝具や洋服は湿気ていた。狭い家のなかでは、段ボール箱やベッドの隅などに洋服が山積みされていた。ベッドの下には鶏の巣が置いてあったり、靴が乱雑に放置されていた。土壁の砂埃を防ぐ目的や装飾として、絵柄の入ったビ

ニールシートを壁に貼り付けている家が多くあった。そのビニールシートにはサシガメの糞が雫のように付着しているが、住民はそれが何かを知らない。壁だけではなく、サシガメが安心して潜める場所があまりにも多くありすぎると碧は思った。壁への散布だけで本当にサシガメを退治できるのかと、碧は疑問に思った。

　ある日いつものように散布活動について行くと、小学校らしきものが見えた。学校保健活動をキャンディ国で行っていた碧は、現地の小学校の子どもたちの姿を見ると、以前の活動を懐かしく思い出した。隣を歩くホセを見ると、特に学校に気を留めている様子はないようであった。そこで、啓発活動は何か行っているのかと聞くと、散布活動を村で始める前に集会を開き、シャーガス病に関する説明会を住民に行い、協力を呼びかけていると答えた。そのとき、ようやく学校の存在に気がついたようで、ホセは学校に向かって歩き始めた。

　学校では学校長と会い、シャーガス病対策活動について説明をした。学校長は、シャーガス病について聞くのはこれが初めてであると言い、「昔からある病気で、そんなに危険であるならば、なぜ保健省はマラリアやデング熱のようなキャンペーンをこれまでしてこなかったのか」と質問した。碧は至極もっともな質問だと感じざるを得なかった。

　学校長の強い希望により、訪問したその日のうちに教員全員に対してシャーガス病の説明を行い、学童の家族に対する説明会の日程を決め、学校を後にした。散布を終了して医務局に戻るとすでに3時半になっていた。政府機関の勤務時間は7時半から3時半までであり、すでに医務局にはアルフレド医師以外は誰もいなかった。タパン市の保健医療施設従事者はサンタ市から通う者が多く、皆3時半にはきれいに姿を消していた。アルフレド医師に小学校での説明会の予定を話すと、僕もぜひ参加しようとその場でホセに細かく指示を出した。いつも多忙なアルフレド医師が、どのように時間を調整するのか碧には疑問であったが、カウンターパートである彼が忙しいながらもそう言ってくれたことはうれしかった。

　説明会当日は、ホセ、アレックス、媒介虫対策班の運転手兼見習いである

ギジェルモ、管轄地区の保健所長、アルフレド医師が参加し、シャーガス病、散布活動予定、対策の重要性について説明を行った。シャーガス病について今回初めて聞くという参加者がほとんどで、説明後には質疑応答が活発に行われた。碧は皆の熱心さに驚くと共に、医務局の頑張りを頼もしく感じた。

シャーガス病は顧みられない熱帯病だから仕様がないと、ある程度の予測はしていたものの、シャーガス病の認知度の低さに対する驚きは日に日に大きくなっていった。前任者のいた頃は、貧困度の高いピリン市とマサウ市でシャーガス病対策が活発に行われていたため、タパン市はほぼ手つかずの状態であった。プロジェクトが介入していない地域では、シャーガス病はほとんど知られていないと思っていいと思うよ、僕だって聞いたことがなかったよ、とギジェルモは言った。タパン市で手つかずの村落は25村。散布活動は1村あたり約1ヶ月続き、1村あたりの学校は通常1、2校であるため、啓発活動の頻度は月に1、2回に留まることになる。

9　プロジェクトにおけるタパン地域の位置付け

赴任して2ヶ月がたち、ようやくタパン市での生活に慣れてきた頃、プロジェクト専門家の田中さんより連絡があった。首都ラパス大学で、媒介虫対策班員を対象にした研修を開催するとの連絡だった。

研修はJAIDのシャーガス病対策が行われている隣国2ヶ国からも関係者を招待し、3ヶ国の関係職員に対して同時に能力強化研修を実施するものであった。期間は4日間、フィールド研修もあり、第三国から専門家も招待するなど、力の入った研修プログラムであった。プロジェクト対象地域の医務局からは、それぞれ媒介虫対策班長と班員が2名ずつ招待され、プロジェクト対象地域ではないものの、シャーガス病が深刻であると考えられる近隣県からも数名が招待されるとのことであった。

ところが、碧の配属先であるタパン医務局からは誰も招待されなかった。田中さんはタパン医務局の媒介虫対策班員が比較的高齢であり、今後の活動に期待の大きい若手を育てたいこと、タパン医務局は近々サンタ医務局に統

合されることが決まっていることなどを理由に、タパン医務局媒介虫対策班員用の枠を設けなかったと碧に説明した。碧としてはなんとも気まずい思いで首都の研修に行くことになった。

　研修内容は、媒介虫の生態について、家屋での媒介虫の探し方、効果的な殺虫剤散布方法、噴霧器の管理方法、記録方法、病理、治療方法など、多岐にわたって行われ、非常に有意義なものであった。もともと媒介虫対策班はマラリア対策散布部隊であったため、彼らが体系的にシャーガス病対策方法を学ぶ機会はこれまでなかった。シャーガス病の症状、検査、治療方法に関する知識は、プロジェクト開始前にはほとんど知られていなかったので、現在少しながらでも啓発活動が行われ始めているのは、プロジェクトの大きな成果であると田中さんは解説した。碧は、タパン医務局からも少なくとも一人は参加できていたら、どんなに今後の活動の役に立っただろうかと思った。というのも、参加している媒介虫対策班員たちはとても楽しそうに研修に取り組み、今後の活動について活発に議論をしていたからだ。

10　タパン地区の活動の実態

　研修終了後、タパン医務局の通常業務に戻った。ホセやアレックスが散布に同行する日数が減少していき、いつの間にか週に1度程度同行するかしないかになっていた。媒介虫対策班員の口癖は「マラリア対策が忙しい」であった。ラパス国では過去に設置したマラリア部隊の活躍でマラリアはほぼ鎮圧されており、時々発生しているマラリアは住民が近隣諸国へ出かけた際に感染してくるケースであった。ラパス国では、マラリアが発生すると媒介虫対策班員がその家を含めた周辺住居を訪問し、一斉散布を実施する規則となっている。このため一度マラリアが発生すると、休日平日に関係なく媒介虫対策班員は総出で対処する。碧としてはシャーガス病対策に対しても、このような姿勢で取り組んでくれればどんなに良いかと思うばかりであった。実際のところ、散布はプロジェクト雇用の散布員が行っており、媒介虫対策班員の同行が週に1度程度しか行われていない。この現状を考えると、

シャーガス病対策は媒介虫対策班員の日常業務になっていないのではないか、との疑問が芽生え始めていた。

　小学校で行われた啓発活動の後は、さらに啓発活動や集会が行われている様子はなかった。碧は学校のリストを医務局で入手し、散布地域にあると思われる学校をチェックし、教員や学童、家族に対する啓発活動を行うことを提案した。最初に行われた啓発活動のように、管轄保健所長やアルフレド医師が来ることはもうなかったが、ホセやギジェルモと一緒に学校に行き、学童や家族に対する啓発活動を行った。シャーガス病を知らないが故に、住民がとっている危険な行動（土壁にベッドを密着させる、鶏やイヌなどと同じ部屋で寝る、洋服を山積みにして放置する、ベッドの下に靴などを放置する、など）を鑑みて、何とか散布活動のペースよりも早く、シャーガス病の存在及び予防対策に関する知識を普及できないものかと碧は考えるようになった。知識の普及を行うだけで、予防行動をとれる可能性が生まれ、シャーガス病を疑い病院に行く行動につなげることができる。シャーガス病の知識がほとんどないこの地域で、情報を普及させる意義は高い、と碧は考えた。

11　保健推進員長

　媒介虫対策班員はほぼ毎日フィールドに行き、事務所にいることはなかった。碧が事務所に残っているときに話相手になるのは、保健推進員長であるドン・アレバロであった。彼は1週間の半分は保健推進員の事務所を訪問するなど各村落を巡回し、残りの半分は医務局でデータ処理や会議や、医務局を訪れる保健推進員の相談に乗っていた。

　ドン・アレバロは、碧の前任者である斎藤をいかに手助けしたかをよく碧に語った。斎藤とドン・アレバロはピリン市とマサウ市の両保健所において学校対象の工作コンクールを開催し、多数の学校がこれに参加した。その結果、散布活動との相乗効果もあり、ピリン市とマサウ市においてシャーガス病の認知度は非常に高まったとのことであった。コンクール後はサシガメを保健所に届ける住民の数が増加したとのコメントが保健所長からもあった。

コンクールに関しては、前任者の報告書やコンピューターに残っていたデータよりある程度把握していたが、具体的手順がよくわからなかった。そこでドン・アレバロに、コンクールを開催するにあたり、誰が誰を対象にどのように啓発活動を行ったのかを聞いたが言葉を濁し、具体的な説明をしてくれることはなかった。口では大きなことを言っているが、どこまで本当にドン・アレバロが手伝ったのかは疑問が残った。

　ドン・アレバロは話を変えるように、媒介虫対策班長のホセは啓発活動の重要性を理解しておらず、彼らに啓発活動をまかせておいては駄目だと碧に言った。また、プロジェクト散布員だけで散布を実施していたのではタパン市全域の散布を終了するのは、ずっと先になるであろうこと、その前にプロジェクト期間が終了してしまうのではないかと碧に聞いた。確かに、タパン市ではまだ1回目散布が開始されたばかりであり、すべての村落で1回目散布が終了するのは、このペースで進める限り2年以上必要であった。

　先述したように通常1回の散布では殺虫剤はサシガメの卵に対して殺虫効果がなく、またサシガメが残存する可能性もあるため、数ヶ月後に2回目散布を行うことが理想であった。実際に散布に同行することで、碧はその意味を理解することができた。家では散布の準備が十分にされておらず、散布員によっては家具をきちんと壁から離さずに散布していたり、重くて動かすことのできない農作業機器の後ろの壁は放置せざるを得なかった。散布のために外に運び出された段ボールに山積みにされた服などは、その中にサシガメがいれば、またそのまま家に戻されることになる。だからと言って、その山積みの服を整理することはできない。1日のノルマをこなしながら、100%完璧に散布するのは、机上の空論でしかなかった。プロジェクトは2年後には終了する予定になっており、1回目散布をカバーできるかできないか、という状況であった。碧はどうしたものかと暗たんとした思いになった。

　ドン・アレバロは、保健推進員を通じて住民ボランティアを募り、適切な散布訓練を実施すれば住民ボランティアが散布を行えると提案した。確かに、住民ボランティアを活用すれば散布ペースは各段に速まり、また、自分の地域を散布するのに手を抜いて行うことは考えにくく、訓練さえすれば散布の

質も良くなるのではないだろうか、と碧は思った。媒介虫対策班長ホセにぜひ相談して欲しいとドン・アレバロに言うと、彼は困った顔をした。わけを聞くと、どうやらホセとドン・アレバロの仲はよくなく、彼の提案したことをホセが採用したことは一度もない、とのことであった。

医務局内では普通に会話をしている彼らの間が、実はそのようなものであったとは信じられなかったが、碧はドン・アレバロの意見だとは言わずに、ホセに住民ボランティアを採用することを提案してみた。ホセは碧の意見を聞くと、それは無理だと即答した。その理由として、住民ボランティアを監督するための人員および交通手段を媒介虫対策班で用意することができないこと、散布の質が下がることを説明した。どうやらホセは、散布のペースが遅い、散布員の散布の質が悪いと個人攻撃されたと受け取ったようであった。碧は、散布計画を見せ、現体制では誰がどのように頑張ったとしても散布のペースを速めることは不可能であること、プロジェクトはあと2年で終了し、その後も保健省が殺虫剤を用意するかどうか不明であることを伝えてみたが、ホセはもう聞く耳をもっていなかった。交通手段が理由で媒介虫対策班員が住民ボランティアを直接管理できないならば、保健推進員が直接管理をし、媒介虫対策班員に報告するようにしたらどうか、と提案しなおしてみたものの、保健推進員にそんな能力はない、と切り捨てられた。

12　ホセの事情

ホセの対応は感情的なもので、頭を冷やせばドン・アレバロの提案が良いものであることがわかるはずだと考えた碧は、田中さんに状況を相談した。田中さんは「う〜ん、難しいですね」と頭を悩ませた。その後、田中さんは、ホセはタパン媒介虫対策班長になりたくてなったわけではないこと、地方分権化に伴いサンタ医務局所属の媒介虫対策班が3分割される際に、誰も遠方のタパンに行きたがらなかったことを説明した。結局、タパンに比較的近い地区に住む班員3名が選ばれたが、その中に長となれる人物がいなかった。その後サンタ媒介虫対策班で何度も話し合いが行われ、最終的にホセが自ら

引き受ける、と名乗り出たとのことであった。また、媒介虫対策班は途中から保健省に統合された組織であり、学歴社会のラパス国において高卒レベルの媒介虫対策班は「散布屋」と呼ばれ、医務局や病院内で差別を受けている現状があることを、田中さんは碧に説明した。このためホセとしては孤立無援という意識が強く、他の役職の人間と一緒に仕事をすることに対して抵抗心が強くあるのだろうと、田中さんは分析した。

13　保健推進員との活動

　ホセの事情を知った碧は、それ以上、住民ボランティアを動員する案をホセに話すことをやめた。
　碧は、啓発活動を散布活動よりも早いペースで進める上で鍵となるのは、保健推進員ではないかと考え始めた。
　通常、保健推進員は各村落やその小集落ごとのオフィスにいるため、碧が彼らと話をする機会は、村に行ったときに限られていた。村での散布活動に直接保健推進員が関与することはないものの、散布員は必要に応じて保健推進員とうまく連携をとっているようであった。
　保健推進員は月に1度タパン医務局に集まり、ドン・アレバロにその月の活動状況の報告をすると共に、翌月の活動予定表を提出する。碧はこの機会を活用して、彼らに啓発活動を実施してもらえるよう依頼できないかと考えた。アルフレド医師はこの意見に賛成し、ドン・アレバロと調整を行うこととなった。当日、保健推進員にシャーガス病のポスター、絵本などの教材を配布し、管轄地区の小学校で学童を対象に啓発活動をするよう依頼した。ところが、碧はあまり手ごたえを感じることができなかった。彼らはおとなしく碧の説明を聞き、資料を受け取ってはいるが、リアクションはほとんどなく、何を考えているのかよくわからなかった。ドン・アレバロも追加説明をしてくれたが、碧は彼らが実際に啓発活動をしてくれるとはあまり思えなかった。
　1ヶ月後の保健推進員の月例会議に参加し結果を聞いたところ、啓発活

動をすでに行っていたのは、50名いる保健推進員のうち5名程度であった。できなかったのは忙しかったからというのがほとんどの意見であった。ドン・アレバロもアルフレド医師も、保健推進員はすでに沢山のノルマを抱えているため無理強いはできないと、それ以上の命令を出すことはしなかった。

14 自分で啓発活動

　その後、碧はできるだけ機会を見つけ、自分で小学校に啓発活動に行くようになった。散布に行く車に同乗させてもらい、近隣の学校で降ろしてもらう。散布が終了する時間まで学校ですごし、散布車に同乗して帰る日々が続いた。赴任した当初は散布員や媒介虫対策班員に啓発活動を行ってもらい、碧はその補助をする形式をとっていたが、次第に散布員を啓発活動に使うことで散布が遅れるとの苦情を媒介虫対策班長のホセから言われるようになった。マラリアの仕事を理由に、シャーガス病散布に媒介虫対策班が同行する日数も目に見えて減少した。

　媒介虫対策班員の啓発活動は教材をほとんど用いず、難しい専門用語を使用し、話が長く、傍から見ていてもうまいといえる代物ではなかった。このため碧はあえて媒介虫対策班員に啓発活動をしてもらうよりも、写真や絵をたくさん使用したカラフルなパワーポイント教材を使用することで、つたないながらも自分で解説をしたほうが、子どもたちの受けも理解もよいと考え、自分で啓発活動を行う道を選んだ。

　学校では暖かく迎えられ、啓発活動をすることに対して非常に感謝された。学童は総じて素直で外国人である碧に興味をもちながら、セミナー中はおとなしく集中して話を聞いてくれた。このため、碧にとって学校に行って啓発活動をすることがいちばん楽しい活動になりつつあった。地道に一人で活動を続け、いつしかタパン管轄地区の90％をカバーすることができた。とはいうものの、一度聞いただけでは十分とは言えず、何度も啓発活動を行うことの必要性と自分だけでそれを実現することは不可能であることも碧は感じていた。保健推進員も相変わらず、啓発活動を実施する気配はあまりない。

逆に自分の地域の学校でもやってくれ、と頼まれる始末であった。

　ふと気付くと、タパン医務局でシャーガス病の仕事を日常業務として行っているのは自分と散布員だけで、医務局の正式なスタッフは誰も行っていないのではないかと感じた。しかしだからと言って急性患者が発見されているわけでも、慢性患者が急増しているわけでもなかった。シャーガス病を疑い、検体を送ってくる数が増加していることを病院ラボスタッフから聞く程度であった。媒介虫対策班事務所や保健所に届けられるサシガメの数は増加していた。

　同時に、医務局スタッフは日々の業務に追われており、その姿はただなまけたくてシャーガス病を放置しているようには見えなかった。碧としてはプロジェクト地域に指定されているのに、プロジェクト雇用の散布員だけが活動を行い、医務局がシャーガス病対策を行わないことは問題であると感じつつも、タパン医務局のシャーガス病発生状況を考えれば、優先順位が低くても当然なのではないか、現状のままでよいのではないかとも思うようになった。

15　医務局の再統合

　赴任して1年がたとうとしている頃、久し振りにタパン医務局に来た田中さんから、来年1月からタパン医務局、チュアパ医務局がサンタ医務局に統合されることが正式に決まったと伝えられた。

　タパン医務局は解体され、タパン地方には派出所として媒介虫対策班や保健推進員用のオフィスが残るものの、意思決定権のある役職はすべてサンタ医務局に移る。統合後の新たな媒介虫対策班長には、サンタ医務局媒介虫対策班長が就き、ホセはタパン派出所をとりまとめるリーダーとして、タパンに他の媒介虫対策班員と共に残ることになった。

　田中さんは今後の碧の活動場所は碧の意思にまかせると言った上で、3つの選択肢を提案した。

　一つ目の案は碧がこのままタパンに残ること。しかし重要なことはサンタ

医務局で取り決められること、データ管理もすべてサンタ医務局に集中するため、これまでと同じように物事が動くわけではない点が説明された。

　2つ目の案はサンタ医務局に移動し、サンタ県全域のシャーガス病対策推進に携わること。碧が赴任する前にサンタ医務局はすでに能力強化がある程度なされたため、後任隊員はいらないとの判断がなされていたが、メンテナンス・フェーズへの移行に伴い、啓発活動に力を入れるために、隊員の派遣を希望しているとのことであった。

　三つ目の案は、チャパ県のチャパ医務局に移動すること。碧と同時期にチャパ医務局に派遣された隊員は、諸事情により帰国していた。このため、チャパ医務局は隊員が不在であった。チャパ医務局および媒介虫対策班は今でも隊員の派遣要請を出し続けているが、運悪く実現に結び付かずに1年が経過しようとしているとのことであった。チャパ県ではほぼ毎月、急性患者が発見されており、サンタ県よりもシャーガス病が深刻であった。チャパ医務局とチャパ媒介虫対策班事務所は犬猿の仲で、1代目隊員はその潤滑油となりチャパ県のシャーガス病対策活動を推進していた。シャーガス病対策を医務局の協力なしに媒介虫対策班だけで実施することは不可能であり、その懸け橋となる隊員の存在が重要である、とのことであった。

　3つの選択肢を説明した上で、田中さんは碧自身が楽しく働けると思う場所を選んで欲しい、と伝えた。

次に何をすべきか？——おわりに

　碧は自分とシャーガス病対策にとってどの選択肢がベストなのか、考え始めた。活動の目的を少しでも多くの住民へシャーガス病の危険性を知らせ、彼らが予防対策活動をとれるようになることに置くのか、自分が去った後も医務局のスタッフが啓発活動を行えるようにスタッフの能力強化に置くか、あるいはやる気がありシャーガス病汚染のよりひどい地域で前述の2つの目的をカバーすることを目指すか。やる気のあまり感じられないスタッフと一緒に辛抱強く働くことのたいへんさを身に染みて実感していた碧は、だからこそ自分のようなボランティアがこうした人々に寄り添って働くことが必要

なのではないかと感じる一方で、彼らがこちらの期待に応えてくれるという保証もないのに、それに労力をかけるよりもほかにもっと重要なことがあるのではないかとも思っていた。残りの任期は1年。この1年間をどのように使うべきなのか、碧は悩んだ。

7
撃たれる前に逃げよ？[1]
—— ネパールの参加型村落開発プロジェクト

田中　由美子

はじめに

　加藤麻子は28歳。西日本のメーカーに勤めるOLだったが、自分の仕事がきちんと評価されておらず、また昇進の見込みも薄いことに不満を感じ、退職を決意。国際協力財団の海外ボランティア[2]に応募したところ採用され、ネパールに派遣されることになった。「行き先に不安はあるけれど、前職で身につけた交渉力や販売管理のスキルを地域開発や組織づくりに活かすことができるのだから、幸せだ」というのが麻子の感想だった。

　麻子は国内でネパール語を中心に3ヶ月の研修を受けたが、研修プログラムには異文化コミュニケーションや参加型アプローチ、地域開発における危機管理といった項目は含まれていなかった。また歴史、政治、ジェンダー、民族、カースト制度など、ネパールの社会文化的特徴についての講義もほとんど行われなかった。

　麻子は、貧しい村人と一緒に働くことができるという期待を胸にネパールへ出発した。「村人たちは私を暖かく迎えてくれるに違いない。きっとすぐに良い関係が築けるだろう」。ネパールに到着した麻子は、ポカラの参加型村落開発プロジェクト（通称ポカラ・プロジェクト）に村落開発普及員として派遣された。任期は30ヶ月である。

1　ポカラ・プロジェクト

　ポカラの参加型村落開発プロジェクトは、1994年7月に発足した事業で

ある。当面の実施期間は5年だが、期間延長も検討されていた。主な目的は、村落開発と森林保全活動を通してネパールの中山間地の環境を保全することであり、地元住民、とりわけ女性や貧しい人たちの主体的な参加に重点が置かれていた。

　プロジェクト本部は、首都カトマンズから西に約200キロ、中山間地のカスキ郡の郡都ポカラにある（**図1**）。プロジェクト構成員は、国際協力財団から派遣されたチーム・リーダーの横田氏を始めとし、ジェンダーと開発（GAD）、流域管理、森林保全の4人の日本人門家と業務調整員（コーディネーター）1名、それに海外ボランティアのチーム・リーダー1名だった。このメンバーが、麻子のようなボランティア10名及びネパール人のカウンターパートと協力して業務に当たるのである。海外ボランティアは、現地の非政府組織（NGO）の開発ワーカーと共に、カスキ郡とその隣のパルバット郡に位置する10の僻村に派遣され、そこで生活することになる。海外ボランティアと同じく、NGOの職員／開発ワーカーも理想に燃える若者たちで

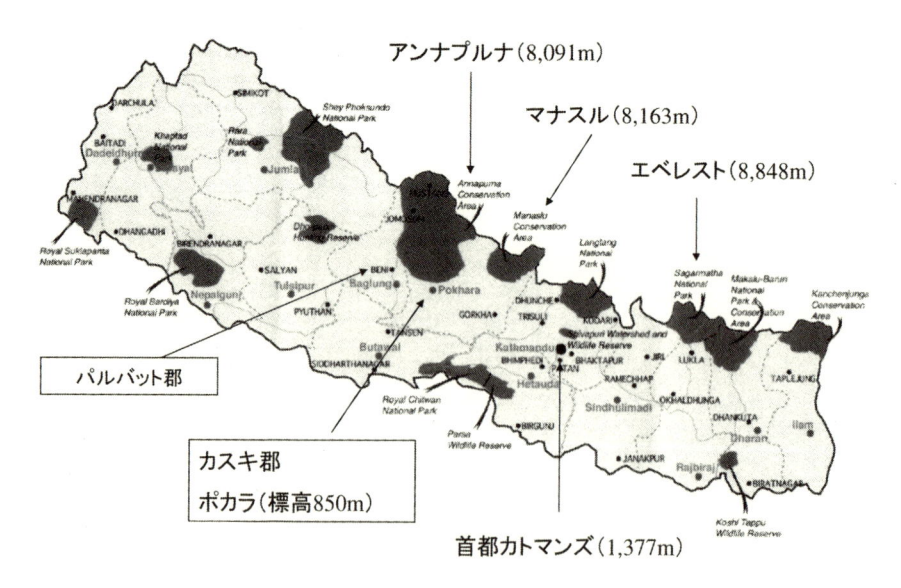

ポカラ～カトマンズ間は約200km。空路30分、陸路5時間30分の行程。

図1　ネパール

あった。その多くは、高校やカレッジで農業、商業、林業を学んでおり、開発関連の組織やNGOで数年間の勤務経験をもつ。全員がポカラを本拠とするナマステ・インスティテューションというNGOに所属している。このNGOは、カスキ郡やパルバット郡で数年にわたってコミュニティー開発のためのプロジェクトを手がけてきた。NGOの職員の月給は、主にナマステ・インスティテューション経由でプロジェクトから支給されるが、職員の配置、実質的な監督は、ナマステ・インスティテューションの責任だった。プロジェクトの活動については、ネパール政府、国際協力財団／海外ボランティア、ナマステ・インスティテューションが平等な立場で決定を下すことになっていた。

日本人専門家の主な仕事は、NGOのディレクターであるメク氏、並びにカスキ郡の政府コミュニティー資源開発局（CDRO）局長のバンド氏と協力してプロジェクトの包括的計画を策定し、進捗状況をモニターすると共に、村での開発事業を支援することである。10ヶ村で実際の活動を行うのは、それぞれ海外ボランティア1名とNGOメンバー1名から構成される10組のM/Pチーム（モニター／プロモーター・チーム）の役割であった。日本人専門家、海外ボランティアのチーム・リーダー、NGOのディレクター、そしてCDROの職員はポカラの事務所を本拠としていたが、海外ボランティアとネパールのNGO職員の仕事ぶりをモニターするために、村へも頻繁に足を運んだ。また毎月1回は、プロジェクト関係者全員がポカラに集まり、派遣先の村の問題点を話し合ったり、新しいアプローチや進むべき方向について意見を交換したりした。

2　サンチャイ村

10ヶ所の僻村をほぼすべて見て回った麻子は、そのなかからサンチャイ村[3]を本拠とすることに心を決めた。サンチャイ村は、雄大なヒマラヤ山脈を臨む風光明媚な土地で、見たところ村人もたいへん友好的だった。サンチャイ村の委員長のラナ氏の好意で、麻子はラナ氏の家で暮らすことになっ

た。ひと月の家賃がわずか200ルピー（当時1ルピー＝約1円）という好条件である。ラナ氏は妻と4人の娘、それに1人息子と暮らしていた。妻は高校を卒業していて村内では高学歴であり、さらに村の保健所で働いていたこともある。ラナ氏の意向で個室はもらえなかったが、麻子に異存はなかった。何といっても場所が便利で、家賃が安く、見た目も清潔で、しかもこの辺りの村にはめずらしくトイレまであった。また、ネパール人の家族と寝起きを共にすれば、言葉の上達も早いだろうという考えもあった。

　サンチャイ村は、カスキ郡の東に位置する。村の中心部はかつてポカラとカトマンズの2大都市を結ぶ交易路だった名残で、今でも小さな宿屋や小売店のあるバザールが残っている。しかしポカラとカトマンズの間に自動車道が整備されてからというもの、この旧交易路を行き交う人の姿はほとんど見られなくなった。中山間地の典型的な村の例に漏れず、この村の住民も、段々畑で米、トウモロコシ、ヒエなどを育てて生計を立てている。灌漑水路がないので天水に頼っている。どの家でも水牛を1～2頭飼っており、牛乳を絞ったり、牛糞を田畑の肥料に使ったりしている。農民の大部分は、最低生活水準ぎりぎりの暮らしを送っているため、化学肥料を購入する金銭的な余裕はない。また家畜が生活を支えるための貴重な財産となっている。

　村は共有林や私有林で囲まれており、村人はここで家畜の餌にする飼葉や料理に使う薪を集めている。村には電気が来ていない。最近では人口が増加しているにもかかわらず農業生産性が低いことから、森林破壊が急速に進んでいる[4]。村では現金収入を得る手段が皆無に等しく、自給できる米の量に限りがあるため、村人は毎年3～4ヶ月の間は、他の穀物に頼ったり米を買い求めて糊口をしのいでいる。また村では若者の職探しが難しく、仕事を求めて大都市や海外に出て行く者も多い。

　麻子は、ネパールには民族の違いや男性優位のヒンドゥー教に基づいた独特のカースト制度があることを知った。カースト制度はおおまかに分けると、高位カースト（ブラーマン、チェットリ）、中位カースト（ネワール、グルン、マガール、ライ、タマン等）、低位または職業カースト（カミ、ダマイ、サルキ等）で構成されている。カーストの異なる者が結婚したり、食事を共にし

たり、一緒に儀式に参加したりすることは稀である。

　サンチャイ村の住民は、ほとんどがブラーマン、チェットリ、ネワール、グルン、そして下位／職業カーストのいずれかに属していた。職業カーストの人々は、村の諸事を決める意思決定の場からしばしば除外されたり、村の開発事業への参加が認められなかったりするだけでなく、当然与えられるべき利益を享受できないこともある。その多くは土地をもたない貧しい人たちであり、他人の畑で働いて賃金を稼いでいる。

　村の開発に関する事柄は多くの場合、区開発委員会[5]の検討を経た上で農村開発委員会（VDC）が決定を下す。VDC のメンバーは、高中位のカーストで占められており、委員長、副委員長、事務局長、会計、そして委員数名を構成員としている。VDC の上位組織にはさらに郡開発委員会（DDC）がある。以前は国王の配下にある中央政党が独断で DDC の委員長／知事を任命していたが、1990 年に民主的な複数政党制が導入されて以来、DDC の委員長は選挙で選ばれている。また 1990 年代に地方分権化政策[6]が採択されたのを機に、50 万ルピーの政府予算が各 VDC に直接割り当てられるようになった。今では VDC が予算の用途を提案し、DDC の委員長がその提案をほぼ全面的に認めるのが普通になっている。とはいえ、意思決定の方法は未だにトップダウン方式であり、決定を下す際に VDC が区委員会の意見を求めることはない。つまり意思決定のプロセスは民主的なボトムアップ方式に至っていないのが現状である[7]。

3　村落開発事業

　村落開発事業に関する基本方針を定めた「プロジェクト運営要綱（ガイドライン）」に従い、麻子とネパールの NGO（ナマステ・インスティテューション）に所属するナジャの 2 人は、村人を集めてプロジェクトについての説明を行った。プロジェクトは村落開発事業に関する意思決定のプロセスに、住民が平等に参加することを重要な目的に掲げており、「草の根」からのボトムアップ型意思決定の実現を目指していた。これに対し、政府の地方分権化政

策はせいぜい VDC レベルにまでしか及んでおらず、住民参加の実現は遠いものだった。麻子とナジャは、女性や下位／職業カーストに所属する者も含め、村人全員に集会への参加を呼びかけた。最初は村人もなかなか集まってくれなかったが、麻子は楽観的だった。「最初はこれくらいの苦労は当然だろう。でもそのうち何もかもうまくいって、きっと皆と仲良くできる」。

プロジェクトでは、海外ボランティアと NGO がペアで村に住み込み、村（VDC）の一つの区に小さな現場事務所を開設し、そこをベースに事業展開をすることとした。そこで、まず手始めに、一つの村（VDC）で9つの区（Ward）のうち5区（Ward）を選定し、それらの区ごとに住民が希望する開発事業を選んだ上で、事業の優先順位を付けることになった。事業に参加しそこから便益を受けたいと思う住民は、集まって飲料水利用者グループや道路整備利用者グループなど、事業ごとに利用者グループをつくることが求められた。各区には20万ルピーを上限とする事業資金が割り当てられた[8]。実施事業にかかる費用の半額は、村人の労働力や村で調達できる資材の無償提供という形で村民が負担する。技術者を始めとする専門家のサービスや、セメント、水道管、ワイヤー（針金）など現地で調達できない材料はプロジェクトが提供する。さらに半熟練労働に対する賃金として、ある程度の資金が準備された。これで村人が対等な立場でプロジェクトに参加するための環境は整った、とプロジェクト関係者は考えた。いずれ村人がプロジェクトの主体者としての意識をもつようになれば、プロジェクトの継続は安泰だ。

1995年8月、サンチャイ村（VDC）では5つの区（Ward）が3年計画の最初の実施地区に選ばれた。住民が開発事業への参加に強い意欲をもっており、別の援助機関が入っておらず、安全を考えて海外ボランティアやNGOのチームがある程度行き来しやすい場所にあることが選定の条件となった。1年後の1996年8月には、サンチャイ村で残りの4区が選ばれ、これでサンチャイ村全体に活動が及ぶようになった。プロジェクトは、徐々にカスキ郡とパルバット郡の村々に拡大していった。

村人を主体としたキャパシティー・ビルディング（能力の向上）を直接支

援したいというプロジェクトの目的を達成するために、それぞれの事業に対して利用者グループがつくられたが、初年度に各区の利用者グループが区の委員長と相談しながら選んだ事業は、以下の通りである[9]。

第2区：貯水槽の設置、所得向上を目的としたショウガの栽培
　　　　（いくつかの区にまたがる合同事業として治水を目的とした護岸工事も含む）
第5区：砂防ダムと歩道の建設、飲料水タンクと水道管の設置、植林
第6区：歩道の整備、トイレの設置
第7区：歩道の整備
第8区：飲料水タンクの設置、植林

4　ラナ氏

ラナ氏は第3区の出身で、サンチャイ村のVDC委員長を務める人物である。年齢は40歳前後で、サンチャイ村で勢力を誇る高位カーストの出身である。農村には珍しく、クラス10を修了して卒業証書（SLC）[10]を取得している。弁舌に長けた人物で、5年前にVDC委員長に就任して以来、村民の信頼を集めているが、貧しい人や女性に対して強い偏見を抱いており、「無学な人間には考える力がない、村の女性は無知だ、そんな奴らの意見を求めることなどない」といった発言も多い。民主主義や平等な参加といった考えにも否定的である。彼の妻も同じ考えの持ち主で、ある晩食事の席で麻子に向かって「女は無学だから集会や地域開発事業に参加することはできない。外部の人間であるあなたにはわからないだろうけれど」と言ったこともある。

5　ナジャ

麻子とペアを組むNGOの男性の開発ワーカー。ナジャもやはりサンチャイ村に住み込んで任務を遂行していた。年齢は25歳で、最高位のカースト出身である。高校卒業後、ポカラにある2年制の林業専門のカレッジ（フォ

レスト・キャンパス）を卒業している。サンチャイ村にとってよそ者であるナジャだが、村人の誰よりも自分が偉いと考えている様子で、特に女性や低位／職業カーストに対してそう思っている。「ヒンドゥー教では肉体労働は不浄とされている」というのが持論で、便利な改良かまどのつくり方について研修を行ったときも、村の女性に口頭で説明を行ったり指示を与えたりするだけで、自分の手で実演してみせることを嫌がった。村人を説得して集会に出席してもらわなくてはならないときにも、決して自ら村人の家庭を訪問することはせず、ちょっと知り合った人だけに出席を呼びかけるだけである。麻子も再三「何もしないで集会に出てもらえるわけがない。自分から出かけていって直接村の人たちと話をしなければ」とナジャに意見していた。

　ナジャとの関係が険悪になることも何度かあった。麻子よりも自分のほうが村の状況をよく把握していると考えるナジャは、村人と話し合ったことの内容を麻子に伝えようとしなかったのである。ネパール人であるナジャにとっては自明のことでも、麻子には理解できないこともたくさんあったが、ナジャは麻子の力にはなってくれなかった。「どうして村の皆のことを私に教えてくれないの」。麻子はこう言って何度もナジャに怒りをぶつけた。麻子は次第にナジャに失望するようになった。ネパール人のNGO職員なら、もっと仕事に熱心に取り組んで自分の国の発展に努めてもよいのに、と思えてしかたがなかった。

6　危機

　1995年6月からサンチャイ村で暮らし始めた麻子だったが、その年の11月にはラナ氏の家から出る決心をしていた。ラナ氏が住む場所を提供してくれたのは、麻子を自分の監視下に置き、自分の意見を聞かざるを得ないようにしむけるためだったことに気づいたためである。夕飯のダルバートを食べながらラナ氏は、「プロジェクトは村にもっと資金をよこすべきだ、プロジェクトの考え方は間違っている」と毎日のように繰り返し、麻子も日増しに不快感を募らせていた。結果的に麻子は横田氏の助けを借りて事態を収

拾することにした。横田氏はネパール職員の担当官をサンチャイ村に派遣し、ラナ氏の機嫌を損ねないように話をまとめてくれた。こうして麻子はラナ氏を怒らせることなく、別の家に引っ越すことに成功した。ナジャも引っ越し先を探す麻子の力になってくれ、麻子のために新しい大家との間で話をつけてくれた。

　プロジェクト専門家、政府のカウンターパート、海外ボランティア、NGO職員／開発ワーカー、フィールド・マネージャー、そしてディレクターが集まって月に1回、ポカラで月例会議が開かれていたが、麻子はその場でラナ氏との一件をもちだすことはしなかった。これはあくまで個人的な問題だと考えていたのである。月例会議はその月の主な活動成果と事業の進捗状況を報告し合う場であり、村人との意志疎通の問題は、海外ボランティアのチーム・リーダーが個々に対処していた。このチーム・リーダーは自分でもネパールの農村で経験を積んできているので、麻子も自分でこうした問題を解決することができるだろうと考えていた。実際のところ、月例会議は危機管理の場としては機能していなかった。

　サンチャイ村に来てから1年後の1996年6月、集会に出席する村人の数も増え、麻子は手応えを感じていた。飲料水タンクの設置や歩道の整備、所得向上のためのショウガ栽培など、いくつかの事業が完了した。1996年7月中旬から8月中旬にかけて、麻子は休暇を取り海外へ出かけた。麻子が不在の間、ナジャはラナ氏の訪問を受けて、「雨季でもバスやタクシーが村を往来できるように川に大規模な橋を建設したいので、力になって欲しい」と協力を要請されたことを、8月初めの月例会議で報告した。麻子は8月中旬に村に戻ったときにこのことを知らされた。ラナ氏はその直前に行われた選挙で、自分が当選したあかつきには橋を建設することを村人に公約していたのである。村と幹線道路を結ぶ自動車道がなかったことから、ラナ氏は、地方分権化政策によって国からVDCごとに支給される50万ルピーに加えて、カスキ郡開発委員会（DDC）から資金提供を取りつけることに成功していた。

　麻子には、橋を建設しなければならない理由がわからなかった。現在使われている村の道路は雨季になると浸水する。だから自動車道をつくっても浸

水は免れず、バスやタクシーは通れなくなる。ましてや以前の月例会議で、費用と労力がかかることを理由に、プロジェクトでは新たな橋の建設を支援しないことが決議されていたのである。そこで麻子は、ラナ氏にその計画は現実的でないと伝えたが、ラナ氏は耳を貸さなかった。

　見解の相違を解決するために、麻子は日本人専門家とネパール人技術者に調査を依頼し、ラナ氏の計画が技術的、経済的に実現可能かどうかの判断を下すことにした。調査の結果、建設予定現場は橋の建設に適しておらず、しかも大規模な橋を建設するとなると100万ルピー以上の費用がかかるという結論が報告された。100万ルピーというのは、プロジェクトの予算配分を上回る額である。

　そこで麻子とナジャは戦略を変更した。ラナ氏と村人に対し、プロジェクトの追加資金でフェディ川流域の護岸工事プロジェクトを継続してはどうか、と提案したのである。これは治水を目的とした工事で、以前から実施されていたものである。公開の会合の場でラナ氏は「土砂崩れの恐れのある地域を迂回するために、河岸沿いの運河を水田の間に通してはどうか」と提案したが、日本人専門家は「そんなことをすれば水の流れが加速して下流のバザールが水浸しになる恐れがある」と言ってこの案も却下し、代替案としてラナ氏の計画が技術的に実施可能であるような場所を提示したが、ネパール人技術者はその意見を通訳することを断った。そこでラナ氏に専門家の意見を知ってもらいたい一心で、麻子が会合に出席している村人の前でその発言を通訳した。

　麻子が通訳した言葉を聞くやいなや、ラナ氏は激怒した。自分の計画が村人の眼前で完全に否定され、恥をかかされたと感じたのだ。ラナ氏は麻子に言った。「村の事業を処理できる能力もないくせに。プロジェクトは村人の意見を尊重すると約束したはずだ。そのプロジェクトが我々の決定に異を唱えるとは何事か」。麻子も言い返した。「自分が望むからという理由だけでは実行できないこともある」。こう応じながらも麻子は衝撃を受けていた。村人が皆ラナ氏の側につき、ラナ氏の言葉にうなずいていたのである。自分の考えは村人に理解されており、良い関係を築いてきたと信じていただけに、

麻子は裏切られたような気持ちだった。

それから数日経って麻子は、自分が休暇で外国に行っていた間に、ナジャが橋の建設を支援するとラナ氏に口約束していたことを知った。いつものようにナジャは、このことについて麻子に一言も知らせていなかったのである。麻子は、ポカラの横田氏に電報を打ち、「村に来てラナ氏と村人に話をして欲しい」と頼んだ。

1996年9月、村にやって来た横田氏を前に、ラナ氏は再び怒りをあらわにした。橋の建設がなぜ問題になるのか、ラナ氏には理解できなかったのである。「別の村のプロジェクト現場では橋が建設されているではないか」とラナ氏は言い張った。これに対して麻子は、「建設されているのは人間が歩いて渡るための小さな橋で、自動車用ではない」と応じた。この発言はラナ氏の怒りに油を注いだ。「給料はたっぷりもらっているくせに、ろくな仕事をしていないじゃないか」とラナ氏は麻子に向かって言い放った。ラナ氏には、ボランティアとしてこんなに辺鄙な場所で働きたがる人間がいることなど信じられなかったのだ。今度は麻子が腹を立てる番だった。「私は村人たちとこんなにうまくやってきたではないか。それだけではない。私は日本の豊かな生活を捨ててまで、この僻村にボランティアでやって来たのだ」。

ラナ氏の怒りは収まらない。「仕事を続けたいのなら、どこか別の開発機関へ行け」。ラナ氏は、猟銃を携えて近くの森へ行くことがあったが、そのときも猟銃を手にしていた。ラナ氏は銃口を麻子に向けて「今すぐ村を出て行け」と脅したが、幸いにも村人と横田氏がラナ氏をなだめたため大事には至らなかった。麻子は、自分が危ない目にあっていたのに何も言わず、何もしてくれなかったナジャに改めて怒りを覚えた。横田氏は、「麻子を日本に返すつもりはない、麻子はあくまでボランティアであり、金儲けのために仕事をしているのではない」と、村人に静かに話して聞かせた。

この一件ですっかり意気消沈した麻子は、ポカラで数日を過ごし、村人に会おうとしなかった。しかし、村と決別することは思いもよらず、結局村に戻ってもう一度村人とやってみようと決心した。

1996年12月になって、ラナ氏は、本心はともかく公には橋の建設を断

念することを明らかにした。そんなある日、サンチャイ村の現地事務所でラナ氏とナジャが衝突する出来事があった。ラナ氏は女性10人のグループをつくってヤギの飼育をして所得向上活動をしたいと切り出した。まず女性5人各々に3～4頭のヤギを割り当てて、生まれた子ヤギを別の5人各々に与えたいという。ヤギというのは集団で生活するのが普通なので、女性1人に少なくとも3頭のヤギが必要だというのがラナ氏の言い分だ。所得向上のためにプロジェクトから支給される4万ルピーをこのために使おうというのである[11]。ラナ氏はこの活動の対象となるのは一つの女性グループだけで十分だと考えていた。それ以上になると作業が複雑になるためだ。

これに対してナジャは、女性グループの全員に最低1頭ずつヤギを割り当てることを提案した。子ヤギをよそにやるとなれば、そのヤギの世話をしない者が出てくることを懸念したのである。ヤギ1頭の値段はだいたい3,000ルピーであるから、10頭で3万ルピー。残る1万ルピーは将来に備えて蓄えておくというのがナジャの案である（**表1**）。ラナ氏はナジャの考えに断固反対した。自分の力を誇示したいために、ヤギは限られた女性だけに配分したいのだ。怒るラナ氏はナジャに言った。「女は無能で無知で、ましてや数さえ数えられないのだから、ちゃんとした所得向上活動などできるはずがない。女なんかにプロジェクト資金を使ったら、金を捨てるようなものだ。そんなことをするくらいなら、前から言っているように橋の建設に金を使うべきだ」。

麻子はラナ氏の考えに同意できなかったが、ラナ氏をまた怒らせるのも嫌だった。そこで何日か経った後にラナ氏にこう提案した。「最終的な決定は女性たちに任せて、女性たちの意見を尊重してはどうでしょうか」。間の悪

表1　ラナ氏とナジャの意見の違い

	分配するヤギの頭数	対象となる女性の数	4万ルピーの用途
ラナ氏の意見	1人の女性に3～4頭	女性グループの中の4～5人	一度に全額を使う
ナジャの意見	1人の女性に1頭	女性グループの中の10人全員	別の女性グループのために一部を蓄える

いことに、その日はナジャが事務所に不在だったため、ラナ氏は即座に言い返した。「するとこの件については、お前とナジャとの間でも意見が分かれているということか。このプロジェクトには何の一貫性もないのか。私の村にはそんなプロジェクトはいらない。お前たち2人ともすぐにここから出て行け」。

　数週間にわたって懸命の説得を続けた結果、ラナ氏はついにナジャの案に従ってヤギの飼育を行うことを認め、所得向上活動について定めた文書に署名することに合意した。この活動は3つの区で開始された。ラナ氏は平静を保っていたが、この件については長い間大きな不満をくすぶらせることになった。

7　そして今

　プロジェクトは、サンチャイ村の現地事務所を建設するためにすでに多額の資金を投じており、事務所には高価な発電用のソーラー・パネルと無線機が取り付けられていた。村には電話がないため、無線がポカラの本部と交信する唯一の手段だ。ポカラへ行くには徒歩で半日以上を要する。問題があるからと言って、現地事務所を他の場所へ移動することは不経済であり、難しいことだった。

　サンチャイ村では、その他の事業も進んでいた。最近、村の女性を対象に始まったプライマリー・ヘルスケアの研修もその一つである。この研修は、村の女性の権利を拡大し、村の集会を始め、意思決定のプロセスに女性が参加できるよう図ることを主眼としたものである。子どもを産み、育てることが女性の仕事とされているのなら、女性たちが自信をつけ、女性自らが出産や育児についての知識を深め、その知識を村の生活に活かすべきである。公の場で自分の意見を発表することができれば、女性も自尊心を高めることができる。麻子とナジャは引き続きこうした研修事業の進展を見守り、所得向上活動の一環となるショウガなどの農作物の販売管理も支援した。

　1997年1月、麻子とナジャがこの村に来て1年半が過ぎていた。麻子の

任期終了まであと1年残っている。時には恐怖心がつのって、村から逃げ出したいと思うこともあったが、麻子は自分の仕事が好きだったし、村人の多くが麻子の対応に好感を抱いていることも感じていた。だからできれば、今後もサンチャイ村で仕事を続けたいと思っていた。

しかし、ラナ氏がまた銃をもちだすことはないだろうか。そのときにラナ氏をなだめてくれる村人が周りにいなければ、彼女は誰を信頼すれば良いのか。自分を裏切り、脅迫した人間とこれからも一緒に働くことができるのだろうか。もっと別のところに自分の才能を活かす場があるのではないだろうか。

注
1　このケース教材は、外務省委託事業として（財）国際開発高等教育機構（FASID）が実施したケース・ライティング・ワークショップで執筆者が作成したケースをその後講義や研修等で修正を重ねて完成したものである。実話を基にしているが、登場する団体、人物などは基本的に架空のものでる。地名などは一部本来の名称も使用している。© FASID
2　国際協力財団（仮名）海外ボランティアのメンバーには、滞在国の生活水準に応じて、毎月少額の手当が支給される。
3　サンチャイ VDC のこと。VDC（Village Development Committee：農村開発委員会）は村の行政単位を意味する。
4　1960 年代にテライ平野でマラリアが撲滅されたり、健康状態や医療事情が全体的に改善したりしたことなどが人口増につながっている。中山間地では、農民の所得水準が低いため肥料や農薬を購入することができず、また農作物の品種改良も進んでいないことから、農業生産量は低迷している。森林が農地に転用されており、生態系のバランスが危ぶまれている。
5　区（Ward）はネパールで最小の行政単位である。1つの区に暮らす世帯数は平均 100 戸。1つの VDC は、それぞれ 9 つの区で構成されている。
6　それまでは、政府予算の配分先はせいぜい郡止まりであり、DDC 議会が VDC やその下部組織の意向を聞かずに単独で決定を下していた。そのため予算が草の根レベルにまで届かず、それ以前に消化されてしまうことが多かった。DDC の委員長は地方選挙ではなく、中央政府の一存で任命されていた。1982 年には国連開発計画によって分権化政策が初めてネパールに導入されたが、この政策が本格的に実施されたのは、1990 年の民主化を経て共産党が政権の座に就いた 1994 年になってからのことである。全国 4,000 の VDC にそれぞれ約 50 万ルピーが配分されている。

7　VDC（農村開発委員会）と DDC（郡開発委員会）の委員長は地方選挙で選ばれる。当時の DDC の委員長は国民会議党所属のグルン氏で、立場としては州知事に近い。警察は郡が掌握しているが、軍隊は国王に所属している。
8　当時の 20 万ルピーは約 4,000 ドルに相当する。この金額は、地方分権化政策の下で VDC に配分される 50 万ルピーとは別に提示されたものである。プロジェクトでは、DDC や VDC の政府開発活動と並行する形で個別の活動を実施していたため、DDC の正式な承認を得る必要はなかったが、区および VDC の委員長の了解を得るようにした。
9　1996 年 8 月以降のプロジェクトの 2 年次に、サンチャイ村の残り 4 つの区で以下の事業が選ばれた。
第 1 区：ヤギの飼育
第 3 区：歩道の修理
第 4 区：ヤギの飼育
第 9 区：地滑りの防止、砂防ダムの建設
10　卒業証書（School Leaving Certificate）は、クラス 10 終了後に SLC 試験に合格した者のみに与えられる。クラス 10 は 10 学年のことで、高校卒業程度に相当する。
11　プロジェクトの運営要綱（ガイドライン）によると、各区に配分された 20 万ルピーのうち、所得向上活動に最大 4 万ルピーを充当することができる。

8
「少数民族による少数民族のためのプロジェクト」の理想と現実[1]

矢野　智子

1　多民族国家

　朋子は36歳の日本人女性。就職氷河期に大学を卒業後、民間企業に就職するも1年余りで退職、以前から興味のあった開発学を専門に学ぶため留学した。学位取得後、紆余曲折を経て文化・教育・科学を専門とするある国際機関に教育スペシャリストとして採用され、1年間を本部のあるパリで過ごした後、経済発展著しいある発展途上国に赴任した。もともとこの国に興味があって首都で半年ほど滞在した経験もあり、朋子はやる気にあふれていた。現地の同僚やカウンターパート、そして隣人たちとも打ち解け、首都での仕事は充実しており、順調にキャリアを積んでいると自他共に思っていた。

　「違う国に来たみたい」。2008年3月、ランタン省南西部、国境近くの地方空港に降り立った朋子はそうつぶやいた。赴任してから現地事務所で教育プロジェクトを担当して約5年間、現地の言葉や生活にも慣れて友人もでき、この国を理解していると思っていたが、明らかに東南アジアの色濃いランタン省は朋子に新鮮な驚きを与えた。首都はもとより、これまでおもに関わってきた北西部のどの土地とも違う。南方特有の湿った空気は、それだけで首都との違いを際立たせるのだった。主要民族以外にもこの国にはおよそ1億人の少数民族が生活しているといわれ、55の民族が政府によって認定されている。ベトナムやラオス、近隣諸国と国境を接するランタン省には26の少数民族が暮らしており、人口の3割近くを占める。彼らの独特な風習や文化、民芸品などは広く愛されており、その大自然と共にランタン省の観光資源として確固たる地位を築いている。ランタン省の省都ハイリンはその夏は

涼しく冬は暖かいという気候とのどかな文化から「春城（常春の都市）」と呼ばれ、風光明媚な土地として人気を集めているという。引退したらハイリンに住みたいという現地人や首都在住の外国人にも会ったことがある。それも悪くないな、とハイリンの街を歩きながら朋子は思った。

2　現地における HIV/AIDS

　現地における HIV 感染者の数は増加傾向にあり、現在およそ 70 万人が HIV に感染しているといわれ[2]、その 1/3 以上を少数民族が占めている。少数民族がこの国の人口に占める割合がわずか 8％であることを考えると、主要民族に比べて感染率が非常に高いことがわかる。この国のなかで HIV/AIDS の影響が最も深刻な 6 つの省のうちの 1 省がランタン省であり、少数民族の多い省でもある。

　さまざまな原因が考えられるが、貧困や独特の慣習、言語の問題、地理的な悪条件などが重なって、エイズに関する予防知識や感染防止システムの普及を阻害しているものと考えられる。少数民族出身者の感染者へのサポートシステムの不備も、感染者の増加に寄与していると思われる。政府により注射針の交換やコンドーム使用の推奨、メタドン代替療法[3]などの対応策が導入されているが、人口のほんの約 10％をカバーするパイロット段階に過ぎない。そのため、HIV の感染経路はもともと主流であった薬物使用者間の感染から徐々に性交渉による一般社会への感染へと拡大している。

　少数民族の住民自身による HIV の理解の不足がこの問題の根底にあると判断した朋子の機関は、2001 年より東南アジアおよびこの国南部の少数民族地域のコミュニティーを支援し、これまで政府主導の啓蒙活動で使われてきた標準語の代わりに、彼ら自身に自らの言語でラジオドラマを制作、放送させるというプロジェクトを実施し、成功を収めている。同様のプロジェクトを新たな村で立ち上げるため、朋子たちはハイリンに降り立ったのであった。

3 少数民族の住む村へ

　プロジェクトが実施されるヤオ族のソンタン自治県へは、ハイリン市から小型機に乗り継いでソンシャン市まで約40分、そこからさらに山あいの道を車で数時間の道のりである。ヤオ族はランタン省のほかにミャンマー・ラオス両国の北部で生活しており、以前は狩猟採集の生活を送っていたが、現在では農業がおもな産業だという。ケシの一大産地であるゴールデントライアングルに位置し、ケシの栽培や売買で生計を立てている者もいるとのことである。当然麻薬に手を出すものも多く、注射針を介したHIV感染率も高い。首狩りの風習があったとも言われ、首都の生活に慣れてしまった朋子には同じ国とはいえまったくの別世界であった。この国には35万人のヤオ族が生活しているとされ、その4割近くがソンタン自治県に住んでいる。主要民族とは明らかに違った東南アジア系の顔立ちをしており、言語はクメール語の系列である現地語を話す。当然この国の標準語はまったく通じない。電気は来ているが、固定電話をもっているのは村人の1割に満たず、世間から隔絶された感じは否めない。携帯電話のネットワークは広がっているらしく、通信会社の広告を見かけることはあったが、携帯電話をもっている村人に会ったことはない。

　ラジオドラマによるHIV啓蒙プロジェクトをランタン省の少数民族地域で実施するという決定を聞いたとき、朋子はこのプロジェクトは問題なく成功を収めると思っていた。なぜなら、そのプロジェクトは同じ地域の非常に似通った文化をもつ少数民族コミュニティーですでに実施されており、そのモデルの有効性が示されていたからである。彼女自身、このプロジェクトは非常に画期的なものであると思っていた。過去のHIV関連のプロジェクトは政府主導のもと、現存する標準語のHIV関連の教材を単に少数民族言語に翻訳するのみであった。朋子の機関のバンコク事務所の主導で、メコン川流域の少数民族を対象として始まったこのプロジェクト[4]は、少数民族コミュニティーのメンバーが自らのニーズを見つけだし、ラジオドラマを制作することによってコミュニティー自体に持続的なHIV関連の情報を発信す

る能力をつけてもらうことを最大の目標としている。これはボトムアップアプローチの観点からも、持続可能性の観点からも適切であると思われた。コミュニティーの人々もその趣旨に賛同し、自らの言語への外部からのサポートに大きな期待を寄せていた。

　実際のプロジェクト内容はすでに完成している上に、バンコク事務所から過去のプロジェクトの立役者であるローラを招聘する段取りも整えた。ローラは1990年代初頭にハイリンに留学して現地語を学んだと言うつわもので、すばらしく流暢な標準語を話す。その上文化人類学の学位ももっており、この国の南部から東南アジアにわたる「大メコン河流域」に住む少数民族についての知識の豊富さは、この分野で仕事をする者は誰しも一目置いている存在である。いくつかの少数民族の言語も解するという。2001年から始まったこの一連のラジオプロジェクトの中心人物であり、これ以上ない適切な人材であった。地元プロジェクトチームとコンタクトをとり指導にあたるのは、この道20年の経験をもつ首都事務所現地スタッフのチャンである。穏やかな人柄と確かな知識と経験で、チャンは国内外に広い人的ネットワークをもち、政府関係者からも尊敬されている。プロジェクト・マネージャーでありチャンの上司でもある朋子の仕事はプロジェクトの進捗状況を把握し、予算を予定通りに動かすだけだ。楽勝だ、と朋子は思った。3月に開始して同年の12月にはプロジェクト終了というハードスケジュールだったが、誰も心配していなかった。

4　国連の思惑、現地の実態

　これにはさらに裏がある。かつて各国連機関が各々のアジェンダを優先し、個々に活動していた時代は過ぎ去り、ここ数年「一つの国連」への動きが加速しつつある。特にHIV関連のプロジェクトは、関与している国連機関が多いこともあり、各機関の活動をコーディネートする特別の機関が設置された。その甲斐もあり、首都の国連機関の間ではそれぞれのHIV関連のプロジェクトに関する情報を公開し合い、さらには合同でプロジェクト・プロ

ポーザルを作成して資金調達にあたるということが積極的に実施されている。その流れの中で、朋子の機関も自らの優位性を常に主張していくことが必要になってきたのである。資金力でも、専門知識でも他機関におよばない朋子の機関にとって、「文化」は数少ない比較優位性が高い分野である。2007年から首都の事務所では少数民族を対象としたHIV対策プロジェクトに力を入れており、他の機関との差別化を図っていた。このプロジェクトもユニークな貢献として認知されるだろうとの朋子の思惑があったのである。文化を前面に押し出していこう、と朋子はチャンと話し合ってコーディネート機関に掛け合い、資金を得てこのプロジェクトの実施にこぎつけたのである。

プロジェクトのニーズアセスメントのために現地を訪れた朋子ら一行は、ランタン省の担当者トップと彼のチームとミーティングを行った。担当者はハイリン生まれハイリン育ちの主要民族で、50代の穏やかそうな人物である。しかしまずここで第一の関門に突き当たった。彼に、プロジェクトのコンセプトへの疑問をいきなり投げつけられたのだ。「魚を与えるのではなく、魚の釣り方を教えろと我々は言う。しかし今日の魚もない人たちに、それが何の意味があるというのか。彼らは本当に貧しくて教育レベルも低く、HIVのことなど心配している場合ではないんだ。政府が無料で検査をしたりすれば参加するが、なぜHIVの問題が大切なのかなんて彼らは理解しないどころか、興味もないんだ」と言う。なまりが強くなかなか聞き取れないが、同行しているチャンの顔色が変わるのがわかる。「ドラマなんかつくるより、なんでそのお金をみんなに直接配らないんだ」とも真剣な顔で言う。予想外の展開に朋子はショックを受けながらも、冷静を心がけ、ボトムアップ・アプローチの重要性、HIVのリスクは貧困や教育のレベルとは関係なく現実のものであり、正しい知識をもつことは誰にとっても重要なのだと説明した。「まあ、お金をばらまけと言ったのは冗談だけどね。確かにこれまでにないアプローチだし、これがうまくいけば他の地域へのモデルケースにもなる。やってみるのも無駄ではないだろう」と最終的には丸く収まったのだが朋子は一時はどうなることかと思った。

しかし彼の意見にも一理あるのだ、と朋子は思った。この国はここ数年で

世界史上前例のないスピードと規模で発展し、数千万人単位の人たちを貧困から脱却させたが、現実問題として僻地の貧困問題はまだまだ解決には程遠い。いわゆる富裕層と呼ばれる人々が日本の総人口と同じぐらい存在するとされ、市場としての魅力を増しているこの国だが、それとほぼ同数の人口が1日1ドル以下で生活しているのである。そんな中で現地に学校や病院を建てるわけでもなく村人たちに薬を配るわけでもない朋子たちのプロジェクトは魅力に欠けるのも当然だ。朋子はつぶやいた。「プロジェクトを実行していて、目の前にある現実と自分の機関がその問題に触れられないというのは切ない」。朋子の本音であった。

プロジェクトサイトに着くと、状況は好転したように思えた。自治県の副知事が県レベルでのプロジェクト・リーダーとなり、感染症予防局と文化局の担当者が同じテーブルについて少数民族に対する予防教育の重要性とその方法を協議するなど、他のHIVプロジェクトではあまり見られない光景も繰り広げられた。プロジェクトの実行機関であるソンシャン市のラジオ局は、すぐに現地の脚本家やミュージシャンを雇い入れてラジオドラマ制作班を立ち上げた。同行したバンコク事務所のローラも彼らの真摯な働きぶりには満足しているようだった。すべては計画通りに進み、朋子はプロジェクトの成功を疑うこともなくその土地を離れたのだった。

しかし、プロジェクトが開始して間もなく、チャンが浮かない顔をしていることが多くなった。朋子が話を聞いてみると、プロジェクトがなかなか進まず年末までに終わらせられるか不安だと言う。最終的なドラマの内容を決めるための調査も地元の人たちに依頼していたが、それはこれまでまったく経験のない彼らにとって予想以上に困難な作業だったのである。ハイリンの専門家のサポートも依頼したが、それでも調査は難航した。言語のバリアは予想以上のものであった。（標準語の）識字率80％と聞いていたが、実際に調査票を使って情報を集めようとすると、本当に限られた情報（名前など）しか書けないという人が圧倒的に多いのだ。

さらに、現地語にもさまざまな方言があり、一つの村で話されている言葉が別の村でも通じるわけではないという。現地の政府関係者や村人たちの話

を聞いた結果、最終的に「標準的な」現地語を話すとされるアワ山地に住む人々の言葉を使うことに決定したのだが、「少数民族」とひとくくりで理解していた朋子にとっては驚きの連続であった。

また、文字をもたない現地族では[5]、読み書きができるのは主要民族の文化圏で教育を受けた人たちだけであり、必然的に彼らがラジオドラマ制作の中心人物になる。しかし、人生の大部分を主要民族地域で過ごした彼らが自らの文化や現状を熟知しているとは限らない。かといって現地に密着した脚本家に依頼すると、今度はHIVの知識が足りず、間違った情報が混入する恐れがある。問題が起きるたびに朋子たちが介入するのだが、現地語から標準語に、そして英語（朋子やローラに見せるため）にと2段階の翻訳が必要となり、チェックが入るたびに進行が遅れるという有様だった。

この国は広い。ましてやランタン省のこの地域は首都よりも近隣諸国のほうが地理的にも文化的にも近いのである。チャンが首都から、ローラがバンコクからサポートにやってくるにしても時間もお金もかかり過ぎる。

また、これまでラジオドラマを制作したことのなかった地元のプロジェクト・チームのキャパシティーが非常に小さいことが判明し、さらなる技術的なサポートが必要になった。急遽ランタン省レベルのラジオ局から専門家に依頼して技術的な面はなんとか乗り切り、やっとのことで10月に2本の脚本は完成した。

暮れも押し迫った12月、完成して翻訳された脚本のあらすじが首都に届いた。

「いい話だね。出稼ぎに頼らざるを得ない現地の状況をうまく反映しているし、麻薬の問題もちゃんと正面から取り扱っている」。朋子とチャンは笑顔を交わした。問題が山積して時間もかかってしまったが、最終的にいい脚本ができたことで、最大の山場を越えたという思いがあり朋子はホッとした。

5　さらなる問題

これで一安心と思ったのもつかの間だった。いざ収録開始という時期に

なって地元ラジオ局が彼女に言った。「ラジオは時代遅れで誰ももう聞きません。テレビシリーズをつくりませんか」。

　朋子は愕然とした。なぜ今になってそのようなことを言いだすのだろうか。プロジェクトは１年以内に終了させなくてはならず、時間がない。テレビドラマを制作するほどの予算もない。しかし、よくよく話を聞いてみると、プロジェクト・チームは、ドラマは現地で制作し、俳優もすべて現地の住民を起用すれば、テレビドラマでもかなりの低予算でできるという。バンコク事務所のローラに相談してみると、「そんな質の悪い素人ドラマをつくっても意味がない。他の地域でうまくいっているのだから、ラジオで大丈夫なはずだ。トップレベルのテレビドラマをつくれるのでない限り、プロジェクトの変更には賛成できない」と、とりつくしまもない。しかし、もともと人口のあまり多くない（だからこそ少数民族なのだが）コミュニティーで、いったいどうすればプロの俳優を見つけられるというのか。質は高くても誰も聞かないラジオドラマよりも、多少レベルは劣っても現地の人が参加しているテレビドラマのほうがコミュニティーには受け入れられるのではないか。しかしプロジェクトの内容を変更するには膨大な手間がかかる。

　オフィスの外は雨。「まるで私の心を知っているようだ…」。朋子は途方にくれた。

6　思わぬ伏兵

　すでにプロジェクトは12月では終了できなくなっていた。プロジェクト資金のドナーと交渉してなんとか２ヶ月の延長をもらったが、この国では１、２月は旧正月をはさむため実働時間は限りなく少ない。急ピッチでプロジェクトを終了させようと、さらに首都とバンコクからチャンとローラが現地に赴いた。

　そんな１月、首都事務所に外部監査の調査員が２週間の予定でやってきた。財政状況だけではなく、事務所の活動の評価も行い、朋子の機関の本部執行委員会に報告するというかなり大がかりなものだ。評価対象として複数の案

件が選ばれたのだが、このプロジェクトも含まれていた。監査の1週間目は何事もなく過ぎたのだが、朋子は2週間目に呼び出しを受けた。

　ミーティングルームに入っていくと、調査員が大きなファイルをめくりながら強いフランス語訛りの英語で言った。「このプロジェクトは資金の多くが謝金と出張費に使われていますね。なぜですか」。

　資金力に劣る朋子の機関では、プロジェクトの成果を決めるのはスタッフの質であり、アイディアの斬新さである。スタッフや専門家に資金を使わずに、他のどこに使えと言うのか。朋子は憤りすら感じるのであった。「その分現地に直接投入された資金が少ないように見えますね」。調査員は続けてつぶやくように言った。冷静に、冷静に。気持ちを落ち着けながら朋子は説明した。「このプロジェクトは、もともと村人たちのトレーニングや活動のモデルづくりが主体であり、そのためにはレベルの高い専門家を何度も派遣する必要があったのです。特に、もとの予算が少規模ですし、他機関のプロジェクトのように、機材の調達をするわけではないので割合が高いように見えますが、よく調べていただければ決して無駄な出張は一切ありませんし、専門家と現地スタッフへの謝金も相場と比べて安いぐらいです」。調査官たちは神妙に聞いていた。言うべきことは言ったと、朋子は仕事に戻ったのだった。

　しかし、後日送られてきた監査レポートを読んだ朋子は愕然とした。彼女の主張は何一つ取り入れられず、あたかもプロジェクト自体がスタッフを雇用するためにデザインされたように書かれていたのである。しかもこのレポートは執行委員会で議論されるのだ。朋子は途方もない徒労感を覚えるのであった。

注
1　このケースは現実の出来事に基づいて作成されているが、国名、地名、人名などはすべて架空のものである。
2　Report on the Global AIDS Epidemic, UNAIDS (2008).
3　メタドン代替療法とは、ヘロイン常用者に対して比較的害の少ないメタドンを代用させて行う療法のこと。

4　もともと 2001 年から始まった " 少数民族の言語を使ったラジオによるメコン川流域の HIV、人身取引および薬物汚染への対策 " と呼ばれるプロジェクトである。2003 年からは他機関からの資金を得て、プロジェクトを拡大している。
5　アルファベットを基にした文字があるが、あまり普及していないのが現状である。

9
何が間違いだったのか[1]
――フィリピンで

板垣　啓子

はじめに

　1999年3月のある日、エレナ・サントスはロブガオン村に向かう乗り合いジープの窓からぼんやりと外を眺めていた。遠くに見える海は青く、明るい日差しを受けて美しく輝いていたが、その景色を眺めてもエレナの心は晴れなかった。

　ここ数年、エレナは彼女の職場、フィリピン政府の研修機関が実施する「参加型農村エンパワーメント（PRE）プロジェクト」という外国援助プロジェクトで働いてきた。エレナは40歳代前半、ボホール農業研修センターの中堅職員として農山漁村の住民を対象とした起業家向けの研修を担当するほか、何年もの間ボランティアで自分の出身村の女性が起こした手工芸のビジネスを支援してきた。PREプロジェクトが始まったとき、その専門的な知識と経験が買われて、エレナはプロジェクトのスタッフとして抜擢され、ロブガオン村の担当となったのだった。

　エレナはロブガオンでの会合に出席するところだった。それは、プロジェクト活動の中で起きてしまった村のグループ対立を解決する最後の機会だったが、エレナの勝算はないように思えた。最悪の場合、プロジェクトは中止となり、1996年からこれまでにエレナや村人が費やした時間、労力、資金や資材のすべてが無駄となってしまうだろう。エレナは大きく息を吸って、ジープを降り、村の集会所に向かって歩き始めた。

1　ロブガオン村

　ロブガオン村は、ボホール州の州都タグビララン から約 60 キロの距離にあるクラリン郡の沿岸地帯の一村落である。総世帯数は 114 戸（1996 年当時）、人口はおよそ 650 人のこの村は、6 つの集落から成り立っており、そのうち 2 集落は内陸部で農業に携わる住民が多く、残り 4 集落は沿岸部で住民の多くが漁業により生業を立てていた。村の生活はあまり豊かとは言えず、クラリン郡政府はこの村を同郡の最貧地域の一つと位置づけていた。

　沿岸集落の住民は零細な漁業に従事しているが、漁獲による収入は 1 世帯当たり年間 15,000 ペソ[2] 程度で、年間に必要とされる生活費約 27,000 ペソには及ばないため、多くの世帯は賃金労働や近隣の町での小商いなどの副業に従事していた。

　内陸部の集落には 40 世帯ほどの農民が居住し、主に水稲、ココナツ、バナナなどを生産していた。これらの内陸集落は主要な道路に隣接しているため、その立地条件を生かして魚売りなど、小規模な商いにも手を染めている住民が多かった。農業収入自体は決して大きくはないが、これら農業世帯は日々の食料を自給できることもあり、沿岸集落よりも比較的裕福な生活を送っていた。

　これらの違いにもかかわらず、ロブガオンはよくまとまった村で、住民たちは互いに協力し、助け合って生活していた。沿岸集落の漁民の多くは内陸集落の住民の水田労働者として真面目に働き、小商いを営む内陸集落の住民は、沿岸集落の漁民にとってはいつも魚を良い値で買い上げてくれるお得意さまだった。こういう背景も考慮され、PRE プロジェクトがボホール州で活動を始める際、ロブガオンはプロジェクトサイトの一つに選ばれたのだった。

2　PRE プロジェクト

　PRE プロジェクトは、人材育成を通じた農山漁村地域の開発を目標として、1996 年から実施されたプロジェクトである。全国各地に研修所をもつ研修

機関がその実施責任を担い、ボホール研修所はモデルサイトに選ばれて、住民が実施する農村開発事業に対する支援と関連研修の試行・開発を行うことになっていた。

ボホール州でPREプロジェクトの活動が実際に始まったのは1996年の9月のことだった。プロジェクトサイトとなる村落の選定や基礎調査などの準備作業を経て、1997年の半ば、調査結果の住民への発表会が行われる頃には、地域住民はプロジェクトとそこで働くスタッフについて、すでにかなり良く知るようになっていた。プロジェクトはさまざまな住民への働きかけを行い、住民が自分たちの問題や可能性について話し合い、生活向上の行動計画を策定するためのワークショップを開催した。この行動計画はできる限り住民主体で実行するもので、プロジェクトはそのために必要な技術・技能の研修とごく小規模な資材の支援を行うこととなっていた。

ロブガオンでのワークショップは1998年9月に開催された[3]。村議会関係者、集落代表、女性グループや青年グループの代表者など約25人が参加して、生活や地域環境に関するさまざまな問題を話し合った。沿岸集落の漁民は深刻な漁獲高の減少、内陸集落の農民は肥料や優良種子が手に入りにくいことをそれぞれ挙げ、女性グループからは収入向上活動の必要性が指摘された。しかし最終的につくられた村としての行動計画には、沿岸環境の整備が最も重要な課題として盛り込まれた。

ロブガオン周辺海域では違法な漁法による乱獲が頻発しており、漁獲は減少の一途をたどっていた。また、海岸や河川沿いに不法居住地が広がり、村全体の生活・衛生環境の悪化を招いていた。村人たちは、ゴミ捨て場の設置や公衆便所の建設など、衛生環境向上のための活動と、マングローブ植林や違法漁業のボランティア監視団の組織など、沿岸資源保全のための活動を行うことを決め、村議会で正式にこれらの活動計画を承認し、郡政府に報告して協力を求めることにした。郡の保健プログラムには保健衛生施設の建設に対する補助もあり、必要な技術や資金の支援を得るための働きかけが行われることになった。

3　ロペス氏と禁漁区

　エレナは自分自身が沿岸資源管理の専門家ではなかったため、ロブガオンの行動計画を支援できるような人材を探し始めた。村の行動計画がつくられてから半月ほど経ったとき、環境・天然資源省（DENR）で働く友人がエドアルド・ロペス氏を紹介してくれた。「エド」ことロペス氏は外国支援を受けて環境保全活動を行っているNGO「沿岸資源管理プロジェクト（CRMP）」の職員で、ボホールでも沿岸資源管理のプロジェクトを実施してきていた。40歳代後半のエドは、すでに各地で長い経験を積んだ、たいへん熱心な活動家で、ロブガオン村のワークショップ結果にとても強い興味を示した。彼は「以前CRMPが支援したプロジェクトサイトの視察に行くっていうのはどうだろう。ボホールには大規模なマングローブ植林と禁漁区を村で管理している例があって、今でもとてもうまくいっている。ボランティア監視団もいいけど、禁漁区のほうが資源の保全という点では即効性が高いよ」と提案した。禁漁区設置のための初期投資はプロジェクトから支援できるだろうとエレナは考えた。どのみち行動計画の他の活動にはお金はそれほど必要ではないし、と[4]。

　1週間後、エレナはエドをロブガオン村の村長ベニト・サヨン氏に引き合わせ、禁漁区の話をした。サヨン氏は30歳代後半とまだ若く、村人からも気安く「キャプテン・ニト」と呼ばれる気さくな村長だったが、初めは禁漁区のアイディアにあまり乗り気ではなかった。村議会の予算がとても少なく、大がかりなことはできないということと、そもそも村人が誰も禁漁区のことを知らないことがその理由だった。「最初に必要な資材はプロジェクトから提供できると思います」とエレナは言い、エドも自分が技術的な支援をすると強調して、「とにかく、まず実際に禁漁区を見てみたら。そのあと、村の皆で話し合って決めればいいじゃないですか」と提案した。キャプテン・ニトは納得し、村人が視察旅行に行くことに賛成した。

　エドとエレナは視察旅行を計画し、1988年の11月にロブガオン村の住民25人がカラペ郡の沿岸部にあるパンガガン島を訪れた。初めに見たのは

15年前から住民のボランティア活動で植林されてきたマングローブの森で、すでに確固たる自然の堤防を築き上げていた。次に、禁漁区の中央に設置された見張り小屋に案内され、禁漁区の管理のために組織された協同組合の組合長が、どのように禁漁区をつくったか、それによってどれほど漁獲があがったかなど、詳細な説明をしてくれた。ロブガオン村からの参加者はとても興味をそそられた様子でさまざまな質問をし、帰りの車中でも皆興奮して禁漁区のことを話し合っていた。視察旅行の翌日、エレナはキャプテン・ニトに頼んで全村集会を開いてもらい、視察参加者から他の村人に、彼らがパンガガンで見たことを報告してもらった。村人は皆たいへん感銘を受け、自分たちでも禁漁区を設置し、自発的な村全体のボランティア活動としてマングローブ植林活動も定期的に行うことを決定した。

この決定を受け、キャプテン・ニトと村議会は11月末に第1回のボランティア・マングローブ植林活動の実施を計画した。エドは村のリーダーや若者グループに技術を教え、必要な道具についてアドバイスし、苗木をとりに行くのにも同行して、良い苗木の選び方を指導するなど、精力的に村人を助けて回った。植林の当日には子どもや老人も含め、村人が総出で参加し、沿岸集落だけでなく内陸集落の住民もほとんど全世帯が参加していた。誰もが苗木の束を片手にもち、潮の引いた泥の中を裸足で歩きながら声をかけ合い、喋ったり笑ったりしながら木を植えていった。皆楽しそうで、幸先のいいスタートだ、とエレナは思った。

4 ロブガオン多目的漁民組合

それからというものエレナ、エド、キャプテン・ニトの3人は禁漁区の準備に忙殺された。エドは2.5ヘクタールのバッファー・ゾーンを設けた7.5ヘクタールの禁漁区を設計し、網や柱など必要な初期投入資材はPREプロジェクトから提供されることになった。「禁漁区をつくるときいちばん大切なのは、どうやって続けていくかを考えておくということなんだ」とエドは力説した。「村人が自分たちの責任で守っていかなければならない。最初は

PREプロジェクトが網をくれるけれど、網は頻繁に掃除して、破れたりしたらすぐに修理しないといけないし、何年かに一度は新しい網を買って交換する必要がある。そういう負担をちゃんと担って禁漁区を管理していくためには、きちんとした組織が必要なんだ」。

　キャプテン・ニトは、ロブガオンに協同組合局（Cooperative Development Authority : CDA）[5]に登録された漁民協同組合があると言った。それはもう長いこと休眠状態で何の活動もしていなかったのだが、この協同組合を禁漁区管理のために使えないだろうか、と彼は提案した。しかしエレナは「漁民組合じゃ、これまで一緒にやってきた内陸集落の人たちはどうなるのか」と反対した。「あの人たちは皆農民で、『漁民』組合には入りたがらないでしょう。それより、村議会がその責任をもつわけにはいかないんですか」。「それは到底無理だ」とキャプテン・ニトは却下した。「村議会の予算は雀の涙で、例えば今年なんて年間22万ペソしかないんだよ。今の活動にだって足りないくらいで、その上禁漁区の管理費用なんてとても出せない」。そのときエドが、「個人的には、禁漁区管理のための組織として村議会はあまり適当だと思わない」と言った。「議会がやってくれるということになると、村人はあまり真剣に自分たちで活動しなくなるんじゃないかな。一人ひとりが自分のこととして関わってくれないと、禁漁区は続けられないと思うんだ」。結局3人の話し合いには結論が出ず、村集会で広く意見を募ることになった。

　1999年1月の初めに第2回のボランティア・マングローブ植林活動が実施され、その後に村集会で禁漁区についてのさらなる話し合いが行われた。エドが禁漁区の維持管理のために公的な組織を設立する必要があることを説明し、特に、その組織が維持管理経費を捻出するための収益事業を行う必要があると強調した。それを聞いて、パンガガンへの視察旅行に参加した一人の漁民が、パンガガンでは協同組合が月々の組合費の積み立ての中から禁漁区の維持費用を出していたと報告したが、他の住民、特に漁民たちからは、組合費を払えないこともあるとの反対意見が相次いだ。

　そのときエレナは、彼女の村の女性グループのことを思い出し、組合費を現金でなく物納するやり方を紹介した。それは、漁民が日々の漁獲の一部を

組合に納め、組合がそれをまとめて販売し、収益を組合費として計算するというやり方である。皆が賛成するのを聞いていたロブガオンの女性グループのリーダーの一人はさらに、組合が集めた漁獲の販売を組合員世帯に順番に委託することで、販売マージンを組合員が得られるようにしてはどうかと提案した。このアイディアには日ごろ小商いをしている内陸世帯の女性たちが大いに関心を示し、そうなれば農民である自分たちもこの組合に加入したいと口々に言った。長い話し合いの末、村人は漁民協同組合を再度構成しなおし、新しく組合員を募り、出資金も新たに集めることを決めた。皆満足した様子で、組合への期待も高まっていた。

エレナはロブガオンの組合のために、CDAで規定されている「組合加入準備研修」を実施した。これは新たに協同組合に加入する人向けに、基本的な協同組合の概念、組合に関する法律や規則、実際の活動に関するさまざまな事例を学んでもらう研修である。研修の最後に村人は自分たちの組合を「ロブガオン多目的漁民組合」とすることを決め、組合長、書記、会計役を選出した。組合は3月の初めに正式に発足することになり、出資金については現在の政府規定で1人当たり300ペソという額になっていることに驚いた昔の組合員もいたものの、皆が2月の末までにその額を貯めると約束した。「これが計画通りに進めば、4月の初めには設置作業が始められる」とエドが言った。「そうすれば5月の終わりには禁漁区が完成するから、台風の季節が来るまでに余裕は十分ある。くれぐれもPREプロジェクトからの資材供給が遅れないように頼むよ」。

5 問題発生！

エドの指導のもと、ロブガオン多目的漁民組合の組合長と書記はCDAに提出する書類の準備を始め、一方で村議会を通じて禁漁区の設置をクラリン郡議会で承認してもらうための手続きに取りかかった。組合の会計役は規定に沿って町の銀行に口座を開設し、組合員の出資金支払い記録をつけ始めた。

2月のある日、タグビララNのPREプロジェクト事務所にいたエレナを、

エドが訪ねてきた。州都での資材調達の手続きに忙しく、エレナはここ10日ほどロブガオンを訪れていなかった。「すべて順調？」と言いかけたエレナはエドが不機嫌そうなのに気づき、「何か問題でも？」と尋ねた。エドは重い口を開き、「組合は予定通りには設立できないかもしれない。資材の発注は少し見合わせたほうがいいかもしれないよ」と言った。「組合にはこれまでに内陸集落から12人、沿岸集落から26人が加入申請しているが、これまでに出資金を一部でも積み立てているのはほんの数人に過ぎない」と彼は言った。「でも、出資金支払いの期限にはまだ時間があるから、皆自分で貯めているのかもしれないでしょう」とエレナは尋ねたが、エドは首を横に振った。「知っているだろう、村人にとってまとまった現金を手元に置いておくことは難しいんだ。特に漁民の場合、毎日の揚がりの中から少しずつ貯めていくしかないのに、これまでにそうしていないのであれば、期限までに間に合うはずがない」。

　2月末に、エレナは組合の設立準備会合に出席した。組合の役員たちは予定通り作業を進めており、禁漁区設置申請はすでに郡議会の承認を待つばかりとなっていた。CDAへの提出書類もすべて整っており、出資金の銀行証明さえ取れればすぐにでも申請できる状態だった。このときまでに内陸集落の組合員はすべて出資金を払い終えていたが、沿岸集落の組合員のほうは、わずか数人が一部を支払ったのみで、ほとんどが全額未払いだった。農民の一部からは、禁漁区は漁民にとってより直接的に利益がある計画なのだから、もっと真剣に取り組むべきだという批判の声も上がった。漁民たちは、自分たちは農民以上に真剣だが、日々の米を買わなくて済む農民とは違って「裕福」ではないのだと言い返した。エドは、支払期限を次の準備会合まであと2週間延期することを提案し、険悪な雰囲気を和らげようとして、「なあに、闘鶏やトランプの賭け[6]を2週間我慢すれば、出資金なんてすぐにたまるさ」と冗談を言った。皆どっと笑い、期限延長することで話し合いは終わった。

　数日後、エレナは組合員を個別に訪問した。沿岸集落からの26人のうち、4人はどうにか全額を払い終えていたが、未だにまったく支払っていない組

合員が11人いたのだ。漁の揚がりが悪かった、船の修理が急に必要になった、急病人が出て薬代がかさんだ等々、いろいろな理由があったが、エレナは責めているのではないからと彼らを励ました。しかし次の週にロブガオンを訪れたエレナは、漁民たちが彼女を避けて、話をしたがらないことに愕然とした。

翌週の組合準備会合には漁民の多くが欠席していた。農民たちは明らかに腹を立てており、漁民は怠け者だと非難する声すら挙がった。やる気のない人は放っておいて、これまでに出資金を支払った者だけで計画を進めようと言う意見もあったが、米の作付けが近づいているので、出資金を返して欲しいという農民もいた。キャプテン・ニトは皆を落ち着かせるのに苦労しており、混乱を極めた話し合いの結果、とりあえずあと2週間、3月末まで出資金の支払期限を延長することで何とか収拾がついたが、誰もが明らかに不満気で、不機嫌そうに解散して行った。

6 「プロジェクトは中止になってしまうのか？」

惨憺たる会合の後、エレナとエドはキャプテン・ニトの家で話し合った。エドは禁漁区のことを心配しており、「計画は当初の予定よりもうすでに遅れているんだよ。もしも4月の半ばになっても作業が始まらないようであれば、台風の後まで作業を延期しなければならなくなる」と言った。キャプテン・ニトは急に年をとったような顔をしていた。「この村はバラバラになってしまった。先週も村議会でマングローブ植林の話し合いをやろうとしたんだが、誰も集まらない。ここ2ヶ月で何もかもが変わってしまった。変な噂が飛び交っていて、誰もが疑心暗鬼になっている。農民は村を良くしようと思っていたのに漁民に利用されたと言うし、漁民は農民が組合を牛耳ろうとしていると言い立てる。PREプロジェクトが自分たちを役立たずの博打打だと侮辱した、なんて怒っている漁民もいる始末で、どうしたらいいのかもうさっぱりわからないよ」。

「出資金を払っている人たちだけで組合を始めることもできないわけじゃ

ないでしょう」とエレナは言ってみたが、エドは首を横に振った。「人数が少な過ぎるし、今までに出資金を払っているのは大半が農民だ。舟をもっていない人たちだけで、海の中に禁漁区を設置する作業はできない。そもそも禁漁区のために組合が必要だったはずじゃないか」。

　キャプテン・ニトが2人の会話を怒ったように遮った。「禁漁区も組合も今は問題じゃない。問題は村の中の対立だよ。一度こんなことになってしまうと、何もかもうまくいかなくなる。やっぱり禁漁区なんて所詮この村にとって大き過ぎるアイディアだったのさ」。「おいおい、あきらめるのはまだ早いよ。とにかくあと2週間はあるわけだし」とエドが妙に明るい声をつくったが、その声はエレナには虚ろに響いた。エドは、何とか良い解決策を見つけるために、自分のCRMP時代の上司に相談してみると約束したが、エレナには大した期待がもてなかった。

　それからの2週間、エレナはロブガオンには行かなかった。彼女自身、この2週間で村人が出資金を用意できるとは思わなかったし、かといってこの状況を解決するために何をすればいいのかもまったく思いつかなかった。そしてついに会合の日が来た。

　村に入ったエレナは、キャプテン・ニトがちょうど集会所から出てくるところに出くわした。エドのバイクは見当たらなかった。キャプテン・ニトは、「まだ少し時間があるから、中で待っていたら。すぐに戻るよ」と落ち着かなげに言って出て行った。エレナは30分ほど待っていたが、誰も現れず、キャプテン・ニトもエドも姿を現さなかった。

　ひょっとしたら村人はもうプロジェクトに失望し、計画を投げ出してしまっているのかもしれない。そして、プロジェクトは中止となり、ロブガオンから撤退しなければならないのかもしれない。そうなったらPREプロジェクトは、何一つ村のためにならず、以前はまとまっていた村に混乱と不和をもたらしただけの典型的な失敗例となってしまうだろう。エレナはこれまでに起こったこと、プロジェクトがやってきたことを逐一思い起こそうとしてみた。彼女は一体いつ、どこで、何を間違えたのだろうか。

注

1 このケース教材は、外務省委託事業として（財）国際開発高等教育機構（FASID）が実施したケース・ライティング・ワークショップで執筆者が作成したケースをその後講義や研修等で修正を重ねて完成したものである。英語版を執筆者自身が和訳した。実話を基にしているが、登場する組織、プロジェクト、村落、人物などは仮名である。© FASID
2 当時の為替レートで1ドルは37ペソ程度であった。
3 人的配置や運営管理上の理由があり、プロジェクト活動は全プロジェクトサイトで同時並行的には行われなかった。先行村落では1997年末に具体的な活動が始まっていたが、ロブガオンはプロジェクトの活動が最後に導入されたサイトだった。
4 禁漁区設置に必要な資材はすべて現地で手に入るもので、購入経費は約45,000ペソだった。村人は受益者負担として設置のための労働力を提供することになっていた。
5 CDAは協同組合の育成監督のために設置された、協同組合の登録を行う政府機関である。協同組合はすべてCDAに登録され、会計監査を受けることになっている。
6 闘鶏はフィリピンの農村部、特に男性の間で極めて一般的に行われている娯楽で、賭け金を伴うことが多い。

環境と開発

　環境と開発はしばしば二律背反の概念として語られる。これは、特に第二次世界大戦後の開発が経済開発を主眼としていたこと、ところが、工業化を柱とする経済開発がさまざまな環境問題を招いたことからの帰結であろう。このことが1972年に国連人間環境会議（ストックホルム）が開催された背景である。

　だが、1980年代の地球環境問題への危機感の高まりを受けて1992年に開かれた国連環境開発会議（リオデジャネイロ）が「持続可能な開発」を中心的概念として以来、開発は従来の経済的効率のみならず、環境的分別と社会的衡平をも包含すべきものとして、大きく方向転換を迫られた。あらゆる開発プロジェクトにおいて住民の参加が求められるようになったのは、「持続可能な開発」にはその地域の資源環境に依拠して生活する住民の視点が不可欠との認識ゆえである。

　さらに、コモンズである自然資源や環境の利用については、政府と地域資源利用者が管理責任と／または権限を分け合う、「共同管理」（co-management）の必要性・有効性が認めらるようになってきた。しかし、最たる「地域の資源利用者」である住民が、共同管理の前提である対等な立場で、政府機関や国際機関と協議をして共同で管理するには、高度に民主的な社会がその基盤として必要である。国連機関は、資源・環境の経済価値評価が持続可能な開発に有用であるとしているが、現実には、そうした評価では測ることができない、便益の分配や費用の負担が、資源環境の利用をめぐる争点なのである。

　本章では、こうした問題を内包した、河川流域、沿岸域、森林、そして海洋の資源環境の利用をめぐるケースを扱い、真に望ましい自然資源環境の利用と管理のありかたを考える。

10
崖っぷちのメコン委員会[1]

中山　幹康

1　問題の発端——はじめに

　1992年の初め、国連開発計画（UNDP）でナンバー2の地位にあり、アジア局を担当していたジャン・フォレスティエール副総裁はニューヨークのUNDP本部のオフィスにいた。一両日のうちに上司であるUNDP総裁に暫定メコン委員会に関する問題点を報告することになっていた。メコン川流域3ヶ国（ラオス、ベトナム、タイ）で構成されるこの委員会は、この数ヶ月にわたり彼を悩ます頭痛の種だった。

　メコン川はチベットに水源をもち、中国からミャンマーの高地山脈地帯の渓谷を約2,000キロメートルにわたって流れている（図1）。メコン川は下流域ではラオスとタイの国境を形成しており、カンボジアとベトナムを経て、南シナ海に注ぐ。下流域の広さは60万9,000平方キロメートル（総集水域の77%を占める）に及び、そこにはラオス、カンボジアのほとんどとタイとベトナムの大部分が含まれる。水力発電、灌漑、治水、水運、漁業開発などメコン川の潜在的可能性は非常に大きい。アマゾン川を除けば、ほとんど開発しつくされていない世界唯一の巨大河川である。

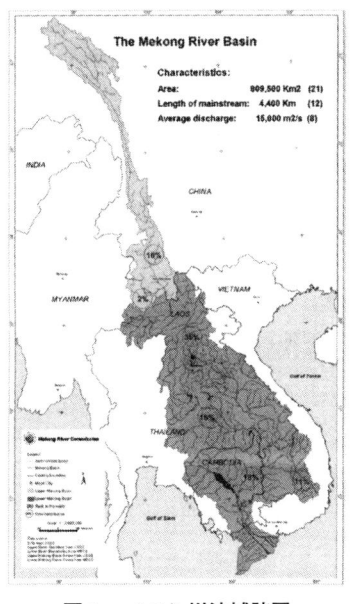

図1　メコン川流域諸国

もともと流域4ヶ国(カンボジア、ラオス、タイ、ベトナム)が構成するメコン委員会が1957年に国連アジア極東経済委員会(ECAFE)によって設立された。1950年代これらの流域国は貧困に悩んでおり、先進国や国際ドナー機関から資金援助を受けて経済成長の踏み台にしたいと望んでいた。設立以来、この委員会の事務局はバンコクに置かれた。

　メコン委員会には国連が初めて国際河川流域開発計画に直接的かつ継続的に関与した結果成立した経緯があり、その意味でユニークな存在となっていた。設立以来、とりわけ1975年半ば以降にカンボジア、ラオス、ベトナムの政変のため米国が援助停止したこともあり、UNDPが同委員会を支える主要機関の一つとなった。

　一方、政権を奪取したクメール・ルージュのカンボジアがメコン委員会に参加しなくなり、1978年に流域3ヶ国(ラオス、タイ、ベトナム)で暫定メコン委員会が設立されたが、1990年代初頭までには暫定メコン委員会も流域国による協議機関としては休眠状態となっていた。しかし、UNDPはいずれ将来に実施が期待された流域開発枠組みの調査活動に資金援助を続けた。最大ドナーとしてUNDPは、委員会事務局の幹部である事務局長や財務責任者にそのスタッフを据える人事権を握っていた。

　1991年6月にカンボジアに新設された最高国家評議会が復帰申請するまでは、暫定メコン委員会は目立たない存在であったが、その業務はすべて平常通りに進められていた。

　暫定メコン委員会とUNDPが直面した数ヶ月にわたる一連の問題を思い起こして、「悪夢の始まりだった」とジャン・フォレスティエール副総裁は独り言をつぶやいた。

2　「拒否権」問題をめぐるタイとベトナムの対立

　カンボジアが復帰を望んだとき、暫定メコン委員会の加盟国はすべてカンボジアの復帰に賛成した。しかし、どのような形で復帰するかをめぐってタイとベトナム両国間で論争となった。両国はメコン川流域における相互の水

資源開発案件への「拒否権」についてそれぞれ異なる見解をもっており、カンボジア復帰の条件によっては加盟国が拒否権をもつのかどうかが決定しかねないことになったからである。

　拒否権問題には、実に複雑な歴史的経緯がある。

　カンボジアとラオスの政変へとつながる南ベトナム政府崩壊直前の1975年、メコン委員会の4加盟国は流域全体の開発促進のための共同宣言を採択した。この開発計画は、いわゆる流域アプローチと呼ばれる教科書的な事例である。それは4ヶ国にわたるメコン川流域の「統合的管理」を志向していた。統合的管理が目指すのは、流域国の国境に関わらずその流域の水資源を一つの単位として扱い、それを最大限に利用することである。計画が統合的であるため、メコン川の利水のために流域各国は相互に協議することが求められた。換言すれば、流域国の案件が実施される前には他の流域国すべての承認が必要になった。実際のところ、1975年共同宣言が他国の案件に関する拒否権を流域国に与えることになったのである。しかしながら、メコン川流域の統合的管理は以下に見るように決して実現することはなかった。

　1978年にラオス、タイ、ベトナムが暫定メコン委員会を設立した際、この委員会設立の根拠となった、いわゆる「1978年文書」が採択された。当時、流域全体にわたる統合的管理の実現は政治的状況から非現実的であったため、この1978年文書は拒否権について言及していない。1991年半ばに至るまでの15年間、拒否権について話題に上がることはなかったのである。

　しかし、1991年半ばになって1975年共同宣言と1978年文書のいずれかを公式的な根拠文書とすることについてタイとベトナム間で見解の相違が生じた。そこで暫定委員会でカンボジア再加盟の方法について議論が始まったのである。

　カンボジアとタイから見て上流に位置するタイは、拒否権という考え方に反対した。タイ東北部の乾燥地域には、メコン川からタイ国内へ引き込むコンチームン導水計画という農業開発計画があった。この計画が遅れたり、最悪の場合断念せざるをえなくなることをタイは恐れ、下流に位置するカンボジアとベトナムに拒否権が与えられることに反対したのである。

ベトナムは、タイのコンチームン導水計画が実施されると南部のメコン・デルタ地帯の農業に悪影響が生じることを心配していた。水量が減少すると、すでにメコン・デルタの肥沃な水田を脅かしていた海水の侵入がますますひどくなり農業生産は減少すると予測された。

こうした経緯から、タイはカンボジア復帰の前提として、1975年共同宣言の解消を主張した。タイがカンボジア、ベトナム、ラオスに対して要求したことは、1975年共同宣言の代わりに1978年文書を正式に承認することであり、かつて4ヶ国で合意した1975年共同宣言に戻ることではなかった。タイの主張は、1975年当時とは政権も時代も異なる状況のもとでは、この共同宣言はもはやニーズにそぐわないものだというものだった。外国の報道陣に対して、タイの外務事務次官は「流域文書、つまり1975年共同宣言には戻れない」と明言した。

下流域に位置するベトナムは、上流に位置する国々、とりわけタイにおける案件に対して何らかの発言権をもつことを望んだ。ベトナムはタイに対して拒否権をもちたかったのである。ベトナムの担当官僚によると、タイとの論争はベトナムがメコン川の水資源に関する原則を修正したいということではなく、むしろ無条件でカンボジアの委員会復帰を認めるべきかどうかということだった。ベトナムの外交官は、記者会見の場で、「オリジナル文書を改訂する必要性は認めるが、その前にまずカンボジア復帰を歓迎すべきだ。すべての議論は、それからだ」と述べた。

しかし、ラオスはこの問題について沈黙を保った。おそらく、この沈黙は小国であり上流に位置する途上国として、タイとベトナムという2大国のどちらか一方につきたくなかったからなのかもしれない。ラオスはあえて中立を保って、どちらの見解にも与しないというメッセージを送りたかったのではないかとの見方があった。

国際法の観点からすると、国際河川の流域国の権利や義務を明確にする国際的に合意された規制や法律は存在しない。タイの立場は、「絶対に譲れない領土主権」の原則によるものとされ、これによると流域国はその領土内において国際河川の水路を規制し利用する無制限の権利をもつ。一方、「統合

的な地域開発」の原則によるベトナムの立場では、下流域国は自然で制約されない利水を要求する権利をもつ。

　暫定メコン委員会は、毎年加盟国のどこかで全体会議を開催してきた。1992年の全体会議は、1月18〜21日にタイのチェンライでの開催が予定されていた。この全体会議までに、タイとベトナムがカンボジアをどう復帰させるかという問題を解決し、全加盟国がカンボジア復帰を祝賀することが期待されていた。しかし両国は合意に達することができなかった。タイは全体会議の2〜3日前になって出席を取りやめた。ベトナムの首相はタイの首相に書簡を送り、1975年共同宣言を破棄するつもりなのかとタイの行動を批判した。カンボジアの再加盟以降も1975年共同宣言をメコン委員会の統治文書としたいベトナムの意向は明らかだった。つまり、ベトナムは拒否権をもちたかったのである。

3　崩壊寸前の暫定メコン委員会

　タイとベトナム間の対立は、暫定メコン委員会の機能を低下させることになった。1月中旬にタイが全体会議への参加を取りやめると、委員会は袋小路に直面し、どうにも動けなくなった。全体会議が延期されると、翌1993年1月1日から始まる新年度予算や作業計画について各国間の合意ができなくなってしまう。委員会の諸事業の大部分を支援していた先進諸国や国際援助機関は、全体会議において予算と作業計画を承認する予定であったので、1992年末までに全体会議が開催されないと新年度予算が供与されないのである。つまり、年末まで袋小路が続くと、委員会自体が新年初めに自動消滅しかねない事態となった。

　暫定メコン委員会が1年ともたない事態をフォレスティエール氏は心配していた。ほとんど他の援助機関から支援がなかった1975年から1990年代初頭にかけての「暗黒時代」においても、UNDPは委員会活動を財政的に支援し続けてきたので、もしこの委員会が消滅してしまうとこれまでの投資を回収する道が断たれてしまう。しかし、フォレスティエール氏の悩みの種は

委員会消滅の危機だけでなく、もう一つ別の大きな課題にあった。

4 事務局長とタイ政府の問題

　暫定メコン委員会の幹部ポストである「事務局長」は空席となっていた。これまでUNDPがこの席を埋めてきたが、実際にはUNDPが候補者の指名権をもち、その人事を加盟国が追認するのが慣習であった。財務責任者の人事も同様で、UNDPからの資金援助と引き換えにUNDP高官がこれら2つの重要ポストを占めることでUNDPが同委員会の実権を握っていた。

　事務局長ポストが空席となったのは、UNDPから出向していた前任者が事務局が置かれていたタイ政府から忌避されたからである。フォレスティエール氏は、3月下旬にバンコクでブライアン・ケント前事務局長と面談したことを思い起こしていた。フォレスティエール氏は、ケント氏の事務局長ポスト辞任を説得することだけの目的でニューヨークからバンコクに出張していた。

　「なんという地獄だ。こんなことはまったくフェアじゃない。私は3ヶ国から事務局長を任されたのだから、タイだけから嫌われたからといって辞任する理由などないじゃないか」とケント氏はフォレスティエール氏に答えた。フォレスティエール氏は説得を続けた。「ブライアン、君の苛立ちは分かる。3ヶ国のうち1ヶ国だけと対立したからといって辞任すべきでないというのもその通りかもしれない。しかし、タイは委員会事務局のホスト国であり、経済的に最も発展しており、政治的にも最も強いメンバー国ということを忘れてはならない。タイとの友好関係をなくしては事務局長として何もできなくなるんだぞ。さらに、もう知っているだろうが、ラオスやベトナムだってタイが要求した君の辞任要求について反対しないだろうということだ。このゲームに勝機はない。残された道は君自身とUNDPの顔をつぶさないよう、自分から辞任することだ。全加盟国から辞任要求を突きつけられる前にな」。

　ケント氏がタイ政府から嫌われたのは、メコン・デルタ地帯を含むメコン下流域の水量を減らしかねないコンチームン導水計画を暫定メコン委員会の

枠組みで再検討すべきだと彼が提案したからだとされている。タイ政府はこの委員会を構成する他国によって自国のコンチームン計画を再検討されたくなかった。というのもベトナムが反対してくることは確実だったからである。タイ政府はケント氏が他国を刺激して反タイ派に肩入れしていると批判し、辞任の上タイから退去することを要求した。

　フォレスティエール氏の考えでは、ケント氏はコンチームン計画についての詳細な情報をさまざまな非公式ルートを通してタイ政府にもって行くべきだった。そうせずに事務局長として突然公式の要請をタイ政府に提出した傲慢な態度が事務局長とホスト国との関係を悪化させてしまったとの見方だった。

　フォレスティエール氏との長時間にわたる話し合いを経て、ケント氏はようやく、タイ政府による「好ましからざる人物（ペルソナ・ノン・グラータ）」の発動によって国外退去を命じられる前に、自ら事務局長の地位を退くことにした。暫定メコン委員会は彼の離任について次のような簡単な発表をした。「このたび UNDP のキャリア職員であり、暫定メコン委員会事務局長のブライアン・ケント氏は、ニューヨークの UNDP 本部で新たな任務に就くために召還されることになった。これまでの慣習により、UNDP はこれまで事務局長候補を加盟国に推薦してきた経緯もあり、現在 UNDP はケント氏の後継候補を検討中である」。

5　新事務局長を指名すべきかどうか

　暫定メコン委員会の加盟国は UNDP に対して、ケント氏の後継者を指名することを要請した。早急に後継者を指名することにより、指揮官を失い機能停止していた委員会の日常業務を回復させたいと加盟各国は考えたのである。

　しかし、フォレスティエール氏は UNDP 幹部から事務局長を指名することをためらっていた。この委員会を空中分解することを回避してきたケント氏以上のうまいやり方で、後継者がこの状況を切り抜けることができるかど

うか不安だったからである。前任者の悲劇の原因は、強すぎる気質と世界におけるかの地での仕事の進め方について理解が足りなかったことにあると彼は考えた。

それでもなお、フォレスティエール氏は新たに事務局長を指名したとしても状況が改善するかどうか確信できなかった。タイとベトナム間での拒否権論争が未解決だったからである。タイは拒否権という考え方に強硬に反対しており、タイ外務副大臣は、タイの英字新聞のインタビューで「もし強硬に進めるならば、タイはもはやこの委員会の枠組みには留まれない。メコン委員会に留まらずに東北部（コンチームン計画地）を開発することになる」と答えた。このような緊張状態の中では、タイ・ベトナム間の対立を新事務局長は解決できないとフォレスティエール氏は感じていた。UNDPから誰かを指名することは、すでにケント氏辞任によって失った評判をさらに悪化させるリスクがあると考えていたのである。

6　UNDPは仲介者の役割を果たすべきか

拒否権問題を含むこれらの課題について、かつてのメコン委員会を構成していたカンボジア、ラオス、タイ、ベトナムの4ヶ国が揃って協議すべきことは明らかだった。「未参加のカンボジアを除くラオス、タイ、ベトナムの3ヶ国で協議させることだけしかできないのが暫定メコン委員会の基本的な問題だ」とフォレスティエール氏はつぶやいた。

現状の暫定メコン委員会に代わる枠組みで、流域国すべてが交渉できる場が必要だとフォレスティエール氏は感じていた。1960年にインダス川をめぐるインドとパキスタン間交渉で世界銀行がうまく果たしたような仲介的役割をUNDPがメコン川流域国間協議で果たせるだろうか。メコン川流域各国政府との非公式協議についてUNDP駐在代表が報告してきたところによると、各国政府ともこの窮境を解決するためにUNDPに指導的役割を果たして欲しいと考えているとのことだった。主要なドナー機関や先進諸国もUNDPが流域各国間の仲介役として暫定メコン委員会を継続させることを期

待していた。

　しかし、そのような仲介役を国際機関が担うことがいかに難しいかという事実をフォレスティエール氏は認識していた。最近彼が読んだ世界銀行のテクニカル・ペーパー『国際河川』には、以下のような記述があった。「顕著な例外であるインダス川条約を除いて、国際河川問題について世界銀行が直接関与できたものはほとんどない。いくつかある国際河川流域開発についての貢献は、調査計画や技術協力への資金供与を通じたものである。インダス川条約の署名以来33年間にわたって、世界銀行はガンジス川、ナイル川、チグリス・ユーフラテス川などの国際河川の開発課題について調停を申し出る用意があったが、インダス川での事例のように流域国が調整を受け入れるような積極的な役割を世銀が果たした事例はなかった[2]」。

　「非常に難しい仕事だということはわかっている」とフォレスティエール氏は自分に言い聞かせた。「資金力や権力のある世界銀行でさえ、たった一つの成功事例しかない。それなのにUNDPがメコン川流域の仲介役を担うべきだろうか。暫定メコン委員会をこの地域の効果的で効率的な情報チャネルとしておきたいと考えているドナー機関や先進国からの支援は確かにある。アメとムチをもっているから、ドナーからの資金供与と引き換えに、新たな合意を流域国間から引き出すこともできるかもしれない。もし仲介役として成功すれば、UNDPの体面を保てるだけでなく、これまで投資してきた努力がようやく報いられることになるかもしれない。それは、現状において最も合理的な選択肢だろう。しかし、今が外部からの介入や支援なしに、流域各国が自らの問題を自らの手で解決するタイミングなのかもしれない。我々がこの段階で介入することは、流域国が自らの手で問題解決への対話をもち、自律的な解決を模索する道をつけるのを単に遅らせてしまうだけかもしれない」。

　世界各地で国家間の問題を扱った長い経験から、フォレスティエール氏はUNDPが介入せずに流域諸国に解決を任せるだけでは成功の機会は少ないとなお感じていた。そう考えるには理由があった。1992年3月初旬、タイが他の流域諸国をバンコクでの非公式協議に招いた。おそらくタイが政治的な

圧力をかけたためだと思われたが、カンボジアとラオスもしぶしぶ参加に同意した。しかし、ベトナムが参加を拒否したため行き詰まりを解消することができなかった。フォレスティエール氏は考えた。「我々外部の者が介入するよりも当事者である流域諸国同士が相互協議によって合意するほうがはるかに良い。しかし彼ら自身で問題解決することを求めるにはまだ機が熟していないのかもしれない。問題解決のためには何らかの外からの支援を必要としているのではないか」。

7　総裁へのブリーフィング・メモ

　この1年間にわたる暫定メコン委員会の加盟国間のやりとりを想い起こしながら、フォレスティエール副総裁は秘書を呼び、この問題についての彼が良いと思う取組み方法と手段について総裁に提出するブリーフィング・メモの概要について口述筆記を始めた。

おわりに

　袋小路を打開するためにUNDPがとったアプローチは次のようなものであった。

　UNDPは1992年10月に香港で流域4ヶ国を招いて非公式会合を開催した。この会合の目的は、流域諸国が今なお（暫定）メコン委員会を各国間の協力メカニズムとして維持する意志があるかどうかを探ることだった。率直かつ建設的な協議をもつために、UNDPは次のような戦略をとった。(1) 会場は中立を維持するため流域国外とする (2) 会議の記録は残さない (3) 通訳は通さない。

　流域各国の合意内容は、1993年作業計画を事務局が作成し流域国が承認することと、同作業計画がカバーする活動は将来の協力機構交渉とは切り離して扱うべきことであった。

　1992年12月には、UNDPはクアラルンプールでもう1回の非公式協議を開催し、流域4ヶ国の代表らとドナー界からは17供与国と6国際機関が

参加した。そこでは、流域4ヶ国の代表からなる作業部会を設置し、さらにUNDPの事務局のもとで将来の協力機構を探ることが合意された。

1993年から94年にかけて作業部会が5回開催された結果、「メコン川流域の持続可能な開発のための協力協定」（案）が策定された。

この協定は締約国に「拒否権」を与えるものではなく、流域4ヶ国の全権大使によって1995年4月に採択された。こうして暫定メコン委員会はメコン川委員会として再スタートすることになった。

注

1. このケース教材は、外務省委託事業として（財）国際開発高等教育機構（FASID）が実施したケース・ライティング・ワークショップで執筆者が作成したケースをその後講義や研修等で修正を重ねて完成したものである。英語版を毛利勝彦が和訳した。実在する国名、地名、機関名を使用しているが登場人物については仮名である。© FASID
2. Kirmani, S. and Rangeley, R. (1994): *International Inland Waters-Concepts for a More Active World Bank Role*, World Bank Technical Paper 239, World Bank, Washington DC.

11
零細漁民は沿岸開発にどう立ち向かえばよいのか
―― マレーシア国ペナン島漁民のエンパワメント

川辺　みどり

　1996年1月、マレーシア国ペナン島の中心ジョージタウン西端にある非政府組織ペナン消費者協会[1]事務所で、地元で発行される新聞をチェックしていたバラン（インド系男性、36歳）は、ある記事に目を留めた。そこには、ペナン地域開発公社がペナン島西海岸のマングローブ域に所有する海岸線長10キロメートルの土地のうち、漁村クアラ・スンガイ・ピナンの海岸につくられたエビ養殖池が、さらに85ヘクタールのマングローブを伐採し拡大される計画が報じられており、これに反対するペナン零細漁民福利協会（Association for the Inshore Fishermen：PIFWA）会長ハジ・サイディンらの憤りのコメントが掲載されていた[2]。

　PIFWA顧問をつとめるバランは事前に相談を受けていたので、記事の内容については承知していた。だが、それでもつい考え込んでしまう。

　これからPIFWAは、どう活動していけばよいのだろうか。

1　ペナン島の零細沿岸漁業

　ペナン島はマレー半島西海岸から幅3～13キロメートルの海峡を隔てた沖合に浮かぶ、面積285平方キロメートル（南北24キロメートル、東西14.5キロメートル）の島である。島中央部を占める急傾斜なペナン丘陵周辺を1～5キロメートル幅の平野が囲み、島の半分以上は原生林に覆われている。西海岸は沼沢地で、マングローブはここにのみ残存する。西のマラッカ海峡をはさんでインドネシア国スマトラ島と国境を接し、古くから交易で栄えた

土地柄で、島東北部に位置するペナン州の州都ジョージタウンが経済活動の中心である。マレー人・華人・インド人その他多様な人種の住民を擁し、公用語はマレー語だが、異人種間のコミュニケーションでは英語が用いられている[3]。

マレーシア半島西海岸では、古来、漁業が盛んに行われており、ペナン島でも例外ではない。ペナン州（ペナン島と東の対岸のマレー半島部）の免許登録漁船1,783隻のうち、1,119隻（62.8％）が船外機付き船、25隻（1.4％）は無動力船で、これらの計1,144隻（64.2％）が沿岸浅海域で伝統的漁具を用いて零細漁業を営んでいる。免許登録漁船で操業する漁業者2,965人（マレー系1,253人、中国系1,677人、インド系35人）のうち、零細漁業の数は正確にはわからないが、船外機船や無動力船で操業する船（1,144隻）とおおむね同数であろうと考えられる。

ペナン島には、零細漁民のジェティ[4]と呼ばれる船溜りが17ヶ所ある。零細漁民は居住地域のジェティから出漁して伝統的漁具を用いて漁業を行う。ペナンでの主な対象魚種はエビ、カニ、マナガツオといった高価な食材である。

図1　ペナン島南西部のマングローブ森のクリークにあるプラウ・ベトンの船溜り（ジェティ）。ペナン島にはこうした零細漁民のジェティが17ある。

たとえば、PIFWA会長ハジ・サイディンが船をつなぐジェティ、プラウ・ベトンは、ペナン島南西部マングローブ地帯にある。鬱蒼としたクリークに木製の船着き場が組まれ（図1）、100人以上の華人・マレー人漁民が使う。ここではエビがおもな漁業対象である。このジェティを使うほとんどの漁師は、グラスファイバー製（FRP）船外機付き船

図2　エビ漁に出る船。奥の海岸はマングローブの森。

に乗って、天候が許す限り、午前と午後の1日2回、下げ潮に乗って西のマラッカ海峡に向かって出漁し（図2）、三枚網でエビを獲り、満ち潮に乗って戻ってくる。1回の漁に約3時間かかる。漁師が漁から戻ると、妻や子どもも船着き場に来て、一緒に魚網から魚をはずす（図3）。漁穫は多くて10〜20kg／日、平均的に月に20〜30日出漁し、月収は1,500〜2,000リンギット[5]である。漁獲はプラウ・ベトンの船着き場に来る仲買人に卸す。

また、島北東端のパンダン・コタからバトゥ・フェリンギ、北西端のテロッ・バハンにかけてのペナン島北岸一帯はビーチリ

図3 プラウ・ベトンのジェティにて。漁から戻ると網の手入れを子どもたちが手伝う。

ゾートであり、バトゥ・フェリンギを中心とした海岸道路沿いには、高層リゾートホテルやコンドミニアムが建ち並ぶ。パンダン・コタの船着き場は船を砂浜に乗り上げるだけのものである。ここでは約20人の華人・マレー人漁民がカニ漁やマナガツオ漁を行っている。

例えば、あるカニ漁を営むマレー人漁師（図4）は、船で沖に出て30分程度のところにある漁場に午後3時から翌朝5時まで500mの長さのカニ網を張っておく。天気が良ければ毎日出漁する。カニ網の手入れに1日2、3時間を費やす。漁による月収は約1,500リンギットである。

やはりパンダン・コタでマナガツオ漁を行っている華人漁師は、浜から10分程度の沖で、マナガツオ用の刺し網を用いる。船外機の馬力は30馬力で、船は免許登録されてい

図4 パンダン・コタの海岸にて。カニ漁から戻ってきた漁師。

ない。漁業による月収は約500リンギットである。「魚は流れに逆らって泳ぐので、誰かが先に置いた網よりも流れの下流側に網を置いてはいけない」という漁師の不文律にしたがう。

2　零細漁民のおかれている状況

　1987年、マレーシア国立ペナン科学大学でコミュニケーション学と地域開発学の学位を取得して卒業したバランは、ペナン島ジョージタウンに本拠地を置く、ペナン消費者協会に地域部門研究員としての職を得た。ペナン消費者協会は、あらゆる消費者の食べ物、住宅、医療、衛生、公共交通機関、教育および清浄な環境への権利を保障することを目的に活動している、世界的に名高い非政府組織（NGO）である。マレーシア南部の地方の貧しいインド人家庭に育ち、貧困問題の解決に役に立つ仕事に就きたいと願っていたバランにとって、給与などの労働条件は他より劣るが、やりがいのありそうな職であった。

　地域部門研究員の仕事は、地域住民が抱える問題の相談にのり、解決法を探り、必要に応じて報告書を書き広報することであった。バランは、ペナン州周辺の沿岸地域の担当となった。沿岸に数多く点在する零細漁民の漁村を車でめぐり、漁民の話を聞き始めて気がついたのは、零細漁民の多くが漁船免許をもたないこと、そして、暮らしや漁を営む上でいろいろな問題を抱えていること、それなのに問題を解決する手立てがほとんどないことであった。

　マレーシアの漁業政策の根幹をなすのは「国家漁業開発計画」である。このうち零細漁業の関係する沿岸漁業について、特にマレー半島沿岸における漁業資源の枯渇を危惧する連邦政府は、「漁師の数を減らし真に生活手段として漁を行いたい者にだけ免許を与える」[6]として、漁民数を1980年の8万9,000人から2000年までに3万人に減らし、漁船を免許制にしたうえで、漁業者を養殖漁業・食品加工・中小企業・深海漁業・農業などに振り替えることを基本方針としている。免許制とすることで漁業への参入を制限し、かつ更新を行わないので、漁民数は減少する計算であった。

ところが、バランが漁民の力を借りて調べてみると、ペナン州には免許登録船で操業する漁業者2,965人という統計に対し、約6,000人の零細漁民が存在する。免許登録されていない漁民は公式に漁業者と認められず、行政から助成を受けることはできない。マレーシア国では中央政府機関であるマレーシア漁業開発機構（略称LKIM）が漁業者開発プログラムを施行し、LKIMが主導する漁業者協会が、漁業者の経済的社会的利益を増進するために、融資、教育訓練、厚生事業、港湾施設の設置などの事業を行うことになっている[7]。ペナン島にもその支部である「地域漁業者協会」がある。漁船免許を得て協会員になれば、助成金や住宅・エンジンの配給などの恩恵が受けられるのだが、政策で漁民を減らすとしているので、あらたに免許を取得することは非常に難しい。

図5　バトウ・マウンにあるトロール基地に停泊するトロール船。

一方、経済開発と共に沿岸部では工場、養殖池、住宅を建設する開発事業があちこちで行われていた。河川の水質は悪くなる一方、水面に浮かぶゴミは増え、魚はますます獲れにくくなっている。

海へ出た漁民は今度はトロール船（**図5**）に脅かされる。トロール船は漁民が小さな舟で網を曳いて魚を獲っているそばに来て、海底を浚い周辺の資源を一網打尽にする。法律では、1981年の漁業免許政策に沿って、半島沿岸全域は漁具と漁船の大きさによって4つの操業域（ゾーン）が次のように設定されている。

　ゾーンA：距岸5海里（9.3キロ）以内、伝統的漁具を利用する零細漁業者
　ゾーンB：距岸5〜12（22.2キロ）海里、40総トン数以下の船主操業の
　　　　　 トロール船と巾着網船
　ゾーンC：距岸12〜30（55.6キロ）海里、40総トン数以上の船主操業の
　　　　　 トロール船・巾着網船

ゾーンC2：距岸30海里を超えた海域では70総トン数以上の漁船。外国漁船の操業・合弁漁業の漁船操業はこの海域に限る。

このゾーニング制によれば、浅海域のゾーンAでは伝統的零細漁民の操業のみが許されている。しかし、エビのように高額で取引きされる魚種は浅海域に多く生息し、それを追い求めるトロール船の侵入は止むことがない。とくに、ペナン島周辺は良い漁場であるため、ペナン州はもちろん半島部で隣接する州のケダ州・ペラ州からもトロール船はやって来て、零細漁民を悩ませ続けているのである。

3　ペナン浅海漁民福利協会の設立

漁民から個別に悩みを聞いていたバランは、漁民の立場を強化するために、まず漁民同士が連帯して組織をつくることが必要だと考えた。

1988年、バランの支援を受け、ハジ・サイディン始めペナン島各地のリーダー格の漁民7人が活動委員会を結成、その後、「浅海漁民協会」の結成を試みた。だがこの活動は、「すでにマレーシアには漁民協会があるのに、いまさらなぜこんなものが必要なのか」、と政府に禁じられてしまう。

そこで、漁民の福利厚生の向上を目的としていることを強調し、名称をそれに合わせて「ペナン零細漁民福利協会（PIFWA）」と変え、1994年11月14日に公式に発足させた。

PIFWAは「魚資源の保護と持続可能な漁業の促進」を目標として、
a) 浅海漁民間の親睦を深めること
b) ペナン浅海漁民間の協力の強化
c) 浅海漁民の福利厚生に関わる問題に対して発言・議論し、解決すること
d) 伝統的漁業活動の維持と拡大
　を目的とし、
a) 浅海漁民の直面する問題を認識し、
b) 不平を聞き、

c) 関係機関に書簡を送付し、
d) 新聞に向けて声明を出し、
e) 代表が責任機関に出向き、
f) 浅海漁民が関係する案件に関する情報を伝え、
g) 浅海漁民の生活に関する広報機関を組織する、

という会則もつくった。

　PIFWA の初代会長には、バリップラウに住むハジ・サイディンが就いた。ハジ・サイディンはマレー系漁民はもちろん、中国系漁民からも尊敬されている長老的存在である。そして民族のバランスをとるために、中国系のタン・アー・キーが事務局長となった。年会費はわずか2リンギット、これは広く漁民に参加してもらうためである。

　1996年11月現在、約200人のペナン島漁民が PIFWA に加入している。各船着き場からは地域代表委員を選出し、漁師はなにか問題が起きると地域代表委員を訪ね、必要に応じて顧問のバランや会長ハジ・サイディン、事務局長タン・アー・キーに会って話し合うことにした。

　こうして少なくとも、孤立していた零細漁民が連帯するしくみができた。ただし、わずかな会費では活動資金のめどは立たず、事務所もバランの労力も当座はペナン消費者協会に頼るしかなかった。

4　漁民はどう立ち向かえば良いのか

　1994年、PIFWA が結成された年、零細漁民にとって新たな脅威が生まれた。ペナン地域開発公社は、ペナン島西海岸のマングローブ域に所有する海岸線長10キロメートルに沿った土地のうち、漁村クアラ・スンガイ・ピナンの海岸40ヘクタールを華人系企業ペンシュリンプ社に50万リンギットで30年間貸与、ペンシュリンプ社はマングローブを伐採して1996年までに50万尾のブラックタイガーを育てる30区画の養殖池を建設した（**図6**）。

　そしてバランが今、手にしている新聞には、さらに85ヘクタールのマングローブを伐採し養殖場を拡大する計画について述べた記事が掲載されてい

るのである[8]。

マングローブの伐採とエビ養殖池について、すでにさまざまな苦情が漁民から寄せられていた。曰く、

「養殖池からの排出物が海に流れ込み、周辺水域に大きな汚染をもたらしている」

「養殖場が操業を始めてから漁獲は減り、数種の魚がいなくなった」

図6 ペナン島西海岸のクアラ・スンガイ・ピナンの伐採されたマングローブ（左手）とそこにつくられたエビ養殖池（右手）。

「以前は赤貝で月に1,000リンギット稼いだが、マングローブが破壊されたために、今夜は小さなメナダ6尾しか捕まえられなかった」

「燃料を賄えるくらい獲れることもあるが、多くの場合、自分達が食べるだけしか獲れない。ここで45年間漁をしているが、以前はこのマングローブ沼地で60キログラム以上とれたものだ」

等である。

マングローブ伐採とエビ養殖場の拡張計画に対し、バランはPIFWAとして強く抗議するつもりである。だが、抗議するだけで良いのだろうか。この先、どのような活動を展開すれば良いのか、漁民が安心して暮らしていくために、自分たちで何ができるのだろうか。

バランは考え込むのであった。

注

1　Consumers' Association of Penang.
2　"Prawn-farm threats to fishermen", *New Straits Times*, (30 Jan, 1996).
3　http://www.penang.net.my/community/tourism/facts.htm
4　英語のjetty（突堤、上陸用桟橋）から派生した言葉らしい．
5　マレーシア通貨、1リンギット＝約30円（1998年11月）．
6　Department of Agriculture, *Annual Statistics of Fisheries, Malaysia 1993* (Kuala Lumpur : Department of Agriculture, 1994).
7　http://agrolink.moa.my/hp_agro/hplkim.html

8 "Prawn-farm threats to fishermen", *New Straits Times*, (30 Jan, 1996).

12
東太平洋キハダマグロ漁とイルカの混獲

稲本　守

1　サンチェスとマグロ漁

　カリフォルニアからチリ沖に広がる東部太平洋は、世界でも有数のキハダマグロの漁場として知られている。メキシコ人漁業者のサンチェスも、もう20年以上、メキシコ沖を回遊するマグロの群れを追ってきた。サンチェスたちが水揚げしたキハダマグロは、冷凍されるか加工された後に輸出される。主な購入先はアメリカの缶詰メーカーで、メキシコ政府も外貨が獲得できるキハダマグロ漁を奨励してきた。

　サンチェスたちがマグロ漁に使っているのは、巾着網と言われる旋網（巻網）である。漁場に出ると、サンチェスはまずイルカの群れを探す。理由はよくわかっていないが、東太平洋のキハダマグロの群れは、イルカの群れのすぐ下を泳いでいることが多い。哺乳類のイルカは呼吸をしなくてはならないので、海の表面近くを泳いでいる。

　イルカの群れが見つかると、母船からボートをおろす。そしてマグロと共にイルカの群れを追い詰めたら、その周囲に網を張る。このように、イルカの群れの周囲に網を張ってマグロを漁獲する漁法は「ドルフィン・セット」と呼ばれ、東部太平洋で盛んに利用されるようになった。

　しかし網を引き揚げると、ねらいのマグロと一緒に大量のイルカがかかってしまう。サンチェスはマグロとイルカを選り分けて、不要なイルカは海に戻す。しかし網にかかった大半のイルカは、窒息するかショックで死んでしまう。

2 オリバーのイルカ保護運動

　アメリカ人のオリバーは、アース・アンド・ライフという環境保護団体で、長くイルカの保護運動に取り組んできた。『わんぱくフリッパー』などのテレビ番組を見て育ったオリバーは、イルカが可愛くてしょうがない。そんなオリバーがイルカの保護運動に取り組むようになったのは、1968年にアメリカ・カリフォルニア州のサンディエゴの港で見た光景がきっかけだった。水揚げされたキハダマグロの脇に、数十頭もの血まみれになったイルカの死体が無造作に捨てられていたのだ。その後オリバーはマグロ漁が原因で、途方もない数のイルカが犠牲になっていることを知った。

　事態の重要性に気づいたオリバーは、環境保護団体の仲間たちと早速大がかりなイルカ保護運動を開始した。議会へのロビー活動をはじめとするオリバーたちのイルカ保護運動は全米の共感を得て1972年、米議会はイルカを含めた海洋哺乳類を保護するための法律を可決した。その結果、イルカの群れに網を仕掛けてマグロを獲る漁法も、厳しく規制されることになった。

　しかし1980年代の末頃からオリバーたちは、中南米の漁業者たちによるマグロ漁で、引き続き多くのイルカが犠牲になっていることを知った。しかしアメリカの法律では、アメリカの排他的経済水域外で操業している他国の漁船を取り締まることはできないので、オリバーたちは歯がゆくて仕方がなかった。そこでオリバーたちは、まずドルフィン・セットを利用して漁獲された輸入マグロの不買運動を始めた。

　この運動はアメリカの缶詰メーカーを動かし、アメリカのツナ缶には、ドルフィン・セットを利用して獲られたマグロが使われていないことを表した「ドルフィン・セーフ」マークが貼られるようになった。さらにオリバーたち環境保護団体から圧力を受けたアメリカ政府は、アメリカの環境保護基準を満たしていないことを理由に、1991年2月にメキシコからのマグロの輸入を禁止する措置をとった。また、アメリカ議会も、商務省が認めた「ドルフィン・セーフ」マークが貼られていないツナ缶をアメリカ国内で販売する

ことを禁止する法律を可決した。

3 「なぜ？」──メキシコ漁業者の苦悩と疑問

　サンチェスたちの漁船は、昔はアメリカの漁船と競うようにしてマグロを獲ってきた。けれどもアメリカではドルフィン・セットを使ったマグロ漁が禁止になったため、1980年代に入るとアメリカ漁船の姿はめったに見かけなくなった。アメリカの漁船がマグロ漁から撤退していくのを尻目に、サンチェスたちはマグロ漁を続けた。そしてアメリカ漁船が撤退したこともあって、サンチェスたちの水揚げも、1986年頃にはピークに達した。

　ところが1991年2月の輸入禁止措置により、アメリカが突然マグロを買ってくれなくなったために、サンチェスたちは途方にくれた。イルカの群れから離れたマグロを獲っていたのでは、とても採算がとれない。サンチェスたちは、アメリカ以外の国にマグロを売ろうとした。けれどメキシコのマグロが他の国を通じて入って来ることを警戒したアメリカ政府は、メキシコとマグロを取り引きする国からは水産物を輸入しないという強硬な姿勢をとったので、アメリカの制裁を恐れた国々はサンチェスたちが水揚げしたマグロを買ってくれなかった。

　サンチェスたちは、自国の沖合（排他的経済水域）でマグロ漁をしている。アメリカ沖のイルカ問題ならともかく、メキシコのイルカ問題に他の国が口を出せるとは思ってもみなかった。それにサンチェスには、マグロ漁がイルカの生態に大きな影響を与えているとは思えなかった。海にはイルカが数えきれないほどいるので、自分たちがイルカを殺しても、それでイルカが絶滅したりするようなことはサンチェスには想像もつかなかった。

4 アメリカ・メキシコ貿易紛争

　サンチェスたちの訴えを受けたメキシコ政府は、アメリカ政府にマグロの禁輸措置を取り消すように要求した。しかしアメリカ政府はこれに応じな

かったので、メキシコ政府はガットに提訴することにした。アメリカ政府がとった措置は、「自由貿易」の原則に違反するという主張である。こうしてメキシコマグロ漁を巡る争いは、国際的な審判を仰ぐことになった。

13
「参加型」って「誰」のこと？
―― 参加型森林管理からみた「参加」の検討

西野　桂子・相馬　真紀子

はじめに

　自然豊かな田舎で生まれ育ったマユミは、小さい頃から森や海、花や草木、野生の動物が大好きで、テレビに映しだされる森林伐採や環境破壊に心を痛めていた。大学の学部と大学院で環境学を勉強し、熱帯の森林管理に興味をもつようになる。大学院で学んだ参加型森林管理の手法や、両親が近隣住民と共同で管理している入会林のシステムに影響され、「コミュニティー」による天然資源の共同管理に大きな期待を寄せるようになる。現場経験を得ようと、「国際協力塾」というNGOが実施する人材育成プログラムに応募し、「フィリピン農村開発」(Organization for Philippine Rural Development : OPRD) というフィリピンのNGOに1年間インターンとして派遣されることになった。勤務地はルソン島中北部にあるビスカヤ州で、森林組合を対象とした生計向上プロジェクトに従事するのである。マユミはインターン期間終了後に参加型森林管理を促進するためのプロジェクトを立案し、1年間分の助成金を得ることができた。自信をつけたマユミは1年半後「プロジェクト・マネージャー」としてビスカヤ州に戻った。

勤務地「ビスカヤ」

　ビスカヤ州はカラバロ、シエラ・マドレ山脈に囲まれ、マニラからバスで8時間ほどの距離にある（図1）。ビスカヤ州一帯は、フィリピン最大の穀倉地帯を支えるマガット川とカガヤン川という2大河川の水源地であり、7つのダムと用水路もこの地域を水源としている。重要な水源地であるにもか

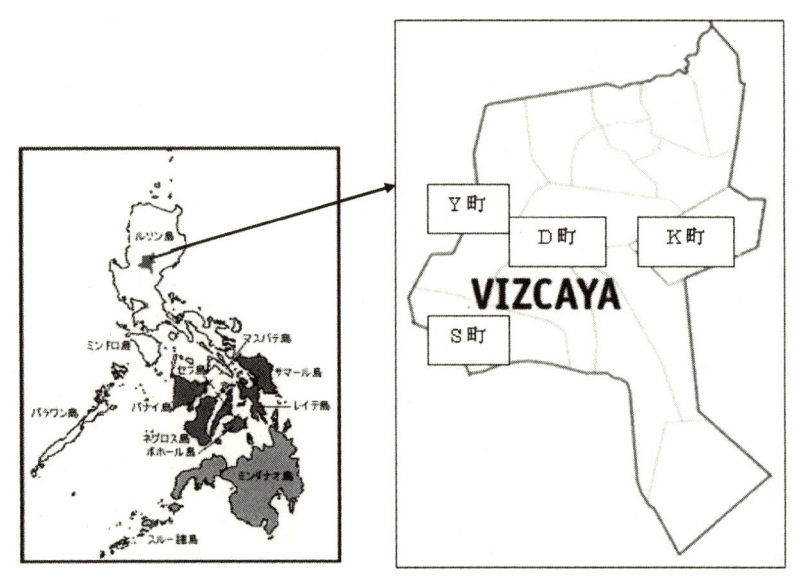

図1　ビスカヤ州の地図

かわらず、ビスカヤ州一帯には禿山が多い。過剰伐採、無秩序な放牧、焼畑の横行などによる森林劣化は加速度的に進んでいるが、予算や人材の不足から地元政府による対策は遅れ気味である。森林劣化に伴う貯水池への土砂堆積は特に深刻な状況にあり、ビスカヤ州周辺で最大規模を誇るマガット・ダムの堆砂容積は、1982年の3億トンから1998年には1億1,600万トンと、17年間で3分の1に減少したという。

1　参加型森林管理プロジェクト

2008年1月17日「プロジェクト開始」

　マユミが企画した参加型森林管理プロジェクトの目的は、ビスカヤ州の中山間地に位置するD町、K町、S町、Y町の4町にて、各町から1村ずつプロジェクト対象村を選定し、地域環境管理を担う関係機関と連携して住民参加型の森林管理を促進することである。この目標を達成するために、「関係者とのパートナーシップ構築」「傾斜地における持続可能な農業の普及」「環

境教育の実施」の3つの小目標を柱に据えて、プロジェクトが始まった。

2008年1月22日 「第1回プロジェクト会議」

　プロジェクトのコアメンバーを集めた第1回プロジェクト会議の日。メンバーは、新米プロジェクト・マネージャーのマユミ、パートナーNGOから派遣されたプロジェクト・リーダーのメルリ、そして国際協力塾が雇い入れたフィールド・スタッフのアモスとジョシーの4名である。メルリとジョシーはビスカヤの州立大学で林学を、アモスは畜産をそれぞれ修め、3人とも大手NGOで参加型森林管理や農村開発のプロジェクトにコミュニティー・オーガナイザーとして15年以上従事した経験をもつ。生真面目で勝気なメルリはOPRDの出世頭で、OPRDビスカヤ支部長を務めている。おっとりして笑顔が印象的なジョシーは農民にも優しく接するので受益者から人気が高く、政治家や役人受けも良かった。アモスは自身が先住山岳民族の村出身で、伝統農法や先住民の文化に誇りをもっており、プロジェクト対象地域の住民からは「山を降りて偉くなった地方の名士」として尊敬されていた。

　この日は、まずプロジェクト名に付いている「参加」という言葉をどうやって実現していくのか話し合った。以下は、「参加」の定義をめぐるやり取りである。

　　　マユミ　「私たちは、誰のどのような『参加』を期待するのか、皆で合意しておく必要があると思います」。

　　　メルリ　「4町4村の住民、そして水源地管理に携わる行政機関を巻き込んでプロジェクトを実施していくことになりますね。まず一つの町から1村を選ばなければなりませんが、選定作業から皆さんに『参加』してもらいましょう」。

　　　マユミ　「それは重要ですね。そして、皆さんにヒト、モノ、カネを出してもらって初めて、本当に『参加型でやった』と言えると私は考えます」。

　　　アモス　「住民と行政に労力や技術面でのサポート、苗木や種、車両等

にかかる経費の一部を負担してもらうということですね」。

マユミ 「そうです。一人ひとりの資源は限られているかもしれないけれど、それを合わせれば大きな力が出せるはずです」。

ジョシー「みんな資金不足で悩んでいるのに、そんなことお願いできるかしら」。

マユミ 「出してくれ、とお願いするだけでは厳しいでしょうね。思わず出したくなる状況をつくりださないと」。

アモス 「たとえば？」

メルリ 「住民や行政にとって、このプロジェクトが有益であるとわかってもらえればいいのではないかしら？ まずはビジョンを共有してもらうことでしょう」。

アモス 「それはごもっともだけれど、環境保全や植林は、効果が目に見えるまで長い年月がかかります。農民にとって、環境保全や植林は二の次だし、役所にとっても後回しでしょう」。

ジョシー「確かに環境保全や植林の優先順位は低いです。でも、私が担当するD町ではこのまま森林が減少し続けると、30年後には禿山になるそうです。そうなれば災害も増え、農業も立ち行かなくなり、人々の生活基盤は脅かされます。こういう問題を町長や環境担当官が理解してくれれば、我々の取組みもわかってもらえるはずです」。

マユミ 「そもそも、ビスカヤのような環境荒廃の著しい地域で、水源地や森林の保全をするのは行政の役目でしょう。我々NGO、特に私のような外国人には、行政の力が及ばないところを補完的に手伝うことしかできません。提供すべき公共サービスがきちんと提供されるように、彼らのやる気を出させることが我々の任務です」。

メルリ 「それには、彼らのマインドから変えて行く必要があります。最初は難しいかもしれないけれど、行政機関を一つひとつまわって、協力を呼びかけましょう」。

ジョシー「彼らが本当に『参加』したかどうか、プロジェクトが終わらないと分かりませんね」。
マユミ　「そうですね。あまり『参加』という言葉にこだわらず、とにかく彼らを巻き込めるだけ巻き込んでいきましょう。定義は後からついてくるでしょうから」。

　こうしてプロジェクトのメンバーは、村や町の地方自治体や環境天然資源省、教育委員会、地元NGOなど関係者との連携強化に力を入れることで合意した。そして、一つひとつの役所をまわってプロジェクトへの協力を呼びかけ、一緒に4村を選定した。D町からはC村、K町からはA村、S町からはX村、Y町からはT村がそれぞれ選定された。

2　2008年2月15日　「ステークホルダー会議」

　プロジェクト会議から1ヶ月後、関係者を集めて「ステークホルダー会議」を開催した。マユミはプロジェクトの概念を説明し、集まった関係者を「パートナー」として、活動に協力してくれるようにお願いした。次に、対象4村でどのように「傾斜地農業」と「環境教育」を行っていくかを話し合い、**表1**の協力を行うことで合意した。

表1　パートナーの協力内容

パートナー	主な協力内容
4町の町長	技術者の派遣、車両・燃料の提供、プロジェクトに同意する町議会の決議書
4町の副町長・町議会	技術者の派遣、車両・燃料の提供、苗木の提供
環境資源省地方支部	土地区分調査など技術面でのサポート、GPS貸し出し、苗木の提供
農業省地方支部	技術面でのサポート、稚魚の提供
内務自治省地方支部	地方自治法に関する出張研修
4村の村議会	村人の動員、デモファーム用の土地・食事の提供
4町の教育委員会	小学校での環境教育の実施、PTAの動員
国家先住民委員会	先住民地域への立ち入り許可証申請の免除
地元NGO	技術面でのサポート

各機関の具体的な協力内容は、「協力の誓約書」（Pledge of Cooperation）として文書化し、それに沿って協力してくれるよう要請した。

プロジェクトは「順調にスタートした」とマユミは思った。

3　2008年2月18日　「疑り深い村人」

　フィールドワークの1日目。マユミはまず、D町から選定されたC村へ足を運んだ。C村の面積は2,645ヘクタールで人口は954人（197世帯）、標高は455メートルから1,357メートルまでと高低差が大きい。9つの小河川がマガット川の支流に注いでおり、土砂災害や洪水の多発地域である。一部の大地主を除いて、住民は土地の所有権をもっていない。D町の森林利用計画（Forest Land Use Plan : FLUP）によれば、1993年から2003年の10年間で天然林面積は20,700ヘクタールから15,000ヘクタールに減少し、このペースで森林減少が続けば、30年後には天然林が消失してしまう計算になる。

　C村に着いたマユミは、想像していた以上に惨憺たる禿山の光景に多少面食らったが、村人の前に立ち、明るく話し始めた。

　　マユミ　「日本からプロジェクトをするためにやって来ました。皆さんのコミュニティーが力を合わせて地域の天然資源を共同管理するのをお手伝いしたいと思います」。

　（すると、プロジェクトの趣旨を説明するマユミの話を遮って、1人の村人が立ち上がった。年齢は40代後半くらいの女性。彼女は突然強い口調でこう言った。）

　　村女性　「森林保全？　環境管理？　そんなのウソでしょう。本当の目的は何？」

　（あっけに取られるマユミをよそに、その村の女性は続ける。）

　　村女性　「戦時中に日本軍が埋めた金銀財宝を探しに来たんでしょう。正直にそうおっしゃい」。

　（すると今度は、別の場所から若い村人が立ち上がった。）

村男性　「あんたは俺たちに森を守る責任があるというけれど、俺が生まれたときからここは禿山だよ。おやじは1970年代に木材運搬トラックの運転手として別の場所からここに来たんだ。このあたりの木は外国に輸出され、山から木はなくなった。禿山になったのは俺たちのせいじゃない。少なくとも俺のせいじゃない」。

　マユミは思わず絶句してしまった。

　マユミは住民との対話の中で、C村に広がる禿山はマルコス政権時代の過剰伐採が原因だったことを知る。しかもその輸出先は日本らしい。また、C村の住民の大半は、木材伐採のためにフィリピン各地からかき集められた出稼ぎ労働者であり、木を伐って生計を立ててきた人たちであった。C村には、マユミが勉強してきた「農村の共同体」、いわゆる「コミュニティー」も、天然資源の「共同管理」もみられなかった。

4　2008年4月15日　「第2回プロジェクト会議」

　マユミの同僚のメルリ、アモス、ジョシーは、農村開発のベテランである。彼等はまず、住民組織（People's Organization：PO）をつくることを提案するが、マユミは違和感を覚える。村の天然資源を共同管理する伝統がない村で、POができるのか。「村」という枠組みでは駄目なのか。マユミはメンバーに疑問を投げかけるが、PO方式に慣れ親しんだメンバーにはなかなか納得してもらえない。

メルリ　「とにかくPOをつくらないと始まらない。環境は『コミュニティー』で管理するものなの」。

マユミ　「『コミュニティー』って何ですか？　C村では『コミュニティー』イコール『村』じゃないですか？　だったら、なぜPOをつくる必要があるのでしょう？」

アモス　「選挙のたびに人が変わる村議会に対して、POはずっと続くからだよ」。

マユミ 「POがずっと続く保証があるでしょうか」。
ジョシー「うーん、保証はないね。確かに過去に組織したPOのうち今も機能しているのは数えるほどかもしれない」。
メルリ 「それでも、POはプロジェクトの受け皿として必要なの」。
マユミ 「プロジェクトの受け皿としてのPOにどれくらいの意義があるでしょう？」
アモス 「僕は、環境管理をしていくのはPOだと思う。単なるプロジェクトの受け皿以上の効果を期待しているよ」。
マユミ 「そうかしら。そもそも環境問題や森林問題に対処するのは、行政の仕事ですよね。行政の力が及ばない部分を、能力強化などで補えばいいのでは？ 村の環境委員を見てください。彼らは自分の業務内容さえ把握していません。我々のプロジェクトは、POをつくるより、村議会に働きかけた方がいいのではないでしょうか。村に直接介入すれば、選挙で人が変わったとしてもシステムは残る、という考え方もできませんか？」
メルリ 「それはそうかもしれないけれど、正直なところPOを組織せずにプロジェクトをやった経験がないの。本当にPOを新設せず、既存の組織を活用する方式をとっていいのか、上司に聞いてみないとわからない」。

こうしてメルリはOPRD本部の意見を仰ぐ。メルリの上司でOPRDの代表であるナバロ氏は、意外にもすんなりとPOをつくらないことに賛同した。

ナバロ 「今まで数え切れないほどのPOを組織してきた。だが残念ながらプロジェクトの受け皿以上の機能を持ったPOがいくつできただろう？ プロジェクトが終わったら、皆解散してしまったのではないか？」
メルリ 「州内では、銅・金鉱山の開発反対運動を行うPOは、今でもとてもアクティブです」。
ナバロ 「確かに、市民運動を実施するPOなど、うまくいくケースも少しはある。しかし、我々の経験では、うまくいかなかった事

例の方が圧倒的に多い。それに、村の中に別の組織をつくり別のリーダーを立てることで、POリーダーと村議会が対立することもある。村議会から協力を得られなければ、町やその上の環境資源省からの協力を得ることも難しい。PO方式でやってもうまくいくとは限らないのだから、POをつくらない方法を試してみて、たとえうまくいかなくても、それはそれで意義が深いと思うよ」。

ナバロ氏の一言で、プロジェクトチームはPOを組織しない方策を検討し始めた。

5　環境行政の現状

　チームがとった方策はPOを組織せず、村議会の能力を強化し、村議会を通じて村全体に働きかける手法であった。まず、村議会の内容を調べてみると、環境委員会だけではなく、保健以外のほとんどの委員会が機能していないことが明らかになった。この事態を打開するため、内務自治省の役人を招いて「村議会の能力強化研修」を始めると、内務自治省の役人は村議会議員を相手に「地方自治法によれば、委員会が機能していないのなら、議員は報酬を受け取ってはいけません」と言い放った。

　村人の冷たい視線が一斉に議員たちに向けられた。しかし村議会議員たちは、「内務自治省も町も他の行政機関も、議員を放ったらかしている。それは行政機関の怠慢だ」と抗議した。プロジェクトは、早速この事態を町や他の行政機関に報告した。村から怠慢を指摘された行政機関にも言い分がある。「村から誰も協力を要請に来ない。彼らにやる気があったら、我々のところへお願いに来るべきだ」。3者の言い分を聞き、村と町、あるいは村と各行政の繋がりの弱さが浮かび上がった。そこで、まず3者のネットワーク強化に必要な村のリーダーに対する能力強化研修と、各行政機関へのアドボカシー活動を開始した。

　町からも村人からもプレッシャーを受けた村議会はついに動きだした。村

プロジェクト開始時のデモファームの様子　　プロジェクト経過10ヶ月後のデモファームの様子
図2　デモファームの様子の変化

の森林管理を行うためのアクションプランが策定され、村の年間投資計画にはアクションプランを実行に移すための予算も割り当てられた。アグロフォレストリーを実践するデモファームの造成や環境教育など、プロジェクトの活動は村議会が中心となり村を挙げて行われ、町や環境資源省地方支部など地方行政機関が積極的に関与することとなった。

　茶色い荒地だった32ヘクタールのデモファーム対象地は等高線耕作[1]で青々と蘇り（**図2**）、環境教育は2,000人を超える児童を対象に実施された。地元の関係者より事業の成果が認められ、国際協力塾は州知事より認定証を、4町より感謝状を受け取った。また、事業の成果はフィリピンの全国紙と地元紙に紹介され、地元ラジオ局では3回にわたり10分程度の特集が組まれて放送された。

6　パートナーの自己評価

　プロジェクトも終盤に近づいた2008年12月に、パートナーを一同に会した最終ステークホルダー会議を開催した。同じ年の2月15日に実施したステークホルダー会議には17のパートナー機関[2]から30名が参加したが、今回の最終会議には、32機関[3]から65名が押し寄せた。約1年のプロジェクトを振り返り、プロジェクトチームは以下の質問をパートナーに投げかけた。

「プロジェクト期間を振り返り、地域森林管理のために、あなた方はどんな貢献をしましたか？」

各機関の代表一人ひとりがステージに上がり、皆が約1年前に「協力の宣誓書」にしたためた約束内容を振り返り、自分たちがそれ以上の貢献をしたことを嬉しそうに報告した。C村の村長は、プロジェクトの実施

図3　最終関係者会議でスピーチする町長

を通して地域環境に対する住民の意識が大きく変わったことに触れ、喜びと感謝の言葉を述べた。D町の町長は、C村を始めとするプロジェクト対象村の村議会と農民たちの努力を称えた。その後、同じくプロジェクト対象地域であるK町、Y町、S町の町長、そしてA村、T村、X村の村長が次々と報告をした。マユミにとって、特にS町X村の若い村長の言葉が印象に残った。

「私たちは、このプロジェクトを通して、環境の大切さや持続可能な農法以上のものを学びました。正直言って、私はS町の町長と仲が悪かった。ねえ、町長（町長苦笑）。でも、このプロジェクト中、彼は何度もX村へ足を運び、僕らを激励してくれました。このプロジェクトを通して、S町とX村は、ぐんと距離が近くなった気がする。そして、我々農民にとっては、環境資源省のお役人は焼畑を取り締まる怖い人、という印象しかなかった。でも、彼らは何ヶ月もX村の山という山を歩いて、土地区分地図をつくってくれた。彼らが我々のことを親身になって考えてくれていることを初めて知った。これからもご支援お願いします」。

そう村長が言い終わると、S町の町長が次のように発言した。「このプロジェクトを通して、ある種の希望を得た。こういう地道な活動を我々が続けていけば、本当に何か変わるかもしれない、という希望である。今は日本から援助してもらっているが、もらってばかりでは心もとない。いつか我々も、より困っている人たちに援助する方にならなければいけないと思っている。

それにしても農民たち、よく頑張った。すばらしい成果だ」。

町長の口から農民を褒める言葉を聴いたとき、マユミはプロジェクトがいつの間にか「彼らのもの」になったのだ、と感じた。

7　新たな問題

こうしてプロジェクトは順調に展開し、めでたし、めでたしのはずだったのだが、マユミには気になることがあった。心配の種はまたC村である。中央政府による植林プロジェクトが環境資源省を通して開始され、マユミたちのプロジェクト対象4町村のうち、D町C村がその対象になっていたのである。マユミたちは、プロジェクト開始時にC村をプロジェクト対象村として選定する際、環境資源省に相談し、共同で選定を行った。しかし、環境資源省はマユミたちに相談することなく、新規プロジェクトを開始してしまったのである。そしてこのプロジェクトは、マユミたちが行う参加型の森

表2　マユミたちのプロジェクトと他ドナーのプロジェクト

	対象地域・期間・予算	内容	植林対価	住民の関わり方
マユミたちのプロジェクト	4町4村の生産ゾーン（農耕や一部伐採が許可される） 1年間 約1,000万円	地方行政と協力して各村の環境管理能力の強化を目指す。32ヘクタールのデモファームでは、生産ゾーンでの農法を持続性の高いものに切り替えるため、植林や等高線耕作を組み合わせたデモファームをつくる。そのために、研修やモニタリングを実施する。環境教育も実施。	なし	村議会が中心となって選定した70名の協力農民がデモファームで作業を行う
他ドナーのプロジェクト	2町5村の保護ゾーン（農耕、伐採禁止） 1年間 約1,000万円	植林面積は300ヘクタールを超える保護ゾーンでの造林。研修やモニタリングはなく、苗木と賃金を住民に渡すのみである。保護ゾーンであっても、一部では違法な焼畑や牧畜が横行する。	1日150ペソ（約300円）	日雇い・賃金労働

林管理とは大きく異なる従来型の造林プロジェクトである。2つのプロジェクトの特徴は**表2**のとおりである。

マユミの心配は的中する。他のドナーのプロジェクトでは、1日当たり150ペソ（標準価格米を6キログラム買える程度の金額）の植林対価が支払われるC村の住民が、マユミたちのプロジェクトではなぜ植林対価が支払われないか尋ねてきたのである。上記表にあるように、2つのプロジェクトはまったく別物であることを説明するのだが、マユミの胸中は落ち着かないのであった。

注
1 降雨による表土の流出や土壌浸食を防ぐ目的で、等高線に沿って帯状に作付けする耕作方法。
2 4村の村議会（4）、4町の地方自治体（4）、国家先住民委員会ビスカヤ支部（1）、地元NGO（1）、4町の教育委員会（4）、環境天然資源省アリタオ及びドゥパックス支部（2）、ビスカヤ州環境天然資源課（1）の17機関。
3 上記に加え4町の環境天然資源課（4）、4町の農業課（4）、4町の議会（4）、ビスカヤ州プレス・クラブ（1）、環境天然資源省ビスカヤ支部（1）、内務自治省ビスカヤ支部（1）の計15機関。

平和構築と開発

　「持続可能な開発」の考え方は、1970年代の環境保護主義に端を発している。1995年には国連開発計画（UNDP）は途上国の惨状を改善するための戦略として「人間の安全保障」を打ち出したが、その後、市場経済のグローバル化は世界規模で貧富の格差を拡大し、人間が生きていくための基本的ニーズにもアクセスできない人々の増加を生み出した。他方、地域紛争や民族紛争、宗教対立による暴力の拡大や大規模な自然災害は、社会経済的弱者が欠乏とともに恐怖からの脅威に晒される結果を招いた。そのような状況下にあって開発援助における平和構築が重要な課題となり、持続可能な発展の大前提として共通理解されるようになった。

　平和構築は人類の歴史の大半が、戦闘の歴史であったことからも分かるように容易に達成されるものではない。それぞれの国や地域の歴史、民族間の利害関係などがマクロ及びミクロ的にさまざまな要因で絡まりあっているために、その解決の糸口を見出すための支援は十分な時間をかけて行うことが求められてくる。さらに、支援にあたっては、誰のための、誰の立場に立った平和構築なのかが支援者に問われてくる。

　この章では、保健医療、自然災害、安全管理の分野で実際に行われた経験に基づくケースを分析し、政治経済、文化背景が異なる地域において、平和構築の当事者と等身大で、最大公約数の受益者のために公正と公平を目指した開発援助について考えていく。

14
平和構築事業において
安全管理をどう行うか？[1]

清水　康子

はじめに

　日本海外協力機構（Japan Overseas Cooperation : JOC）はチャドにおいて、平和構築事業を実施していた。ある日、フィールド事務所所在地近くまで武装勢力が侵攻とのニュースがJOC本部に入る。

1　緊急事態発生

　「とんでもない事態だ」。JOC本部の安全情報課は、にわかに騒然となった。「プロジェクトサイト近くまで、反政府武装勢力が侵攻しているとは」。大山が安全情報課長に就任して2週間にもならない2006年4月12日、前代未聞の知らせが入ってきた。

　大山の勤めるJOCは、日本のODAによる2国間技術協力を行っている。世界155ヶ国の発展途上国で、インフラ建設から、医療、教育、農村・コミュニティー開発まで、多岐にわたる技術援助プロジェクトを展開している。アフリカ中部チャド国では、東部2州において農村開発プロジェクトを1年前から実施していた。4月12日19時30分、大山たちがモニターしているラジオプレスが、チャド中部の町モンゴが武装勢力によって占拠されたと報じている。モンゴはJOCフィールド事務所のあるアベシェから南西約300キロメートルの町だ。武装勢力はスーダン国境を越え、アベシェの南を迂回してモンゴに到達したのだろうかと大山は思った。その後、現地の専門家和田からもJOCフランス事務所を通じて、同じニュースが入ってきた。

14 平和構築事業において安全管理をどう行うか？

　和田には 4 月 14 日に現地出発、15 日に首都ンジャメナ経由でフランスに出国するように、手配を終えた矢先のことである。JOC 安全情報課と中西部アフリカ課は、5 月 3 日に予定されているチャド大統領選を前に、和田に出国命令を出していたのだ。しかし、選挙関連の騒動は想定されていたものの、反政府勢力の侵攻の気配は見られなかった。

　そもそも、2 年前のアセスメントの際に、慎重にリスク分析がなされていた。スーダンとの国境付近では、スーダンから入ってきた兵士が（彼らから逃げてきた）スーダン難民を襲撃するという事件が続いていた。このような事態を受けて、チャド政府と国連難民高等弁務官事務所（UNHCR）は難民キャンプを内陸側に設置。JOC は、難民を受け入れているチャドの農村を支援すると決定し、そのプロジェクトサイトは紛争の影響を受けていない地域に限定された。また、事務所はさらに内陸に入った町、アベシェに開設したという経緯がある。首都から離れた辺境の地ではあるものの、危険地域外というのが当初の認識であった（図 1）。

　「14 日のフライトは大丈夫なのか。和田には、早く現場から脱出して欲しい。現地で残っている仕事を片付けるよりも、安全に国外退避してもらうことが第一である」。大山の部署は、中西部アフリカ課と共に 24 時間体制をとることになった。

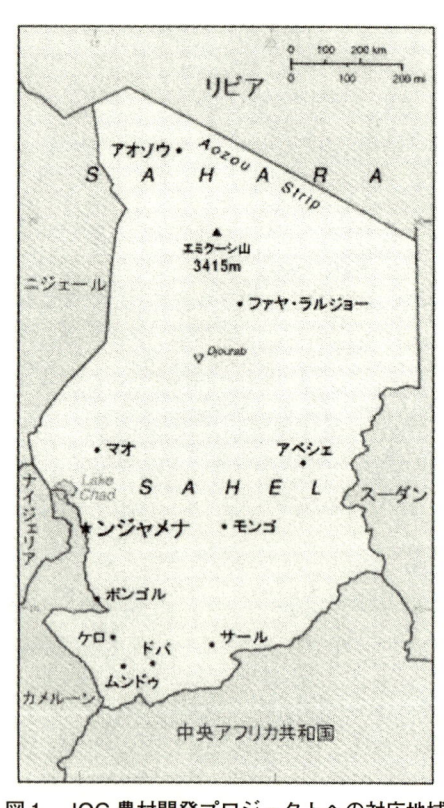

図 1　JOC 農村開発プロジェクトへの対応地域
（出典）http://www2m.biglobe.ne.jp/%257eZenTech/world/map/Chad/index.htm
2011 年 3 月 5 日アクセス

2　チャド国スーダン難民キャンプ周辺農村開発プロジェクト

　このプロジェクトは、ダルフール紛争[2]に対するレスポンスとして始まった。2003年2月、スーダン西部ダルフール地域で紛争が起こり、20万人ものスーダン難民がチャドに避難した。このダルフール危機に対して、日本政府は支援を表明。JOCも2004年にはニーズアセスメントのための調査団を派遣。大規模難民の流入に対しては、UNHCR[3]がキャンプを設営するなど対応をしていた。一方、難民を受け入れている地元のチャド住民は、慢性的な貧困問題を抱えていた。自然資源もインフラ設備も乏しい村々に多数の難民が流入し、難民が使う薪や水など自然資源をめぐって、地域住民と難民の間の摩擦が報告されていた。このような事態に対応し、JOCは難民受け入れ地域に対する農村開発プロジェクトを開始した。2005年の7月には穀物倉庫の建設が完成、穀物管理ワークショップも完了するなど成果をあげている。2006年3月には、コンサルタント会社が村落調査を完了し、日本へ帰国したところである。調査報告会ではJOC内外の専門家が、このプロジェクトを高く評価した。紛争の影響を受けた地域における農村開発が、新しい試みであるとみなされたのである。

　このような経緯からこのプロジェクトは、「平和構築」や「人間の安全保障」という日本の政府開発援助（ODA）およびJOCの新しい援助概念を掲げたプロジェクトとして、関係者から注目されていた。プロジェクト支援体制についてもJOCは、さまざまな新しい試みを行っている。まず、日本大使館もJOC事務所も存在しないチャド国において、プロジェクトを円滑に実施するため、JOCフランス事務所が準備段階から後方支援を担当した。出張者のための現地準備、経理、物流などを行っていた。その甲斐もあって、早期にフィールド事務所をアベシェに設立。JOC職員の配属はしていないものの、安全管理・事務所立ち上げの経験のある2名の専門家と、農村開発の専門家の計3名を当初から配置した。さらに安全管理面では、UNHCRと無線網の共有、国連専用航空機使用の手配などで協力関係を築いていた。

3　JOC-UNHCR 連携

　JOC と UNHCR は、1999 年から「人道と開発の連携」を目的に協力関係を結んでいる。その後、当時の高等弁務官が JOC 理事長に就任したこともあり、両機関ともこのパートナーシップを重視している。2001 年に始まった人事交換も 2 代目に入った。2006 年現在、UNHCR から JOC 本部へ 2 人、JOC から UNHCR 本部へ 1 人、互いの職員が出向している。このチャドの事業は、UNHCR からの初代出向者がプロジェクト形成に関わり、JOC-UNHCR 協力事業のなかでも、注目度の高い事業であった。

内橋中西部アフリカ課長

　内橋は JOC アフリカ部中西部課長である。部下の山中と共に、この事業の立ち上げから関わってきた。安全情報課の大山から、武装勢力侵攻の知らせを受け、こちらも直ちに山中と共に 24 時間体制をとった。そもそも内橋は、和田にはもっと早く国外退避をして欲しいと思っていた。大山の前任者である河野（現、安全管理部次長）からの助言もあり、和田を 4 月 10 日までには国外退避させたいと考えていた。事務所の残務処理より、人命第一との思いからである。が、責任感の強い和田の意見を汲んで、和田の退避日程を 14 日とした経緯がある。首都にいたもう一人の専門家、佐々木はすでに国外退避を済ませている。コンサルタントも調査を終了し日本に帰国している。「とにかくなるべく早く、安全に和田を国外退避させたい」と内橋は考えた。

和田専門家

　アベシェの JOC フィールド事務所（アベシェ）には、JOC 職員が配属されていない。和田は過去に仏軍に勤務した経験を買われ、専門家として雇われた。事務所の運営・安全管理がその役割で、JOC フィールド事務所の実質的な責任者である。5 月 3 日の選挙の実施を前に JOC 本部からの指示で、4 月 15 日に首都ンジャメナからパリに出国する手はずを整えた。商業便トゥマイ・エアとエアーフランスの切符が手元にある。

和田の出国後は一時的にフィールド事務所を閉鎖する予定である。その前に事務所の備品、車輌等を仏軍キャンプに預け、ローカルスタッフへの給与支払を済ませなければならない。また、事務所閉鎖期間中は現地人職員だけで事務所の発電機、貯水塔など設備管理を行える体制を整える必要がある。4月12日現在、給与の支払いは完了したものの、無線機器や車輌の仏軍キャンプへの搬入については、これからである。

　和田が武装勢力の侵攻について、JOCフランスに電話連絡をしたのは、このようなときである。本部からは事務所の一時閉鎖に伴う準備作業を中止して、退避の準備に専念するよう指示が来た。しかし和田には納得しがたい。「この状態で出て行くことはできない。備品の移動を済ませ、ローカルスタッフへ指示を出さなければ。第一、200名近くの国連機関・NGO職員が、まだこの町に残っているではないか。しかもどの援助機関も、事務所閉鎖はせずに少数のスタッフで運営を続ける予定らしい」。

　4月13日未明、モンゴを占領した武装勢力はそのまま首都ンジャメナまで侵攻、チャド政府軍との間で大規模な戦闘が行われた。この事件により和田は、予約していたアベシェ・ンジャメナ間の商業便のフライトが中止になったとの知らせを受けて、国連機に予約を入れようとした。ところが、すでに治安状況の悪化を受けて、国連機の通常フライトはストップしていた。ここで和田はUNHCRの緊急退避プランによる一時退避の検討を余儀なくされることになる。

　JOCアベシェ事務所とUNHCRアベシェ事務所の関係は良好で、和田はUNHCRのコーディネーション会議にも常に参加していた。ただしJOCはUNHCRとハイレベルのパートナーではあるが、IP（Implementing Partner：事業実施のためのパートナー団体）ではなく[4]、はたしてUNHCRの緊急退避プランにのせてもらえるかどうか和田に確信はなかった。

4　その後

「さて、チャドプロジェクトをどうしたものか？」大山は、内橋と共にパ

リから東京に向かう機上にいた。和田のチャド国外退避から2ヶ月余り。内橋を団長とするチャド安全調査ミッションは、その帰路についていた。

　和田は4月危機の際には結局、自身の機転をきかせてUNHCRの緊急退避プランによる国連のチャーター機で退避した。JOC本部では、アフリカ部がUNHCRからの出向者を通じて、国連機の手配を依頼した。同時に安全情報課は、緊急避難を専門にする会社から飛行機をチャーターする可能性を検討し始めた。一方現地では、和田がUNHCRの緊急退避プランに登録。カメルーン行国連チャーター機に予約を済ませたという次第であった。4月15日、現地からの連絡を受けJOC本部、外務省本省は、在カメルーン日本大使館に連絡をとり、ビザ無しで搭乗した和田に便宜を図るよう連絡。4月15日、和田は無事国外退避し、その後パリ経由で東京に帰国。5月24日には再びチャドに帰還、その後アベシェの短期支援要員の到着を待って2名体制でアベシェに帰任した。

　4月の事件以降、アベシェ付近の治安は平静である。農村開発プロジェクトを再開するのか。再開するとしたらその規模と安全対策はどうするか。それらの課題を見極めるために、大山は内橋と共に、チャド、カメルーン、JOCフランス事務所、UNHCRジュネーブ本部を訪れた。東京に帰る機上、大山は調査中の関係者の話、調査前の東京本部での関係者会議を思い起こしていた。

調査前関係者会議

　出席者は、内橋を始めとするアフリカ部、農村開発部、大山ら安全情報課、およびUNHCRからの出向者の西野だった。

　農村開発部　「今後のプロジェクト方針はアフリカ部、安全情報課の意向に従いたい。無理に実施しようとは思わない」。

　アフリカ部　「完全撤退は考えていない。小規模でも続けたい」。

　西野　「JOC事業の存在はUNHCRにとってもありがたい。しかし今後のあり方は、安全第一という原則に沿うべき」。

　大山は、この会議では発言しなかった。しかし、内橋には自身の考えを述

べた。「これは危ないよ。武装勢力が襲撃に来るリスクがあるなら、事業はやめたほうがいいのではないか」。それに対し内橋は答えた。「うーん、そうでもないのでは。UNHCRなどから期待もあるし」。現地で活動している二国間援助団体は、ドイツとJOCだけである。内橋は日本のプレゼンスの重要さ、国連機関からの期待、在カメルーン日本大使館からの高い評価を考えると、全面撤退は不適切だと考えていた。それにしてもこの事業は、安全管理費を始めとする事業管理費用が非常に高くつく。コスト・ベネフィットの観点からは問題だと内橋は思っている。

西野

西野は2005年2月から2年の予定で、UNHCRからJOC本部に出向していた。難民支援の現場にいるとJOCのような開発機関に（人道援助より長期的大規模な）、開発事業を同じ地域で実施して欲しいと実感することが多かった。ただし、自身も紛争地域で働いた経験上、事業実施において職員の安全管理は最重要事項と考えていた。このJOC事業については現地状況とJOCの安全管理制度、死傷者が出た場合の日本の世論を考慮すると、縮小することが妥当であろうと考えていた。

一方、最近の事業動向に西野は危機感も感じていた。アフガニスタン、スリランカなど紛争直後の国で行っているJOCの平和構築事業は、現地の治安状況が悪化し縮小を余儀なくされている。「『治安の不安定なところでの事業はやめよう』という判断が個々の事業・国でなされたなら、結果として平和構築事業は徐々に縮小していくだろう。JOCとUNHCRの連携『人道から開発へのスムーズな移行』も、あまり期待できない。治安が不安定な状況で行うことが常である平和構築事業に関しては、個別の対応を超えた事業方針・安全対策制度がなければ、JOCの平和構築事業、ひいてはUNHCRとの連携も先細りするのではないか」と西野には思われた。

安全調査ミッション

内橋・大山らの安全調査団に対して、各援助団体は現地における治安状況

についての不安を一様に表明した。大山の分析同様、現在の状況は沈静化しているものの、今後どのように情勢が変化するかは不確定というのが大方の見方である。その上、路上強盗など一般犯罪も増えている。さらに、アベシェでの最後の夜、和田は大山に状況の不安定さを訴えていた。「まずこの地域は現在何が起こってもおかしくない状況であり、有事の際に事業を実施する団体の職員が然るべき実施体制、安全対策が整備できていない状態でいくつもの村に散在していることは危険である」というのだ。大山には、和田の指摘はもっともに思えた。

その一方で、外部からのJOCプロジェクトへの評価の高さは大山の予想を上回るものであった。在カメルーン日本大使館、UNHCRアベシェ事務所、UNHCR本部は、JOCの農村開発プロジェクトを高く評価している。大山はプロジェクトの方向に関して、自分の提言すべきことが見えてきたと思った。

注
1　このケース教材は、外務省委託事業として（財）国際開発高等教育機構（FASID）が実施したケース・ライティング・ワークショップで執筆者が作成したケースをその後講義や研修等で修正を重ねて完成したものである。実話を基にしているが、登場する団体、人物などは仮名のものもある。© FASID
2　2003年初め、スーダン西部ダルフール地域で、スーダン政府の支援を受けているといわれるアラブ系民兵組織ジャンジャウィードと反政府組織SLMの間で紛争が勃発した。この紛争により、2004年末までに約20万人の人々が難民として隣国チャドに逃れたほか、約160万人が国内避難民となった。ジャンジャウィードによる住民の虐殺、レイプなどが報告されている。
3　UNHCRは難民の保護、人道支援を行う国連機関。
4　IPはUNHCRの難民援助事業を実施する団体。この事例におけるJOCとUNHCRの関係は、一方が他方の事業を実施するという形態ではなく、紛争の影響を受けた地域において、人道援助（UNHCR）と開発（JOC）が、その特性を活かしてより効果のある協力体制を目指すことを想定している。

15
誰が何を必要としているのか
―― インド洋津波被災者支援の現場から

木山　啓子・田仲　愛

はじめに

「必要としている人たちのための支援をしたい、ただそれだけなんだけど」。里山晴香はため息をついた。赴任早々デング熱に罹り、お酒は暫く控えていたが、極上の赤ワインを差し入れて頂いたばかりだ。自分の迷いにも踏ん切りをつけたい、決断を迫られている自分を励ましてもらえる気がして、今日は久しぶりにワインを飲むことにした。いずれにしても、明日朝にはすべてを本部に報告し、最終案を提出しなければならない。長い夜になりそうだ。

晴香は日本の NGO「自立による幸福を」（Happiness Through Self Reliance : HTSR）のスリランカ、コロンボ事務所の事務所長である。その名前からは想像しにくいが、HTSR は、緊急から復興への自立支援をする団体なのだ。以前スリランカでは活動していなかったが、2004 年 12 月 26 日にスマトラ島沖大地震による大津波が発生、翌日には現地のつてを駆使して支援を開始、数日のうちに晴香も同僚と一緒に東京を出発、2005 年 1 月早々には事務所を設立して、本格的支援を開始した。

1　津波被災者の現場

被害がひどいと聞いて駆けつけたハンバントタ県では、衝撃が晴香を待っていた。津波の被害は予測をはるかに超えるものだったからだ。海に停泊していたはずの大きなタンカーが、海岸から数百メートルの所にぽんと置かれている、一軒家ほどもある木の茂みが根こそぎ持ち上げられてとんでもない

ところに置かれている、マイクロバスがくの字に曲げられている、などというのはほんの序の口だ。家という家は破壊され、その瓦礫や波にさらわれて壊れた家財道具の破片に衣類が絡みつき、道にも庭にも浜辺にもありとあらゆる所に積み上げられている。まるで街中が大きなゴミ箱をひっくり返したような状態だ。

　そして異臭。温暖なスリランカでは、打ち上げられた魚も遺体も何もかも、急速に腐敗してゆく。二次的災害として伝染病が蔓延しないように、消毒液を散布する。さまざまな腐敗臭と消毒液の臭いと潮の臭いが混ざり合って何ともいえない臭いになっている。

　「津波は、ドアや窓から家に入ってきて、ぐるぐると渦を巻いた。家の中にあるすべての物を、家もろとももって行ってしまった」と人々はいう。家にあった物はすべてなくし、着ていた衣服さえ津波で剥ぎ取られ、着るものにも困っていた。今日から暮らしていくための物資が必要だ、晴香は思った。

　これまで数々の緊急の現場を踏み、悲惨な情景に対してある程度覚悟ができているつもりの晴香だったが、こんな規模の災害が同時に起こっているのは見たことがなかった。最初のハンバントタ調査の帰り道、ゴミ箱をひっくり返したような状態が延々とコロンボまで7時間途切れることなく続いていた。

　しかし、最大の衝撃は人々の冷静さだった。一様に厳しい顔つきをしているが、話しかけると煩わしそうな顔もせず応えてくれる。被害状況を聞くと8人家族のうち6人がまだ行方不明であるとか、幼い息子を抱き抱えて走って逃げたが波に飲み込まれて息子を失った、など厳しい体験を淡々と語ってくれる。あまりの冷静さに、悲しみが深過ぎて対応できない様子を察知した晴香は、心のケアのプロジェクトの必要性を痛感した。

情報の錯綜から調整

　緊急事態ではいつもそうだが、情報が錯綜し調整がうまく行かない。ハンバントタ県では県庁のような役割を果たす District Secretariat（DS、旧称は Governmental Agency：GA）が、調整のまとめ役を務めることになっていた。

さまざまな団体のさまざまな支援が重複しないよう、各方面に働きかけるのだ。しかしDSも、津波で多くの職員を失っている。公共施設の7割が津波で破壊され、その対処もしなければならない。その上、多くの団体がハンバントタ県に新たに来ているので、把握しなければならない情報量も増えている。調整が必要なのはわかっているが、物理的に難しく、ふだんの半分以下の能力しか発揮できない。

　津波からわずか1週間目にして、支援団体は活動していると確認されているだけでもハンバントタ周辺ですでに20団体。晴香は、HTSRの緊急支援事業として緊急物資配布を提案し、同様の事業を実施している団体がないかをDSで確認しようとしたが、十分な情報が得られない。やはりハンバントタで活動を始めた団体の事務所を一つひとつ訪問して情報を集めるしかなさそうだ。

　実際に、HTSRのパートナーの一つであるスリランカの名門NGO、セワランカ財団の事務所を訪問してみると、どこで何をしているかを教えてもらえる人は一人もいない。全員出払って支援活動に従事しているのだ。他の団体も行ける限りの事務所を訪れてみた。HTSRと同様、事務所を設立できていない団体も多く、結局宿泊しているホテルで偶然他の団体の人に会うのが結果的には最も効率が良いといった有様だった。

　生活必需品のニーズが極めて高いことと、その中身として何が必要とされているかを確認し、晴香は初動調査を終えた。

2　支援資金の獲得——緊急物資配布／被災者の取り合い

　最初の調査の最中から、事業の資金獲得のための申請書は書き始めていた。ドナーからはまだ資金の約束を取り付けていなかったが、HTSRの本部からはゴーサインが出ていたので、晴香は物資の調達を始めた。さまざまな物資の値段がどんどん上がってゆく。早く支払いを済ませないと物資を押さえられない。他の団体にまわされたら、HTSRが配ると約束した地域の住民は長期間待たなければならない。調査のときに出会ったイギリスの団体の人が、

すでに数億円相当の送金をスリランカの銀行口座に受け取ったという話を思い出して、晴香は焦った。

申請書の提出から2週間後、やっとドナーと契約できたと本部からの連絡があった。2,000世帯を対象とした緊急物資配布事業である。供給してくれる業者との話し合いはほぼ終わっているが、ここから何があるかわからないのが支援の現場だ。やっと資金が獲得できた喜びを味わうのもそこそこに、晴香は気持ちを引き締めた。

被災者の取り合い

2,000世帯分の緊急物資を配布し終えたのは、ちょうど津波発生から3ヶ月が経った頃だった。晴香が配布を始めた頃には「津波ですべてを失った私たちに、手を差し伸べてくれたのはあなたが初めてです」と、泣いて喜ばれたものだったが、この3ヶ月の間に、ハンバントタ県にもさらに多くの援助団体が押し寄せていた。このため、水、食料、生活必需品といった、生きてゆくのに最低限必要なニーズは満たされつつあった。晴香は復興支援事業として仮設住宅、恒久住宅建設の可能性を探るため、ハンバントタ県のDS事務所の中に設置された津波復興対策本部（Helping Hambantota）の本部長ディサナヤカ氏に面会に出かけた。

大都市コロンボならまだしも、DS事務所は電話をかけても担当官とつながることはまずない。いちばん確実なのは、直接事務所に足を運んでみることだ。3度目の訪問で、やっとディサナヤカ氏と面会することができた。

ディサナヤカ氏は、多少の英語は理解するが会話は難しいようで、現地スタッフの通訳を介してHTSRの活動や、今後の見通しについて相談する。

「仮設住宅がだいぶ建ち始めていますね。HTSRはこれまでハンバントタの津波被災地28ヶ村、2,000世帯を対象に支援物資を配りました。まだ仮設住宅の割り当ての決まっていない村があるようなら、HTSRも住宅建設支援を検討したいと思っているのですが」。

「ハンバントタでは約4,000戸の家が全壊もしくは半壊しました。こちらで登録している分では、すべての被災者の仮設住宅、そしてその後の

恒久住宅の建設は、すでに割り当てが決定しています」。
「では、住宅建設以外で、緊急に支援の足りていない分野はありませんか。水の配給、トイレ、シャワーの設置はどうですか。支援は十分なのでしょうか」。
「水は、大手のサルボダヤがUSAID（米国国際開発庁）と協力して大がかりにやっています。トイレとシャワーも、Oxfam（英国に本拠地のあるNGO）、UNICEF（国連児童基金）、UNHCR（国連難民高等弁務官事務所）などがやっていますね」。
「そうですか」。
「今いちばんの問題は、いろいろな支援が入り過ぎて、被災者たちがとても甘やかされていることです。彼らは、ものをもらい過ぎて、自分たちで何とかしようとしない。今はまだいいですが、こうした外からの支援団体が去って行ったとき、彼らは物乞いするしかなくなります。彼らにも生活というものがありますからね」。

確かにハンバントタだけで、津波後に200近い団体が活動していると聞いている。こんなに多くの団体が活動しているなら、そして現場がディサナヤカ氏の話の通りなら、HTSRの役割はもう終わったのではないか、とさえ思いたくなる。でも、現場を見てみないと本当のことはわからない。事件は現場で起こっているのだ。

支援状況──過剰な援助物資

晴香は、現場の状況を探るため、HTSRが生活用品配布を行った28ヶ村の中でも、特に被害の激しいクルガマ村に久しぶりに足を運んでみた。クルガマ村の状態はひどかった。未だに集合避難キャンプで生活を送っている住民が多く、プライバシーもなく、テントの中は熱気がこもっているため、3分も中でじっとしていられない。大量の支援物資が、所狭しと並べられている。学用品、外国からの缶詰、ジュース、寄付らしい古着の山。中には、暑いスリランカで誰が着るのかと思えるような、セーターまで無造作に積まれている。酒臭い臭いが漂ってくる世帯もある。酒の空瓶が転がっている。赤

ん坊を抱えた女性が薄暗くじっとりとした狭い部屋の中で、生気のない顔で座り込んでいる。夫と思しき男性は、必死で晴香たちに「この赤ん坊は先月生まれたばかりなんだよ。こんな狭いところにいつまでもいたら病気になってしまう。食料だって足りない。何とかしてくれ」と訴えている。

晴香は、クルガマ村のグラマ・ニルダニ（GN：村長に当たる）と、数名の村人に話を聞いた。

「仮設住宅の建設は進んでますか。もう何戸くらい建ったのですか」。

「出来上がったのは、まだ15戸。建築中が50戸ぐらいあるかな」。

クルガマ村は、海に隣接する漁村である。250世帯中200世帯が漁業に関する仕事で生計を立てており、そのうち100世帯は漁師だった。多数の船を所有するいわゆる網元は20人程度で、それ以外は自分の小さいボートと網で漁を行う人、網元のもとで働く漁師がほとんどである。津波前の彼らの収入はもともと5,000〜7,000スリランカ・ルピー（Rs）（6,000〜8,000円程度）だったということだが、それらのボートや網を津波でさらわれて失い、漁が再開できず、未だに家にいるということだった。

中には、国連世界食糧計画（WFP）の始めるCash for Workプログラムで、日雇い労働を始める人々もいた。仕事内容は道の清掃、草の除去などで、1日働いて400Rs（約450円）。ただし短期的な契約で、いつまでこの仕事を続けられるのかはわからないということだった。また、漁師は自分が漁師であることにプライドをもっているので、こうした慣れない肉体労働に出るのを嫌って、参加しない者も多いということだった。食料については政府からの配給が続いており、375Rs（約420円）分のダール豆、米、砂糖、小麦粉が配られていることがわかった。その後、3日間かけて10ヶ所の規模の大きい主要な被災者キャンプをまわった結果、おおむね被害の大きかった地域のキャンプには、多数の援助団体が支援を行っていて、生活に最低限必要な物資は行き届いており、仮設住宅の建設も進んでいることが確認できた。晴香の予想通りだった。

次なる支援は？──心のケアの必要性

　そんな中で、晴香がいちばん気にかかったのが、男性も女性も、一日中狭いキャンプでじっとしていることだった。収入がまったくないのに、どうして酒の空瓶が転がっていたり、昼間から酔った様子の男性がいるのかと不思議に思っていると、こうした人たちは受け取った支援物資や食料配給を現金に換えて酒を買っていると同行した現地スタッフが教えてくれた。別の住民が、後でこっそりスタッフに耳打ちしたらしい。さらに、津波で家族や家をなくしたショック、魚網やボートなど仕事道具を失ったこと、この先の経済不安から、家に閉じこもる、人と話をしないなど、鬱状態になっている被災者が多くいることがわかった。それにもかかわらず、カウンセリングなどを受けたことのある被災者は一人もいなかった。

　未だ魚網やボートがないといった話に晴香は意外な気がした。現場のことは現場で確認しなければわからないとはいえ、すでに国連食糧農業機関（FAO）を始め多くの援助団体が漁業支援を始めたと聞いていたからだ。しかしあとになって、漁業機材はコロンボ国内のストックが足りないため、実際の配布には大幅な遅れが出ていることがわかった。

　こうした情報を元に、晴香は次にどんな活動を行えばよいのか考えた。

　津波支援は今まさに緊急から復興への移行期に入ろうとしている。これまでは短期的で迅速な支援が必要であったが、これからは中・長期的な展望をもった生活再建のための支援が必要になる。すべてをなくした津波被災者が、新しい生活を一から立て直すには、まず家が必要だ。そして、生計手段を確保し、安定した収入を得ること。また、今のように津波の辛い体験を繰り返し思い出し、家に閉じこもっているような心理状態では、生活を立て直すという気持ちには到底なれない。津波の辛い記憶を少しでも軽減するために、心のケアも必要だ。家をすでに別の団体が始めているのなら、HTSRとして生計手段の確保と心のケアの分野で何かができないだろうか。

　晴香の頭の中に蘇ってきたのは、以前旧ユーゴスラビアの現場で実施した心のケアのプロジェクトだった。紛争で悲しみに打ちひしがれる人々に、収入に結びつくような作業を通して、グループカウンセリングを行い、驚くほ

どの効果が出たのだった。晴香は早速、スタッフと手分けして、村で聞き取り調査を行い、カウンセリングを組み合わせ、どんな活動が生計に結びつくか調べてみた。その結果、魚網づくりのトレーニングが短期間で技術を習得することができ、漁の再開にも結びつくのでよいのではないかという案が出た。津波被災にあった漁師を対象に、キャンプで魚網づくりのトレーニングを開催し、1日に数時間仲間と集まり、新しい技術を覚える場を提供し、そこでグループカウンセリングをする。最後に、自分たちで作成した網を配り、漁の再開に役立てるのである。晴香は早速この案で、各村40名、6ヶ村で支援を行う「漁業支援を通した心のケア事業」という計画書を書き上げ、申請承認を受けることができた。

事業開始準備――調整、情報収集の難しさ

　このプロジェクトは緊急支援ということで4ヶ月で終了するという制約があった。準備期間は3週間。その間に事業村選定、受益者決定、物資・人材調達を済ませなければならない。まずは事業村選定である。

　すでに他の団体がカウンセリングや漁業支援を行っている村は、避けなければならない。ハンバントタでは122ヶ村が被害を受けている。そのうちカウンセリング、漁業支援を行っている村を調べるため、支援団体の調整を行う国連人道問題調整事務所（UNOCHA）ハンバントタ事務所に足を運んだ。

　UNOCHA事務所には、国際スタッフが1人しかおらず、彼は2週間前にこの事務所に着任したばかりということだった。分野ごと、団体ごとに、どの村で支援をしているというデータはないということだった。

　「そういうものが必要という声は前からあって、私もそのためにハンバントタに来たのですが、実際データを集めるのがとてもたいへんなのです。登録している団体以外でも、個人的な寄付や企業の人間も活動していますし、そういう人たちは一切情報をこちらに報告しませんからね」。

　晴香はがっかりして事務所を後にしたが、そういったデータがないからとはいえ、1ヶ村ずつ当たるのは至難の業だ。そのとき、今月4日よりハンバントタ県では分野ごとに月に1度調整会議が行われているという情報が入っ

た。心のケアが該当する、ユニセフと保健局が開催する「心理社会調整会議」（Psychosocial Coordination Meeting）で、漁業支援はFAOと漁業局がイニシアチブをとる「生計復興調整会議」（Livelihood Coordination Meeting）に出席してみた。

「心理社会調整会議」はHTSRの事務所があるハンバントタ郡（ハンバントタ県のハンバントタ郡）より車で1時間ほど西に行った、同じ県内のタンゴール郡で行われるという。車を飛ばしてタンゴール郡までやってきたが、集まりが悪く8団体しか来ていなかった。晴香はカウンセリング活動の成果などについて他団体の経験を知りたかったが、現在カウンセリングを行っている団体というのは、保健士、看護士を対象にしたトレーニング活動が主だということがわかった。晴香たちが行おうと考えているような、カウンセラーが直接住民の話を聞く形のカウンセリングを行っている団体は、ハンバントタにはないようだった。またユニセフも保健局も、どこでどんな団体がカウンセリング活動を行っているかのデータはないということだった。

4日後に「生計復興調整会議」に出向くと、政府の担当官が急な出張でコロンボに行くことになり、会議はキャンセルされていた。次にいつ行われるかは未定ということだった。

晴香は調整会議でも調整を担当する組織からも、あまり有力な情報を得られないことがわかり、直接政府の担当局を訪ねて情報を得ることにした。漁業局と保健局をたずねたがどちらも担当官はコロンボ出張中、これまでにいくつのボートや網を配ったかという情報は現在作成中でいつできあがるかはわからない、ということだった。カースト制度のあるスリランカでは、漁業省、漁業局の職員は地位が低く、他の省庁に比べると左遷先といった印象が強い。このため、力のあるスタッフが少ないのにこの津波で急に仕事が激増し、現場は混乱し、オーバーキャパシティーであることは確認できたが情報は集められなかった。

途方にくれた晴香と現地スタッフは、時間がないので大手のNGOを訪ね、情報収集することになる。しかし国際スタッフは、村レベルの名前まで情報を把握しておらず、わからないの一点張り。もしくは地域の場所は教えてく

れても、村の名前は教えてくれない。どの団体も、大量に届いた津波資金を今年中に使い切らないといけないプレッシャーがあるらしく、水面下では受益者、事業村を巡る激しい競争が行われているようだった。誰も有力な情報、特に、受益者の情報を他の団体には教えたくないのだ。こうなったら仕方がない。晴香は時間がかかっても自分たちで被災村に当たって、情報を集めていくのがいちばん正確なのではないかと考えた。晴香は現地スタッフを被災村に派遣し、裨益状況など情報を集めて、候補となる事業村を選ぶことにした。

3 援助に依存する人々

　現地スタッフが精力的に動いてくれたおかげで、被災レベルが大きく、魚網づくり支援や心のケアのニーズが高いと見られる10ヶ村を探し当てることができた。晴香はスタッフと共にその村を一つずつまわり、村の住民との話し合いを通して実施可能性を探ることにした。

　1週間ほど前に訪れたクルガマ村に、再び晴香と現地スタッフのサミラがやって来ると、住民たちが次々に駆け寄ってきた。「私たちが戻ってきたので、歓迎してくれているのかな」と晴香は一瞬思ったが、人々の険しい顔つきを見てぬか喜びであったことを悟った。険悪ムードの女性、男性が晴香たちを取り囲み、次々にさまざまな訴えをぶつけてきた。
　「何をくれるの?」
　「うちは子どもが3人いるのに、何も受けとっていないの。本当よ」。
　「早く家を建てて。暑くて暑くて、こんなテントの中では生活できない」。
　サミラがあわてて住民たちをおしなだめ、まずは座って話し合いを行う。先日のGN (村長にあたる) もやってきて、計40名ほどの住民が集まった。
　「この村で、漁師の人たちを対象にしたトレーニングを行いたいと思っていて、それについて話し合うために私たちはやってきました」。
　「トレーニング? それは、ボートをくれるのか?」

1人の男性が聞いてくる。
「いいえ、ボートはあげられません。ボートは登録を済ませた人全員に、政府が相当額のクーポンを配ると聞いているので、皆さんものちのち受け取れるはずです」。
「俺たち、誰もボートなんて受け取っていないよ」。
そうだそうだ、と皆がうなずく。
「政府の奴らは、漁師でもないただの金持ちのビジネスマンに、大量にボート配って、俺たちには何にもくれないんだ」。
「ボートをくれないなら、トレーニングなんかいらないよ」。

晴香はあわてて言った。
「ボートはあげられませんが、このトレーニングを終了した人には、皆さんが自分でつくった網をもらえます」。
「網をくれるのか、それはいい。で、何枚くれるんだ。俺はこれまで30枚もっていたんだけど、全部津波でなくしたんだ」。
「1人1枚です」。
たちまち、住民の間に失望の表情が広がる。
「私たち、そんなにお金のある団体ではないし、皆さんがなくした数だけ魚網をお配りできればいいのですが、それはできません。ただ、このトレーニングで、皆さんは新しい技術を身につけることができますし、自分で破れた網を修繕できるようにもなります。効果的な漁の仕方を学べば、漁の収穫も増えます」。
しかし、トレーニングには毎日参加しないといけない、きちんと日程をこなさないと網は渡せない、といった話を聞くと、ぽろぽろと不満がこぼれ始めた。
「トレーニングなんかしないで、どうして最初から網をくれないんだ。そのほうがずっといいよ」。
晴香は単に網を配るより一緒に技術を教えれば、それは知識という財産になるしそのほうが喜ばれると思っていたので、とにかく物をくれ、という被

災者たちの受身の姿勢に少なからずショックを受けた。

さらなる問題が起きたのはここからだった。

GNに何人が参加できるのか聞かれ、晴香は「午前クラス20名、午後クラス20名、計40名です」と答えた。GNは「この村には最低100人の漁師がいる。40人だけ選ぶことはできない」という。しかし、100人を対象にトレーニングをするのなら、クラスも増やさなければならない。供与する網の数も増えてしまい、予算を超えてしまう。

晴香はHTSRのマンデートとして、被災者の中でも特に経済的に苦しい立場に置かれており、家族を亡くしたなどカウンセリングのニーズの高い人を40人選んで欲しいこと、そのためには受益者選定委員会を立ち上げて、村の人たちとHTSRとの話し合いで40人を選ぶというやり方をとって欲しいことを伝えた。GNは難しい表情を浮かべ、サミラを離れたところに呼び、2人で何やら相談をしていた。サミラにとりあえず今日のところはこれぐらいにして次の村に行こうといわれ、2人はクルガマ村をあとにした。

帰る前に、ふと晴香が村の中を歩き回っていると、草むらの陰に忘れられたようにボートが3艘転がっていた。米国系援助団体のシールが大きく貼ってある。

なんだ、ボートを受け取っているではないか。誰も受け取っていないといっていたのに。何もないと嘘をつけば、もっと多くの援助物資が手に入ると思ったのだろうか…。晴香はあきれると共に、急に住民たちのこれまでの発言に対して不信感が芽生え、何を信じればいいのか分からない憂鬱な気持ちになった。

村を去る車の中でサミラは、GNから「もし100名対象にできないのであれば、うちの村ではやらなくていい」と言われたと話した。実はクルガマ村はもともと漁村で人々は気性が激しい。その上今回の津波で家全てをなくし狭い避難キャンプでの生活が続いて、住民は気が立っていらいらしている。1ヶ月前に支援物資の分配を巡って村人の間で不満が起こり、決定を下した前任者のGNは村人に殴られて、村から出て行ってしまったということ

だった。新しい GN は穏やかで話のわかりそうな人だが、こういった背景から、受益者選定を巡って村の中でひと悶着を起こしたくないようであった。

次の日、別の候補地をまわっているとき、偶然クルガマ村の近くを通りかかると、遠くから手を振って近寄ってくる男性が3人いた。車を止めて話をすると昨日話し合いの場にいた男性だった。この男性たちは昨日の話し合いの間ずっと後ろの方で黙っていて、一言も発言しなかったのを覚えている。
　サミラが話を聞くと、昨日とうって変わってあふれるように話がでてきた。
　「昨日発言をした男性たちは村の中の強いグループで、やつらは外から援助団体が来るたびに自分たちは何ももらっていないと言って、いろんな支援物資を独り占めしているんだ。もちろん、俺たちみたいな貧乏で弱い人間には何もまわしてくれない。GN だってあいつらの言いなりだ。あいつらはボートだってもらったのに、漁に使えないボートだからって使わないで外に隠している。でも村のあのグループ以外の中には俺たちみたいに弱くて、何ももらっていない住民がたくさんいるんだよ。だから、助けてほしい。話し合いの場ではあいつらが怖くて何も言えない。今日また会えて話をすることができてよかった」。
100人全員に支援できないなら支援しなくていいと GN は言った。また、援助依存が強く自分たちで何か行動しようというよりも、楽をして何かを受け取りたいという感じだ。そんな村で、住民の積極的参加が不可欠なトレーニングという事業を実施できるのか。こうした理由から、晴香も現地スタッフもクルガマ村は事業地としてふさわしくないと考えていた。しかし、そんな混み入った事情が裏にあったことを知り、晴香は考え込んでしまった。
　「本当に何の支援も受け取っていない弱いグループ40名を対象に、クルガマ村でできないかしら」と晴香は村の事情に詳しいサミラに相談してみた。
　「いや、それは不可能だよ。まず GN が賛成しないだろう。それにもしトレーニングをやるときまったら、受益者選定委員会にあの強いグループのメンバーが絶対入ってくる。そしたらあれこれ理由をつけて、自分たちのグループの人間を必ず受益者に入れると思うよ」。

4 取り残される村

　その後、事業村6ヶ村のうち4ヶ村が決定した。クルガマ村を事業村に加えるかどうか、まだ晴香は悩んでいた。

　そんなある日、どこからも支援を得ていない避難キャンプがあるという情報をスタッフから得て、サミラと共に訪れてみることにした。事務所から車で1時間、さらに幹線道路から離れて車がぎりぎり1台通れるぐらいの、でこぼこ道を越えると、急にラグーンが現れた。照らしつける太陽の中を進んでいくと、津波で根こそぎ家がなくなった村に、質素な仮設住宅が約20軒ほど建っているのが見つかった。スリヤゴダ村である。

　その非常に粗末なつくりの仮設住宅に、約40世帯のタミールとムスリムの家族が1軒を2世帯で共有して住んでいた。

　スリランカは多民族国家で、シンハラ人74％、タミール人18％、ムスリム7％といった人口構成になっている。タミール人の多くは北東部に住んでいるので、南部のハンバントタ県には少ない。一方、もともと港で交易地であったハンバントタは、ムスリムの商人が多く暮らしており、海岸の村ではムスリムの村も多い。それでもシンハラ人は圧倒的な多数派である。

　話を聞くとこの村150世帯のうち110世帯はシンハラ世帯で、彼らは幹線道路に近い、ある仏教団体が建てた広い避難キャンプにいるということであった。この40世帯の住民も初めはそのキャンプにいたが、この仮設住宅が建った1ヶ月前に移動してきたということだった。

　この仮設住宅は津波が起きてすぐ、タミール系団体、タミールユニオン財団（TUF）が建てたとのこと。TUFはタミール民族の独立を要求する過激派組織「タミール・イーラム解放の虎（LITE）」から助成を受けているNGOだ。晴香は津波直後、TUFがタミール人の住む居住地で数多くの避難所を設けていたのは知っていたが、ハンバントタにまで建てていたとは知らなかった。しかしTUFは、仮設住宅の建設が終わるか終わらないかのうちに、本拠地のある北部に戻ってしまったそうである。

　TUFは県政府への登録なしに勝手にこの仮設住宅を建設したので、政府

が管理するはずの水や電気の配給、トイレの汲み取りも滞りがちだということだった。政府の役人も一度も視察に来ないだけなく、場所の辺鄙さから支援団体もほとんどやってこない。たまに支援団体がやってきたとしても、TUF が建てた住宅と知ると、政治的な面倒に巻き込まれるのを嫌がって、どの団体もそのまま帰ってしまうらしい。他の津波被災者に比べて自分たちには支援がほとんどこないことで、住民たちは絶望感を感じていた。

　ここに住む 40 世帯は、津波前はすべて漁業を営んでいたということだが、漁具を失ったため、収入がまったくない状態にある。もともと貧しい生活をしていたため、頼る親戚もおらず、1 日も早く漁を再開したいという声があちこちできかれた。しかし津波に飲み込まれた恐怖から、漁に出るのは正直まだ怖いという漁師もいた。全員の家が全壊しており、40 世帯中 25 世帯が家族を亡くしている。晴香はこの村は、心のケアと魚網トレーニングの両方のニーズが高いと判断した。ひどい状況におかれているのにも関わらず、支援がほとんど行き届いていない、まさに忘れられた村だと感じた。

　早速、晴香はこの村の支援の可能性について、より詳しい情報を得るためにタンゴール郡政府（Divisional Secretariat）に出かけた。初め温かく迎えてくれた DS（Divisional Secretary, 郡知事）は、晴香たちがスリヤゴダ村に住む 40 世帯のタミール、ムスリムへの支援について話をすると、とたんに眉間にしわを寄せた。

「いや、悪いことを言わないからあそこには関わらないほうがいい。ここだけの話、自分たちもあそこは見て見ぬふりをしているんだ」。
「でもいくら LTTE 系の団体が仮設住宅を建てたからといって、住民たちがそれでとばっちりを喰うのはおかしくないですか。彼らも津波被災者であることには変わりないのだから。あそこの人たちはひどい状況で生活していますよ」。
「それは分かるけれど、政府の立場としては、違法に住み付いている人たちに、何かしてあげることはできない。追い出しを要求しないだけ、

親切というものだ」。
といった形で、まったく話し合う余地がなかった。

　次の日、晴香は現地スタッフとミーティングを行い、スリヤゴダ村の40世帯を事業村の候補に入れたいと話した。HTSRの現地スタッフは全員シンハラ人だ。1つだけ、シンハラとムスリムの混じっている村が候補にあがっているが、それについては何も言わなかったスタッフが、スリヤゴダ村はやめたほうがいいとくちぐちに言う。彼ら自身もこうした複雑な背景にある村で、活動をするのは難しいと考えている。

　「特にシンハラ人と混ざっているならいいけれど、タミールとムスリムだけなんて、まとめるのも難しそうだ。それに、政府がやめろといっているところで事業なんかするのはHTSRのためにもよくない」。

　「そうだ、それにTUFの建てたところで活動して、LTTEと何か関係があると思われたらどうするんだ」。

スタッフは全員、スリヤゴダ村で活動することに反対だった。

　ニーズがあるからといって、スタッフがやりたくないと言っている村で、本当に事業が実施できるのだろうか。政府のサポートのない村、政治的な関わりがあると疑われる村を支援していることがわかったらドナーはなんと言うだろうか。受益者はLTTEと関係がないとはいえ、ドナーは政治的な中立性について指摘してくるのではないか。晴香は、またしても難問にぶつかった。

　そんなとき、事業実施村として決まったマユラヤーヤ東村で準備を始めていたスタッフから、大手欧米系NGOのサルヴェイション・ファンド（Salvation Fund）が、マユラヤーヤ東村に隣接するマユラヤーヤ西村で、漁師100人に対して1人5枚ずつ魚網を配ることを約束したという情報が入った。これを聞いたマユラヤーヤ東村のHTSRの受益者は、HTSRにも同じように1人5枚ずつ配ることを要求しているという。5枚ずつ配らないならトレーニングに参加しないと言いだす受益者もいるとのこと。

現地スタッフの詳しい報告によると、サルヴェイション・ファンドは何の下調べもなく、自分は漁師だと申告した人全員に魚網1人当たり5枚を配ると決めたらしい。中には漁師ではない人で申告した人もおり、彼らはこうやってもらった支援物資を売って、現金にしているとのことだった。

「こんなふうに長期的な視野に立たず、簡単に物をばらまく団体が多いから被災者はどんどん援助漬けになり、自分たちで何もせず依存的になってしまうのだ。かたや、スリヤゴダ村のように何も受けとっていない村もあるというのに」。

晴香は、津波の援助が弊害を生み始めているのを目の当たりにして、急に無力感を覚えた。

5　晴香の選択

HTSRで緊急から復興への移行期の事業を実施する晴香は、壁にぶつかっていた。援助の行き届いていない分野、地域で支援活動をしたいと考え、「カウンセリング」と「漁業支援」を組み合わせた活動を行い、経済面と精神面の両方で被災者をサポートしていくこと決定したところまでは順調だった。しかし、いざ事業村を選択するという段階になって、さまざまな困難にぶつかる。さまざまな情報が交錯し、被災者も正確な情報をくれているのか自信がもてない。政府機関、調整機関も必要なデータをもっておらず、現場は混乱している。その中で過剰な援助を受け、援助依存が深刻で、自分たちから何かをしようという気持ちが萎えている村もある。また、援助物資を巡って村内の人間関係も悪化している。心ない援助の結果だと思うと、本当に残念だ。

一方、援助団体から忘れられた村が見つかるが、政治的な背景から政府もサポートしたがらないばかりか、現地スタッフも実施に異を唱えている。こうした複雑でリスクが高く実施が困難な村は、候補から外すべきなのか。しかし村の状況をつぶさに見てまわった晴香は、そのニーズの高さを知っている。このまま放っておけばどちらの村もひどい状態になることは目に見えて

いる。ドナーの意向を考えると、申請書に提出した通りの事業が問題なく実施できる村を選択するのがいちばんである。事業が失敗に終われば、HTSRの評判にも関わる。晴香の中には、この数週間で目にしたさまざまな被災者の顔や、政府、援助関係者、本部スタッフの顔が浮かんできた。実施可能性を優先させるのか、リスクをとってでもニーズを優先させるのか。

翌朝、晴香は本部に電話をかけた。時差があるので東京はもう午後になっている。苦心の末に出した結論をしたためたメールを、担当者は読み終わっているに違いない。結論を出したためか、晴香の顔は少し晴れやかに見えた。

内戦による疲弊と津波災害

スリランカではタミール・イーラム解放の虎（LTTE）という武力勢力が、シンハリ人主体の政府から独立を求め1975年から現在に至る長期内戦状態にあります。戦闘を避け海岸線に移住してきた避難民達は、民族毎に分かれ避難民キャンプに居住することを余儀なくされていました。こうした避難民キャンプが数多く存在した海岸線を襲ったのが今回の津波なのです。

2004年12月26日のスマトラ島沖地震によって発生した津波のスリランカでの被害は、死者・行方不明者含め約4万5千人*と言われています。窓

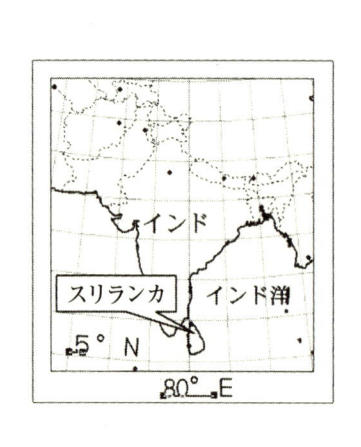

図1　スリランカの位置（左）と地図（右）

やドアから大量に押し寄せた水が持ち物全てを奪い去り、着ていた服すら全て波で剥ぎ取られてしまったので、現地の人々は食料や水だけでなく、着る服も生活用品も全てを必要としていました。これを受け、特定非営利活動法人ジェン（以下 JEN）は同月29日には現地での緊急支援活動を開始しました。

　緊急段階を脱した現在も、海岸線沿いに生きる漁民はその道具や船を失い、農地は塩害で使い物にならず、政府支給の見舞金や食料配布で、やっと生活ができている状態です。彼らの速やかな再定住、復業こそが自立・復興への鍵です。

＊スリランカ大使館調べ2005年6月27日現在

表1　スリランカの概要（出典：外務省ホームページ）

国名	スリランカ民主社会主義共和国（英語名 Democratic Socialist Republic of Sri Lanka）
首都	スリ・ジャヤワルダナプラ・コッテ
人口	約1,930万人（一部地域を除く）
面積	65,607km^2（北海道の0.8倍）
人種・民族	シンハラ人（72.9％）、タミル人（18.0％）、スリランカ・ムーア人（8.0％）（一部地域を除く値）
言語	シンハラ語、タミル語（共に公用語）、英語（連結語）
宗教	仏教（70.0％）、ヒンドゥ教（10.0％）、イスラム教（8.5％）、ローマ・カトリック教（11.3％）（一部地域を除く値）

16
ジェンダーをめぐるタリバーンとの対話

勝間　靖

1　アフガニスタンへの赴任の経緯

　国連児童基金（UNICEF）のメキシコ国別事務所での勤務も2年を過ぎたし、そろそろ次のポストを探さなくては…。佐藤オサムは、任期付き契約の国連職員なので、あと1年以内に次のポストに着任しなければならないというプレッシャーを感じ始めていた。

　国連に勤める中堅職員の多くは、組織の中で定期的に内部公募される空席予定ポストの一覧表を見ながら、次に異動したいポストに自分で応募しなくてはならない。書類審査の結果、第2次選考のためのショート・リストにうまく残れると、その次に、いったん筆記試験が課されてさらに候補者が絞られる場合もあれば、すぐに最終段階の面接試験へと進むこともある。こうした内部競争を勝ち抜いて、ようやく空席ポストを埋める最終候補者となれるのである。

　実のところ、ラテンアメリカとカリブ地域を統括するコロンビアにある地域事務所から、今の契約の延長でボゴタに来ないか、と声をかけてもらっていた。英語とスペイン語の両方ができるということで、この地域ではそれなりに重宝してもらっていた。ラテンアメリカとカリブ地域内の各国にある国別事務所を政策的にサポートする地域事務所での仕事には、この両方の言語を使いこなすことが必要とされるからだ。ラテンアメリカでの「人生を楽しむ」ライフスタイルにすっかり馴染んでいたオサムは、「それもまあいいか」という受け身の気持ちもあった。しかし他方、せっかく大学院で「開発と人権」を学んできたんだから、もっと厳しい環境でも仕事をしてみたい、とい

うチャレンジ精神もあった。

　そうしていると、ある夕方、ニューヨーク本部の人事部から電話がかかってきて、ボスニア・ヘルツェゴビナの北部にあるスルプスカ共和国のバニャルカ地方事務所へ所長として行かないか、と打診されたのである。応募さえしていないポストの話で、国名くらいなら知っていたが、バニャルカという町がどこにあり、どのような状況かもわからない。また、小さな地方事務所とはいえ所長というポストであるのに対して、オサムは、専門性の高い仕事を希望しており、そうした管理職を望んでいなかった。しかし、内戦終結後の平和構築や復興開発の緊急性から、人事部は、できればその日、遅くとも明日には返事を欲しいと言う。帰宅して妻に相談したが、あまり気乗りしない様子だった。その理由の一つは、家族を連れていけない勤務地で、単身赴任しなければならない点だった。そんなこともあり、人事部には何も返事をせず、放置しておいた。

　通常、このような対応をしてしまうと、人事部によって「干されて」しまうそうである。後になって、多くの同僚から非難された。そもそも人事部が名指しで打診してくるなんて、そんなにあることではないのに、贅沢なことを考えて「チャンスを棒に振った」などと皆に言われ、オサムも少し反省した。人事部に睨まれて、しばらく次のポストは見つからないかな、などと落ち込んでいた。ところが、それにもかかわらず、何の前触れもなく1年以上前に応募していたアフガニスタン国別事務所の企画・評価官のポストへの任命書が職場にFAXで届いた。筆記試験も面接試験もないまま、あっけなく着任が決まってしまったのである。2000年春のことであった。任命書が届くと、2ヶ月以内に赴任しなくてはならない、というのがルールである。慌ててアフガニスタンの情報を本格的に収集し始めることになった。

2　アフガニスタンという国

　南アジアと中央アジアの狭間に位置するアフガニスタンは、パキスタン、イラン、トルクメニスタン、ウズベキスタン、タジキスタン、中国の6ヶ国

に囲まれた内陸国である。日本の約1.7倍の国土に、約2,300万人の人々が住む。多民族によって構成される国家であるが、東部と南部を中心に住むパシュトゥン民族が最も多い。そのほかに、タジク民族、ハザラ民族、ウズベク民族などの民族がある。

ところで、多数派のパシュトゥン民族は、アフガニスタンとの国境に沿ったパキスタン西部に住むパターンと呼ばれる民族と同じと認識されている。彼らは一緒にパシュトゥニスタンという国を独立させようという話をよくする。それほどアフガニスタンとパキスタンとの国境線は政治的な経緯による人工的なものである。

1979年のソ連軍によるアフガニスタン侵攻以来、近年までアフガニスタンは長期の内戦状態におかれていた。100万人もの命が失われた上に、500万人が難民として国外（とくにパキスタンとイラン）へ流出したと言われている。アフガニスタンと国境を接するパキスタンの町、特にペシャワールやクエッタでは、多数のアフガン難民が長期にわたって住むようになっていた。そうしたことから、アフガニスタンへの人道支援もこれらの町を拠点として行われることが多かった。

1980年代を通してソ連軍に抵抗したムジャヒディーン（イスラーム聖戦士）が92年に勝利を収めたものの、今度はムジャヒディーン各派同士が覇権を巡って抗争を繰り返すようになった。さらに、94年にはタリバーン（神学生という意味）が新たな勢力として台頭し、ムジャヒディーン各派に変わる主流派となるに至った。カンダハールを中心としながら、首都のカブールも制圧していた。それに対抗して、反タリバーンということでムジャヒディーン各派はまとまり、北東部のファイザバードを拠点とした北部同盟を形成していた。

2000年春当時、タリバーン政権は国土の9割を実効的に支配していたが、アラブ首長国連邦、パキスタン、サウジアラビアの3ヶ国にしか政府承認されておらず、国際社会では広く認められていない政権であった。また、国連で議席をもっていたのは、実際にはアフガニスタンの国土の1割未満しか支配していなかった北部同盟であった。

タリバーンはパシュトゥン民族を中心とした勢力であったため、他民族への人道支援が難しい場合もあった。特にハザラ民族は、同じイスラーム教徒の中でもシーア派であるため、スンニ派のタリバーンから迫害を受けることが多かった。このことは、ハザラ民族が居住する地域への支援を困難とした。またタリバーンは、女性が家の外に出ることは危険であるとか、女子にとって適切な教育カリキュラムがないといった理由から、女性の就労の禁止や女子教育の停止を政策として掲げたため、国際社会はその人権侵害を非難していた。

　以上が、2000年春の時点における、タリバーン支配下にあったアフガニスタンの概況である。タリバーンと北部同盟が対立するアフガニスタンにおいては人道支援に携わる上で、政治的に中立の立場をとることが決定的に重要であった。

3　赴任後の信頼関係の構築

　オサムが赴任したアフガニスタン国別事務所は、首都のカブールでなく、隣国パキスタンの首都イスラマバードにあった。これは、国連においてアフガニスタンを代表しないタリバーン政権が支配下に置いていたカブールには国連の主たる事務所をおけない、という政治的な状況の反映であった。他方、国連でアフガニスタンを代表する北部同盟は、北東の辺境ともいえるファイザバードを拠点としていた。アフガニスタンの北に位置するタジキスタンと接する国境の南、とでも言ったほうがわかりやすいかもしれない。

　イスラマバードに主たる事務所を置きながら、タリバーン支配地域においてはカブール、カンダハール、ヘラート、マザーリシャリフ、ジャララバードに、北部同盟支配地域においてはファイザバードに、合計6ヶ所に地方事務所を設けていた。オサムは、イスラマバードにある国別事務所を拠点としながら、出張という形でアフガニスタン国内の地方事務所を巡回しながら仕事をするという勤務形態をとった。

　実を言うとオサムにとって、この勤務形態は好都合であった。安全対策の

ためアフガニスタンには家族を連れていけないが、パキスタンのイスラマバードには家族を置くことができる。つまり、イスラマバードを拠点として、そこに家を借りて妻を残しながら、アフガニスタンへは単身で出張していた。

オサムが赴任後に心がけたのが、信頼関係の構築であった。どこの国であっても、そもそも「よそ者」である日本人が、その国の現状について深く理解することには限界があるし、その国の将来あるべきビジョンを語ることもおこがましい。開発協力であれ人道支援であれ、その国の人々が主導すべきである。そのためにも、いろいろな国からやってきた「よそ者」はお互いに協調しながら、現地の人々のイニシアチブを尊重しながらサポートしなければいけない。オサムは、そんなふうに自分の立ち位置を認識していたので、まずはアフガニスタン国別事務所の他の職員の信頼を得たうえで、アフガニスタンの人々から信頼されるようにならなければいけないと考えていた。

もっとも、アフガニスタン国別事務所の他の職員、と簡単に言ってしまったが、そこには多種多様な職員がいた。まず、採用の手続きから大きく分けて国連職員は国際スタッフと現地スタッフに区分された。国際スタッフはグローバルな競争を経て採用されるのに対して、現地スタッフはその国の国籍をもつ者が現地採用される。国際スタッフには、欧米人もいればアジアやアフリカ出身の者もいた。アジアやアフリカ出身の国際スタッフの中には、イスラーム教徒も多くいた。他方、現地スタッフについては、本来アフガン人のはずである。しかし、アフガニスタン国別事務所と言っても、一時的にカブールからイスラマバードに退避させていたためか、いつの間にかパキスタン人も現地採用されていた。これに対してアフガン人は憤っていたため、現地スタッフの中にも亀裂があった。

日本出身のオサムにとって、実際には戸惑うことが多々あった。まず第一に、イスラーム圏に住みながら仕事をすることが初めてだったため、「郷に入れば郷に従え」ということで、そこでの生活に慣れようと心がけた。同僚やカウンターパートには敬虔なイスラーム教徒が多く、彼らの生活パターンと波長を合わせることが不可欠であった。1日のうちの祈祷の時間、1週間の中で特に重要な金曜日の祈祷の時間、1年の中でラマダーン（断食）

の時期などを配慮し、それと重ならないように会議や打ち合わせを設定するように努めた。つまり、「客人」として滞在している訳だから、ホスト国での「常識」を「よそ者」なりに可能な範囲で尊重しようと考えたのである。もっとも、ラマダーンの時期の昼食時、一緒に断食するようなことはしなかったが、オフィスの鍵を閉めて、自宅からもってきたおにぎりを一人でこっそり音をたてずに食べたものである。

　第2に、治安があまりよくない中、安全対策をしっかりとる必要があった。前任地のメキシコ市も治安は悪かったが、アフガニスタンやパキスタンでの治安問題の性質は違った。つまり、メキシコ市では金銭目的の犯罪を未然に防ぐことが重要であったが、ここでは政治的な動機による無差別的な攻撃に巻き込まれることを回避しなければいけなかった。もちろん、国連の安全情報は不可欠な情報源であったが、それに加えて、現地のスタッフや人々から教えてもらう非公式の情報も役に立った。信頼関係ができると「今夕は祈祷のあとに赤いモスクの周辺でデモがあるから、帰り道を変えた方がいい」とか、向こうからわざわざ教えに来てくれることも多くなった。

　第3は、人権やジェンダーに関わることであった。国際人権法を学び、国連に勤務する者としては、当然に人権の尊重やジェンダー平等を進めていかなければならない。しかし、そうした国際的な規範とは大きなギャップのある社会が目の前に広がっていたのである。オサムは、ジェンダーをめぐってタリバーンと対話を重ねていくことになる。

4　アフガニスタンへの入国

　アフガニスタンに入国するために、外国人はビザが必要である。国連に議席をもっているアフガニスタンの代表は北部同盟で、そのためニューヨークにあるアフガニスタン大使館は北部同盟政府によって運営されていたので、そこでもらえるビザは北部同盟のものであった。だから、国連ニューヨーク本部の職員がアフガニスタンのビザを取得しようとすると、北部同盟のものになる。しかし、いざアフガニスタンに入国しようとすると、それは通用し

なかった。なぜならアフガニスタンの国土の９割はタリバーン政権に実効的に支配されており、そこへ入る際に対立する北部同盟のビザが相手にされるはずもなかった。北部同盟のビザをもって来て、それが通用しないことに初めて気づく本部職員があとを絶たず、現場で働くフィールド職員は苦笑いすることが頻繁にあった。「本部で勤務する職員は、現場を分かっていない」と陰口をたたく者もいた。こういうときには、国際スタッフも現地スタッフもフィールド職員として一致団結したものだ。

　アフガニスタン国別事務所に勤めるオサムは、国連が発行するレセ・パセ（パスポート）に、パキスタンのイスラマバードにあるタリバーン政権の代表部からビザをもらい、アフガニスタンに入国した。このことは、実際には少し微妙な問題であった。国連にとって相手すべき政府は本来、国連に議席をもつ北部同盟政府であった。しかし北部同盟は北東の辺境地方をかろうじて維持しているに過ぎず、北部同盟のビザはほとんど通用しない。人道支援の対象となるアフガン人のほとんどはタリバーンが支配する地域に住んでおり、そこに国連職員が入るためにはタリバーン政権のビザが必要だった。それを国連のパスポートに押させることはタリバーンを政府承認することにつながるのではないか、と国連のフィールド職員を批判する本部職員がいた。論理的にはそうかもしれない。しかし実際に仕事をするために、タリバーンのビザは不可欠である。タリバーン外務省は３ヶ月を超えるビザを出さない政策をとっていたため、オサムの国連パスポートも、１〜３ヶ月しか有効期限のないタリバーンのビザだらけになっていった。

　アフガニスタンでの仕事にも少しずつ馴染んできたオサムに、カンダハールへ行く重要な任務が与えられた。保健医療従事者を育成する看護学校は男女別に教育を行っていたが、女子を対象とした看護教育プログラムがタリバーンによって停止されたというのである。オサムは、国連のカンダハール地方事務所へ出張した。

　カンダハールはアフガニスタン南部にあるタリバーンの本拠地とも言える町である。首都のカブールには中央省庁があったが、実際の政治的な実権はカンダハールにあったと言ってもいいだろう。特にイスラーム原理主義を前

面に出す勧善懲悪省（Ministry of the Promotion of Virtue and the Prevention of Vice、いわゆる宗教警察）の権限は、カブールではなくカンダハールにあり、他の中央省庁もこれに怯えながら仕事をしていた。

　国連のカンダハール地方事務所に到着したオサムは、そこで働く現地スタッフに対して、プロジェクトの企画とモニタリングに関するセミナーを行った。実はそれぞれの地方事務所へ出張するたび、できるだけ自分から話題提供をする機会をつくるようにしていた。というのは、現地スタッフとの信頼関係の構築のためには「よそ者」として現地の人々のイニシアチブを大切にすることは重要であったが、実際それだけでは不十分であることに気づくようになったからである。現地スタッフの知恵を借りるばかりでなく、自分も専門職員として現地スタッフの能力強化に努めなくてはならないと考えた。国際的な動向をフォローしきれていない現地スタッフは、こうした機会を歓迎したし、そのために時間のない中できるだけ準備をしてくるオサムに対しても、いろいろと便宜を図ってくれるようになっていた。

　こうしたセミナーを通して現地スタッフと打ち解けたあと、いよいよ本題に入る。看護学校において女子を対象とした看護教育プログラムが停止されたが、どうしたらタリバーンは再開させてくれるだろうか？　現地スタッフの知恵を借りることになる。

5　タリバーンによる女子教育の禁止

　タリバーンによる女性の就労禁止と女子教育の停止は、人道支援にとって大きな障壁となった。タリバーンは、女子が家の外に出ることは危険であるとか、女子にとって適切な教育カリキュラムがないといった理由から、女子教育を認めようとはしなかったからである。こうした文脈の中で、カンダハールの看護学校における女子教育も停止された訳である。それに対して、国際社会はその人権侵害やジェンダー差別を非難した。

　あるとき、国連本部のジェンダー・アドバイザーがパキスタンに数日だけ来たことがあった。彼女のアフガニスタンへの入国をタリバーン政権が認め

ず、結局はそのまま本部に戻ったあと、「アフガニスタンでは女性はブルカと呼ばれるベールで全身を覆わなくてはならず、たいへんな人権侵害が行われている」と報告書を書いた。これに対しては、国連の現地スタッフを含めたアフガン女性が猛烈に反発した。「彼女はアフガン女性のことをわかっていない。ブルカ着用なんてたいした問題じゃない。ただ暑いだけで、何を失うというのだ。女性の就労や女子の教育の禁止をする方がよっぽどアフガニスタンの現在と将来に関わる大問題なのに！」。

やはりアフガニスタンのことは、アフガン人に聞くに限る。さて、看護学校の女子を対象とした看護教育プログラムに関して、誰が鍵を握っているのか、オサムは国連の現地スタッフに聞いた。看護学校の校長、保健省の州事務所、カンダハール州知事、宗教警察などが挙げられた。彼らの理解によると、保健省や看護学校は女子を対象とした看護教育を継続したいと考えているが、女子教育禁止の戒律が出されているという事実に基づいて、宗教警察が停止を迫ったのだろうということだった。それでは、宗教警察と交渉すべきかと尋ねると、視野が狭い末端の原理主義者は聞く耳をもたないので、もう少し話ができる原理主義者と会ったほうがいいということになった。それが、タリバーンのナンバー２にあたる、カンダハール州知事であった。

国連の現地スタッフに通訳を兼ねて同行してもらい、カンダハール州知事を訪問した。パシュトゥーン民族の現地スタッフのアドバイスもあり、まずはお茶を飲み交わしながら、打ち解けてくれるまで、世間話に終始することにした。まずは国連職員ではあるものの、日本人だということで珍しがってくれた。「噂どおり、ハザラ民族の顔とそっくりだな」。しかし、一向に話が弾まず本題に入るきっかけを見つけることができず、オサムは焦っていた。それに気づいたのか、通訳していた現地スタッフが、にやにやしながら、州知事に向かって「佐藤さんの名前が何ていうか知っていますか？」と勝手に話を始めた。「彼の名前は、なんと、オサムなんですよ」。それを聞いた州知事は急に大笑いしだした。「こいつの名前がオサマだって？　日本人なのに、そんな馬鹿な！　それじゃあ我々の恩人だから、話を聞いてやらないとな」。どこまで真面目に言っているのかはわからないが、「オサマ」という有名人

平和構築と開発　233

の名前に似ているということで、打ち解けた雰囲気になった。

　いよいよ本題に入れる、オサムはそう感じると、いきなり看護学校の話を始めず、まずは日本に残してきた母のことを話した。病気がちで通院していること。それなのに自分は国連で仕事をしているため、この 10 年ほどなかなか日本に帰ることもできず、不甲斐なく思っていることを話した。そうすると州知事も、自分の母親が病気になってもアフガニスタンでは適切な診療を受けることができず、パキスタンまで通院していると話してくれた。現地スタッフのアドバイス通り、アフガニスタンの髭面の男たちにとっての弱点は母親なのであった。

　オサムは思い切って質問した。「アフガン女性は女医にしか診てもらえないと聞きましたが、そうなんですか？」。州知事は、「男性の医師であれば、ブルカと呼ばれるベールで全身が覆われた女性をそのまま問診することしかできないな。患部を実際に診たり触診できるのは、女医に限られる」と返答した。「私の母親がパキスタンまで通院しているのは、アフガニスタンにはいい病院がないだけでなく、女医がいないからだよ」。

　オサムは、国連がアフガニスタンの保健医療従事者を育成するためカンダハールの看護学校を支援してきたが、女性を対象とした看護教育プログラムだけが停止されてしまい残念に思っていることを伝えた。そうすると州知事も応じた。「お前が言いたいことは最初からわかっていたよ。あれは、宗教警察が杓子定規にやったことだ。確かに、保健医療分野は特別だな。妻は取り換えられるが、母親は変えられない。母親が病気になったときのために、女性の保健医療従事者を育成していくことは必要だ」。「妻は取り換えられる」というのは問題発言だと思ったが、オサムは頷いた。それから 3 週間後に、女子を対象とした看護教育プログラムは再開されたのであった。

　ところで国連の職員は、女子教育といえば通常『子どもの権利条約』の第 28 条の「教育への権利」や、第 2 条が定める「非差別（non-discrimination）」という一般原則を使って議論するように訓練されている。つまり、すべての子どもは教育を受ける権利をもっており、女子も差別されることなく教育を受けることができるよう、『子どもの権利条約』の締約国は努力する義務を

国際的に負っている。アフガニスタンも締約国なので、国際法上タリバーン政権も『子どもの権利条約』の履行義務がある。したがって、タリバーン政権に対しては『子どもの権利条約』を遵守するよう求めると共に、非差別の原則から女子にも教育機会を提供するよう交渉を続けていた。

しかしオサムはカンダハール州知事との会合では、現地スタッフのアドバイスもあり、こうした国際人権法の議論は封印して実際のニーズから保健医療分野での女子教育の重要性を主張したのであった。国際人権は普遍的ではあるが、その国内における適応においては、その国の特殊性も考慮しなければならないと判断した訳だ。

もっとも、看護教育としての女子教育については「特別」に理解が得られた訳だが、女子教育一般についての交渉は壁にぶつかった。タリバーン政権は、女子が家の外に出ることは危険であるとか、女子にとって適切な教育カリキュラムがないといった理由から、女子教育を認めようとはしなかったからである。

6　元教員の女性を中心としたホーム・スクール

女子教育一般については、タリバーン政権による女性の就労や女子教育を禁止する戒律によって、学校教育の現場から女性が排除されていた。こうした差別的な教育政策をやめるよう交渉する一方で、代替的なアプローチが模索された。そして、コミュニティーにおけるノン・フォーマル教育として、ホーム・スクールを推進することになった。

まず第一に、タリバーンによって女性の就労が禁じられたため、学校教育から排除された女性教師は、自宅で近所の子どもを教えるようになった。女子教育を求める子どもとその両親、そしてさらにコミュニティーは、タリバーンの女子教育禁止にもかかわらず、子どもの教育をあきらめなかった。それは、タリバーンによる女性の就労禁止によって解雇された女性教師たちに可能性をみつけたからである。つまりコミュニティーは、女性教師が自宅で近所の女子に教育することを求めた。

第二に、タリバーン教育省が運営する学校で勉強することが許されなかった女子は、ホーム・スクールという代替的な学校へ行けるようになり、技能、学習能力、人間としての尊厳、自尊心、自信を伸ばしていくことができた。ホーム・スクールへ国連やNGOが支援することを通して、元女性教師のネットワークが築かれ、短期の研修なども行われるようになった。

　ホーム・スクールは、学習のための空間としてだけではなく、紛争の中で生活する子どもを脅威から保護するという役割も果たした。不安定な社会で生活する子どもを保護するうえで、教育の果たすべき役割について、これまで以上に注目すべきだという考え方が強くなっている。オサムが勤務するユニセフの文書によると、以下のような利点が示されていた。第一に、安全に遊べる場所を確保し、破壊的な行為に代わる行動を促進すると同時に、大人による定期的な監視を行きわたらせることによって、女子に対する身体的な保護を向上できる。第二に、ホーム・スクールは、自己表現を行う機会など、同じ年代の子どもと触れ合う場を提供することにより、心理社会的な面で健康を増進させる。子どもたちが一緒に過ごせる機会をつくることによって社会化を支援し、同年代の子どものネットワークを築くことができる。また特に女子にとっては、生徒であるということによって自分のアイデンティティーを取り戻すことができ、将来に希望をもつうえでの助けとなる。第三に、ホーム・スクールでの授業は、読み書き、算数、生活技能といった、重要な基礎を女子に身につけさせる。こうしたユニセフの文書を読み、実際にアフガニスタンで仕事をする中で、オサムは、確かに不安定な社会で生活する子どもにとって、基礎的な学力を身につけるということは贅沢では決してなく、自分にとって最善の利益のために意思決定するうえで必要不可欠だと信じるようになっていた。

　こうしたホーム・スクールは、宗教警察が目を光らせている都市部では難しかったが、監視が緩い村落部では実施が可能であった。もっともその場合でも、ときどき巡回に来る宗教警察に黙認してもらう必要はあった。村の有力者が結束して、自分たちのコミュニティーのための学びの場であるからコミュニティー外部の者は「問答無用」であるという姿勢を貫くことによっ

て、宗教警察を黙認させることに成功した。オサムは、できるだけめだたないようにしながら、こうしたホーム・スクールに対する支援を行った。また、「教育」という言葉よりも、「学習」という言葉を使ってタリバーンに説明するようにした。アフガン人の現地スタッフは、男でも女でも「知識ある者のみがアッラーを恐れる」と宗教警察に説明していた。

7　世帯調査のための女性の雇用

　20年以上にわたって内戦を経験してきたアフガニスタンでは、全国規模の調査は長らく行われてこなかった。特に地域、民族、ジェンダーによって分けられた全国レベルでの統計データは欠如していた。そういったデータがないため、基礎的な社会サービスに関わる問題がどのように存在し、それがどこで顕著となっているのか、誰がそれによって最も悪影響を受けているのかといった情報がなかった。国連やNGOは、基本的な統計資料が欠如している中で、支援を計画しなければならないという問題に直面していた。信頼できるデータの不足のため、限られたリソースを最適に配分することは事実上不可能に近かったのである。

　このような背景から、アフガニスタンにおける基本的なデータの収集の必要性は十分に認識されていた。状況のアセスメントに加え、今後の支援活動のモニタリングと評価に必要となってくるベースライン・データの共有化などを目的として、2000年にアフガニスタン国別事務所は基礎的な社会サービスに関する世帯調査を実施することを決めた。この調査の企画と実施を担当したのがオサムである。

　技術的な段階において、オサムによる準備作業は順調に進んだ。つまり既存のモデル質問表をアフガニスタンの社会環境に合わせて改訂し、階層的な無作為抽出の方法が採択され、質問表を使ってインタビューする調査員の訓練などが予定通り行われた。しかしながら、実際に調査を行う段階になると、アフガン女性へのアクセスが深刻な問題として浮上してきた。これは質問される側としてのアフガン女性と、質問する側としてのアフガン女性の両方に

わたる問題であった。つまり子どもや女性のおかれた状態について情報を得るためには、自宅にいる女性が最も適切な情報源だと考えられた。とはいうものの、彼女たちは、顔見知りでないアフガン男性が訪れても会おうとはしない。したがって、質問者としては、別のアフガン女性が適役だといえる。しかしタリバーンは、保健医療分野を例外として、アフガン女性の就労を禁止したため、これも簡単ではなかった。

　2000年6月、オサムらは、タリバーン政権の中央統計局長を、国連のアフガニスタン国別事務所に招いた。会合の結果、中央統計局長は、調査の実施を許可してくれた。これを受けてオサムは、保健医療分野に従事するアフガン女性を調査員として訓練することを、パキスタンのペシャワールにおいて開始したのである。アフガン女性は単独で行動することが困難なので、親族の男性に補佐してもらう形をとることにした。実際に調査を実施するにあたっては障壁もあったが、無作為抽出で全国から選ばれた97地区のうち、まず22地区での調査が完了した。この22地区は、東部と南東部に加え、一部の中央部から選ばれた地区である。

　しかし残りの地区で調査を続けようとしていると、同年7月にアフガン女性が国連やNGOで働くことを禁止するタリバーンの新しい戒律が公布された。このことは国連が主導する状況アセスメントのために調査員として働くアフガン女性にも影響を及ぼした。調査団が中央部に進んだところでこの新しい戒律を理由として、宗教警察によって調査は停止を余儀なくさせられたからである。オサムは国連を通し、中央統計局長に対して保健医療分野においては女性就労禁止戒律を例外的に適用しないという対応をとってもらえるよう、タリバーン閣僚会議へ働きかけることを求めた。この結果、中央統計局を管轄する計画省の大臣が、この件を閣僚会議の議題として提出した。

　これを受けてタリバーン閣僚会議は小委員会を設け、そこに勧告を求めた。この小委員会は協議ののち、状況アセスメントのための調査は継続して実施されるべきとの勧告を閣僚会議に提出した。閣僚会議はこの勧告に合意し、法務大臣に調査の続行を正式に許可する文書を準備することを求めた。しかし同年9月の末に、いったんは閣僚会議において合意したはずの法務大臣は

それを翻し、緊急でも医療行為でもないという理由から調査続行を許可する文書の発行を拒絶した。また法務大臣は、日当がつく調査員の仕事をユニセフがアフガン女性に与えることは、アフガン女性が国連やNGOで働くことを禁止する新しい戒律に違反していると批判した。

他方、タリバーンと対立する北部同盟の支配する北東部については、2000年8月にラバニ大統領（当時）より、状況アセスメントを目的とした調査の実施を許可する文書を受け取ることができていた。しかしながら、タリバーン側との戦闘が激しくなり、調査団を北東部へ送ることは結局できなかった。

その後、天候の厳しい冬を迎えたため、春まで待ったのち解決の糸口が模索された。首都カブールにある中央省庁の閣僚への働きかけだけでは不十分と判断し、2001年の春にはタリバーンのナンバー2のカンダハール州知事へアプローチした。カブールでの閣僚会議での行き詰まりを打開するためには、タリバーンの本拠地との交渉が不可欠と考えられたからである。何度かの交渉の結果、カンダハール州における世帯調査についてはカンダハール州に住む女性の保健医療従事者を調査員として雇用するという条件で、状況アセスメントを南部で行うことについて了承を得られた。そこでオサムは、カンダハールで保健医療に従事するアフガン女性の訓練を開始し、調査の準備を進めた。また翌週にカンダハールを訪問するので、そのときさらに相談しようと州知事に約束をしたのち、イスラマバードに行って国別事務所に報告した。しかしながら、その数日後の9月11日、米国ニューヨークへのテロが発生したことを受けて、この調査そのものが中止となってしまった。自分の仕事を奪われたオサムは何をすべきかわからず、茫然自失となるのであった。

8　エピローグ

アフガニスタン国内に戻ることもできず、イスラマバードにあるアフガニスタン国別事務所に通う日々がしばらく続いた。自分の国連パスポートを何

気なくパラパラめくっていると、オサムはカンダハールで最後にもらったビザが6ヶ月有効であることに気づいた。タリバーン外務省は3ヶ月を超えて有効なビザを非イスラーム教徒の外国人には出さないと聞いていたので、不思議に思って現地スタッフに聞いてみた。するとにやにや笑いながら、「カンダハール州知事はオサムさんのことを気に入ったようだから、客人としていつでも来られるよう特別に配慮したんじゃないですか」と言う。真偽のほどはわからない。

　状況アセスメントのための世帯調査は中断されてしまったが、オサムはすでに調査が終わっていた22地区のデータのみを使って報告書を作成した。しかしアフガニスタンへの米国軍による空爆が始まり、国連は空爆下での新たな形の緊急人道支援を拡大しなくてはならなかった。これまでの慢性的な紛争地から、より緊急性の高い人道危機へと急展開していった。そうした中、企画・評価官としてのオサムの任務は終わろうとしていた。

　政治的に中立であるはずの国連による人道支援であったが、いつの間にか、パシュトゥン民族を中心としたアフガン人やパキスタン人も、国連は米国寄りであると厳しく非難するようになっていた。一緒に仕事をしてきた現地の人々や現地スタッフの国連に対する目も厳しくなっていった。

　これまで信頼関係の構築を念頭に仕事をしてきたオサムであったが、こうした政治的に大きな流れの渦に巻き込まれてしまい、個人としてできることに限界を感じていた。これまで地道に積み重ねてきた信頼関係の構築への努力は、こうした空爆という軍事行動によって瞬間的に蒸発してしまったようにも感じた。

　アフガニスタン国別事務所でオサムの送別会が開かれた。アフガニスタンの文化であるが、こういうときには詩を詠んでくれる。タリバーン政権時代にはあまり前に出てくることのなかったハザラ民族のアフガン女性スタッフが、明るく力強く詩を詠んでくれた。ペルシャ語の方言とも言われるダリ語なのでよくわからなかったが、近くにいた現地スタッフによると、以下のような内容だった。「これまで、アフガニスタンの将来のために、オサムさんと私たちは苦労を共にしてきた。今、新しい時代が切り拓かれようとすると

き、アフガニスタンは引き続きあなたの力を必要としています。それなのに、どうしてあなたは去っていくのですか？」。

　オサムは、少し引き裂かれるような思いだったが、それでも自分のここでの任務は終わったと感じていた。2001年12月、オサムは失意のもとアフガニスタン国別事務所を離任し、次の赴任地へと旅立つのであった。それ以来、アフガニスタンへ戻っていない。

17
紛争後の開発と資源管理
——命がけの交渉術

村田　俊一

1　イントロダクション／ザンバ勤務

　6月のザンバ。この日はいつにも増して、夕方のスコールが激しく感じられた。いつもの勤務時間が終り皆が帰った頃、翔は6名の職員に残るように伝えた。夜の8時。「重要課題があるから帰らないで欲しい。夕食でも一緒にどうかな」と。

　翔が話を切り出した後、2、3分の静寂があり、6名の中で唯一の女性のジャイアが口火を切った。

　「クレージーな話だわ。私たちみんな殺されるわよ。こんなことやったこともないし考えたこともない。危険極まりない！」

　翔は38歳。アフリカを中心に13年国連の開発機関に携わり、アジアで開発機関副所長の仕事をした後、1996年にアメリカの大学の公共政策専門大学院のミッドキャリアプログラムに在籍した経験をもつ。

　在学中に翔と出会った上司のタリアは、「いまザンバを救えるのは彼しかいない」と考えるようになった。ザンバ事務所でのミッションは明確であった。アジアでの開発の経験がないリーダーの下で、ザンバ事務所は誰の目から見ても脆弱化していた。「戦略的な地域事務所の建て直し」。自分には実践的な紛争関係の経験がなく、日本との関係も重要視しているタリアは、迷わず翔を担当とすることを考えていた。

　何の前触れもなく本部に呼びだされた翔は、人事部に直行した。ファリーナ国ザンバ事務所の現地副所長を任せるからぜひやって欲しい。40人の正

規職員を含む100名のスタッフからなるザンバ事務所。興味はあると同時に任務は重大で、不安と期待が混在しているというのが翔の率直な気持ちであった。同時に米国時代に家族が一人増え、新しい家族構成となった翔は、この挑戦的な新しい任務に対してすでに前向きな気持ちになっている自分に気がついた。政策局の次長であるタリアに呼ばれ議論を交わしたときには、ザンバ事務所に赴くことが決まっていた。

2　ダンナオ島の分析

　ニューヨークから大学に戻り、ファリーナ国の資料を調べだした翔は愕然とした。国内の貧富の差は明確で、多くの民族と宗教が混在しており、教育レベルにも格差があるなど問題は多岐にわたっている。食料自給率は30％、豊富な水産資源、天然資源に恵まれている。また、食糧供給と軍事の拠点となる港と飛行場は先進国の東南アジアにおける戦略基地となっており、一国がもちうる不安定要因がすべて存在するという印象をうけた。

　このように、現地赴任前から国の現状に関してさまざまな資料をひっくり返していた翔の目に特に留まったのがダンナオ島であった。国連開発計画（UNDP）の人間開発報告書（1996年）によると、ファリーナ国の人間開発指数（HDI）は世界の174ヶ国中95位で、世界では「人間開発中位国」に属するが、ファリーナ国「人間開発報告書」によると、ダンナオ島は最貧地域であるとされる。ダンナオ島における紛争の歴史は30年以上にさかのぼり、未だ政府とダンナオ島の「モウナ」と呼ばれるイスラム教徒との間の信頼関係は構築されていない。第二次世界大戦後、キリスト教徒が大量に移住、イスラム反政府組織と政府との戦闘が繰り返され経済は疲弊し、国内避難民が発生し、政治的・社会的な不安を助長させた。国内でも多くの最貧困層を抱えるダンナオ島は、政治、経済、社会の不安定要因こそあれ、これに地下資源の問題が加わるとさらに問題が複雑になってくる。また、1970年頃、ダンナオ島に地下資源が発見されて以来、産業国を中心とした多国籍企業の動きが活発になった。その活動を支援する米国政府を始め、中国、OIC（イ

スラム諸国会議機構)や日本のダンナオ島への関心は、やはり豊富な天然資源、豊かな漁場と温暖な気候といえる。まさに、ダンナオは戦略的にもファリーナ国家を支える生命線である。

　ダンナオ島中央部に位置するサンサン湿地帯は、ファリーナ国南部のイスラム教徒「モウナ」が中心の移住区である。同時に未開発の膨大な地下資源が残る地域のひとつとしても知られる。地下資源の中でも、石油や天然ガスが豊富であり、ファリーナ国営石油公社によるこの地域の天然ガスの調査結果では、膨大な埋蔵量を見積もっている。しかしサンサン湿地帯は、イスラム独立国家を樹立することを求めて武力闘争を行使してきた、モウナ解放戦線の本拠地である。断続的な小競り合いを続けている政府軍とモウナ解放戦線は、多国籍企業が地下資源開発に参入したことで、サンサン湿地帯の地下資源をめぐる紛争の火種となっていた。さらに広大なサンサン湿地帯は、約3万ヘクタールの区域を1979年に保護区に指定されている。漁業、養殖業、農業においても、ファリーナ国政府は、経済的かつ政治的な意味でサンサン湿地帯の重要性を認めていて、コバグン川地域の洪水防止のための水路建設や湿地に漁業と農地を開発すれば、巨大な食糧生産基地ともなりうる。

　翔は、この難しい土地をもってして有意義なプロジェクトを立てることで大きな改革ができるのではないかとにらんだ。こんなに多様な機会が豊富にある地域を戦略的に活用しないとは、いままで何をやってきたのだろう。まったく馬鹿げている。このままでは、ザンバの事務所内部が弱くなるばかりか、組織自体が無視されて縮小されるという危険があるではないか！　この機関の存在を示すためにも、さまざまな資源に恵まれ、同時に開発ニーズが高いダンナオ島のプロジェクトは必須であると考えた。

1ヶ月後

　ファリーナ国ザンバ事務所に赴任した翔は、想像以上の困難に直面した。数々のオペレーショナル・プロジェクトを実施しているにもかかわらず、ルールを守るものは少なく、管理体制のずさんさは一目瞭然であった。日々飛び交ううわさに職員は翻弄され、客観的な判断ができない。翔はまず、い

かなる新事業に着手する以前に、足場を固めることが重要だと気づいた。赴任して3ヶ月、翔は管理部門、プロジェクト専門家、関連政府機関などあらゆる部署に足を運び、聞き取り調査を行った。気がつくと手元のノートブックは400ページを超えていた。メモを元に自分なりの状況分析を行った翔は、問題は根深くルール作成をしたぐらいでは体制管理が整わないと直感した。長い間問題が放置されていたため、改革もリスクが伴うが、今やらなくては急降下する体制であると感じた。メモを読みこむほどに内部の士気（モラル）を保つことから始めなくてはと思うのであった。

管理体制を強化する意味での内部の改革戦略としては、多様な活動からなるプロジェクト計画・実施という目標を定め、ミッションを共有することで内部統制を行う表裏一体策がよいのではないかと思うようになった。

3　側近のスタッフ

6月、翔が呼びだしたのは、全6ユニットのチーフ6名であった。翔が提案したダンナオ島開発プロジェクトに関し、「全く尋常じゃない」と発言したジャイアレンに続いたのは、クラリンであった。

「紛争は終わっているといってもまだまだ危ない地域だということは、副所長はよくおわかりですよね」。クラリンはファリーナ人で現地スタッフの30歳。レシデント・コーディネーターのリーガル・アドバイザーとして勤務していた。性格的には、危険を冒すことをものともせず、これだと決めたことにはまっすぐ立ち向かうタイプであった。そのクラリンでさえ、「こんな強烈な提案は聞いたことがない」と驚きを隠さなかった。

翔は話を進めていく上で、自ら行なったファリーナ国の現状分析、ダンナオ島がおかれている状況、和平交渉、今後の展望、さらにはザンバ事務所の組織分析を説明した。特に紛争後の支援はこの機関の重要な使命であり、この重要任務を避けて通ることは、事務所が小規模化することを意味すると強調した。実際脅しではなく、現在おかれている状況は末期状態であることを事実として述べたのである。

「副所長がそこまで考えているのであれば、もう一度リスク分析をやってみる価値はあるか…」。そう口をはさんだアレンは、ガバナンスユニットのチーフである。アジアパシフィックの地域センターの政府アドバイザーである彼は、最初から反対というよりも中立的な立場で議論を聞いていた。「これ以外のプロジェクトからの人事移動も含めて、全体的に考えていく方法もあるかもしれない」。

「スタッフを危険に晒すことになるのは一目瞭然だ。こんなことをユニットチーフの我々が同意できるわけがない」。ゴーヤは行政ユニットのチーフ。ダンナオ島の現状にはいちばん精通している彼は危険を冒すことも気にはしないのではあるが、想像を超える大規模な介入に驚きを隠せないでいた。

どちらかというと静かに話に耳を傾けていたジェイは、全体を見回した後、このプロジェクトに取り組んだ際のリスクを強調した。ジェイは環境ユニットのチーフ。過去には米国ニュージャージー州の環境政策アドバイザーを務めたこともあり、いったん信念をもった事柄に対しては、静かにそれを貫き通すタイプであった。ダンナオ島は環境保全の観点からも重要な地域であるとの議論を前々から幾度となく繰り返していたが、翔の説くダンナオ島開発の重要性も十分理解できた。そのためジェイはこの開発プロジェクトは成功するかどうかまったく想像がつかないと慎重な立場を取った。

「皆が来ないなら自分は一人でも行く。次期代表もそのつもりだ。後で自分たちの国がとんでもないことになったと思って後悔しても始まらないぞ」。翔は繰り返しこの任務の重要性を強調し一歩も引かなかった。

「ダンナオ島に行ってみたら」。ゴーヤはそうつぶやいた。行政ユニットのチーフを務めている彼は、ダンナオ島について熟知しており、数々のグループと連携を保っていた。この際ゴーヤ自身の勢力拡大にもつながるというゴーヤなりの思惑もあった。

「もうお手上げだわ」。最初から驚きを隠せなかったジャイアはプログラムユニットのチーフで、本部の経済分析官として活躍した38歳の女性。どちらかといえばリスクを取るより確実に物事を進めていくタイプであるだけに、彼女の目には副代表の説く計画は危険極まりないものとしか映らなかった。

大きく意見が割れた後のコンセンサスは、ダンナオ島での開発事業はしないほうが良いという結論であった。気が付くと3時間が過ぎていた。

翔は言った。「ここはあなたたちの国だ。自分たちの国のためにできることをしないと意味がない。自分の国のために努力してみないか。予算は心配するな。本部と交渉して次期代表が来るまでに何とかする」。

まずは自分がこのようなビジョンをもっていることを伝えたかったことを強調した。

「僕はこの国に仕事をしにきた。ここに打ち出している提案は、あなた方が感じている『脅威』であると同時に『転機』でもある。この組織が生き抜くためには、今が踏ん張り時ではないか？」

アレンがつぶやいた。「彼はとんでもない革新派だ…」。

翔は1週間時間を置くことにした。長い議論の疲れと、リスクを伴う突然のプロジェクト提案への驚きが隠せないまま、皆、うつむき加減に部屋を出て行った。国にとってのダンナオ島開発の重要性、組織としてのダンナオ島への介入の必要性は頭の中ではわかっているものの、当惑している6名であった。

4　ダンナオ島プロジェクト

その後、特にダンナオ島の話をすることもなく数日が過ぎた。日常の業務をこなしていた翔の部屋にクラリンがやってきた。

「副所長の主旨はよくわかった。僕はやれると思う。自分の人脈を使えば新しい取組みに生かせるかもしれない。民族解放戦線の重要人物を知っているんだ」。

翔はチャンスだと思った。

環境省と太いパイプをもっているジェイはサンサン湿地帯の豊富な資源についても、生態系の多様性に関しても多方面からなる知識をもっていた。そのジェイも言った。「これは我々の組織しかできない」。

昔、政府の役人だったアレンは「僕はどのようなアプローチが最善かいろ

いろと考えてみた。僕のネットワークで政府側の説得にまわれる。本当にやる気なら一緒にやりたい」と言ってきた。経済国家開発省のトップが、ダンナオ島開発で当事務所と組むことがプラスになると考えれば、多大なる相乗効果が望めるとにらんだ翔にとっては、政府のお墨付きを得るためにもアレンの協力は不可欠であった。

　6人の中で最後に翔のオフィスをノックしたジャイアは、バツが悪そうに一言いった。「私はいったい何をすればいいのかしら？」

　結果的に6名全員が一人ずつ翔の部屋にやってきたのは、最初の会合から1週間も経たないうちだった。

　さらに1週間後には、役割分担が話し合われ、翔はドナー関係担当、ジェイはダンナオ島の資源分析と環境の分析、クラリンは民族解放戦線との交渉、アレンは政府関係者との調整、ジャイアは農地改革、経済分析担当に加えジェンダー関係の話し合いを担当することとなった。これらの役割分担のもとで2ヶ月をかけて足固めに奔走することとなる。その間、翔は本プロジェクトに対するオフィスの現地スタッフ間のミッション共有と連携が重要と考え、人事、予算を担当しているスタッフをダンナオ島に連れて行き、ダンナオ島駐在のスタッフの研修を実施した。プロジェクトの現地でこのような大規模な研修が行われることは少なく、現場での士気は日に日に高まっていった。

5　モウナ民族解放戦線

　1996年の夏、政権がモウナ民族解放戦線との和平締結に動きだした。その動きに国際開発機関が乗り遅れると、今後参加することはできないというのが翔の直感であった。実行するとなると、1996年下半期の5ヶ月が勝負であった。まずは、3ヶ月以内に住民の生活向上を中心としたプロジェクトを組み立て提案を出す。しかし、政府が承認する確信は翔にはなく、ファリーナ国政府との交渉は敏速に、かつ戦略的に行わなくてはならなかった。モウナ民族解放戦線も調査が進むにつれ、複雑化した内部事情が明確になっ

てきた。いくつものグループに分かれ、交渉も一筋縄ではいかない相手とどのように対応していくか、多くの疑問点が浮き彫りになってきた。その中で翔を支えたのは、日々走り回るスタッフに加え、本部からのサポートであった。

「たいへんセンセーショナルな発想だ。後方支援は任せてくれ。リスクは十分計算済みだ。この船は沈むことはないよ。それだけの価値のある仕事だと自信をもとう」。本部官房のサリーは400万ドルの特別予算をつけるべく日々本部の関連部署を奔走していた。

あっという間に数ヶ月が過ぎ、翔は10月にクラリンと2人で初めてダンナオ島に足を踏み入れた。滑走路が短く、着地したプロペラ機が停止するまでに跳びはねる感覚が長く体から抜けなかった。中心都市であるバト市は「何もない」というのが第一印象。そこに1週間の予定で滞在した。

翔の交渉相手はセルン氏だった。北アフリカで軍事トレーニングを受けたという38歳の戦闘員の彼は、苦労と聡明さが混在する堀りの深い顔つきが印象的であった。セルン氏の意向を受け、翔とクラリンはトレーニングキャンプで話し合いを始めた。始まって3日目になると、相手側も交渉のテーブルに着く準備はできていると翔は感じた。セルン氏は強調した。「戦況が我々に有利にみえる今でも生活に改善はみられない。長期化する内戦で、戦士もその家族も疲弊している。戦争は出費がかさむし、我々の同志の中には30年以上戦い戦争しか知らない者が多くいる。その若い人材の行く末が心配である」と。セルン氏の発言を聞いた翔は、長い内戦に苦しんだアフリカ、中米のリーダーたちが、国内の和平協定と外部からのさまざまな知識・経験をもとに若い戦士の社会復帰を実現した事例を説明し、紛争後の社会基盤構築の速やかな実施の重要性を説いた。

7日間にわたった交渉のあと、翔にはセルン氏が中心になって国連機関を中に入れるであろうと強く感じた。セルン氏はダンナオ島を長引く戦闘からうまく解放するには国連開発機関との協働が政府との交渉に重要な役割と果たすこと、そのためには相手として信用できる人物の存在が不可欠であると考えていた。

話し合いの最終日には、セルン氏は翔に対してこう漏らした。「本当によく来てくれた。我々は長く苦しんだ。国連機関はエリート集団という印象があったが払拭された。わざわざ足を運んでくれたことに感謝する」。これに対し翔は丁寧に説明した。食料供給、医療、生活必需品の提供に支えられた、社会復帰に向けた緊急支援プロジェクトがまず優先課題だと実感した。一緒に写真を撮ってもよいというセルン氏に対し、翔以上にクラリンが驚いていたのが印象的であった。「自信に満ち溢れた、統制のとれたグループ」というのが、1週間の滞在を終えた翔が理解するモウナ解放戦線のイメージであった。

ダンナオ島訪問を終え、オフィスに戻った翔は、各政府担当者との交渉、詳細な活動計画、予算準備、他の国連機関との調整、本部とのやりとりと多岐にわたるプロジェクト実施計画作成に忙殺された。そんな中、クラリンが飛び込んできた。「セルン氏が会いたいといっている。1週間後にお忍びで3日間。どうしましょう。何と答えますか？」

翔は直感した。「我々は同じ方向を向いている。とにかく成功させないわけにはいかない」。翔は後ずさりできない状況をつくった。翔はクラリンに即答し、6日後、アンバサダーホテルでの密会が実現した。プロジェクトの内容、進捗状況を詳細に情報交換し、最終日にはお互いに失敗できない立場にいることを確認し、どのように開始するか、どのような道筋を組んでいくかなど、詳細に話し合った。

6　プロジェクト開始

12月の翔の機関の新代表の就任式には、モウナ解放戦線の幹部20人がオフィス訪問するなど、信頼関係が確立されつつあるのは明確であった。その後も翔の休む暇はなかった。大型プロジェクトを立ち上げ、成功裏に導くには、各ドナー間の連携が必要であった。今まさに、6名のユニットチーフを中心に翔の組織の連帯感は増し、自宅に戻れない日々が続くほど忙殺されながらも、やりがいを感じる毎日であった。ドナー間の連携を各組織の優位

性を出しながらも、効率的な関係を崩さないように進めるにはどうすればよいか、各ドナーとの交渉内容をテーブルに並べ考えを巡らしているところに、一本の電話が入った。現地政府の国防省からである。

　何度か交渉を繰り返してきた担当者のソノマ氏は翔に言った。「我々は1月にプロジェクトを始めると同時に、武器の回収を実施する」。それに対し翔は、反射的に返答した。「武器の回収はプロジェクト最終段階でと同意したはずだ。生活支援から始められないのであればこのプロジェクトは失敗する」と真っ向から反対した。それでも武器の早期回収に固執するソノマ氏に対し、本当の敵はいったい誰なのだろうと翔は自問自答するのであった。

付　録

事前学習課題

1　それでも続けなければならない理由はあるのか

1．グローバル銀行のプログラム・オフィサーであるマキは、何に対してなぜ苦悩しているのか。
2．東インド国政府、東インド銀行、グローバル銀行にとって、ツー・ステップ・ローンとはそれぞれどのような意味をもつのか。
3．東インド国政府、東インド銀行、グローバル銀行にとって、プロジェクトの問題点は何か。また、それはなぜ生じているのか。
4．SEDP第3期借款の要請に対して、グローバル銀行はどのような対応をとるべきか。
5．もし自分がマキの立場だったら、翌日の会議が再開されるまでにどのような準備をするか。

2　「もう援助はいらない！」

1．米花鎮の地域経済社会の特徴は何か。
2．農業灌漑のための委員会で地区間の利害が対立したのは、なぜか。
3．新田ポンプ場の民営化は、地域経済社会に何をもたらしたか。
4．エドワード、鎮政府、農業灌漑委員会の地区代表らの議論を聞いた郭教授は、農業灌漑プロジェクトの問題の原因を何だと考えているか。
5．郭教授は、なぜ老人協会の設立支援を提案したのか。もし、自分が郭教授の立場だったら、支援計画のポイントとして何が重要だと考えるか。

3　中東における教育支援

1．女子教育プロジェクトに関するキックオフ会議において、誰がどのよう

な理由からどのような点を考慮すべきと主張したか。
2. 一子は地域住民（とりわけイスラム文化における女性）の学校活動への参加を促すために有効だと考える具体的な方策は、何だと考えたのか。
3. マハナ郡アルファウズ校の学校委員会は誰の意見をどのように聞くべきか。また、学校改善計画をどう改訂すべきか。「学校改善計画フォーム」を使って、学校委員会としての改訂版の骨子を作成しなさい。
4. 1年目に生徒数が増加した理由は何か。また、生徒数が増加したことによって新たに学校が直面する課題は何か。
5. もし自分が一子の立場だったとしたら、プロジェクト2年目にどのような課題に取り組むべきと考えるか。それはなぜか。

4　経済移行国における国際連携とは

1. 教育開発専門家であるレオナは、教育省はどのような問題に直面していると考えているか。
2. 教育分野の地方行政官や学校長の再研修プログラムは、なぜ重要なのか。
3. レオナは、教育研究所チームと教育大学チームの間で協力のための連携がとれなくなってしまった原因は何であると考えているか。
4. マスタープラン中間会議のアジェンダ設定と議事進行は、誰がどのように行うべきだったか。
5. もし自分がレオナの立場だったら、明日の教育大臣との会合のためにどのような準備をすべきか。

5　生活スタイルを変えることは可能か

1. スリランカの公衆衛生状況が変化したのは、なぜか。
2. 国際ボランティア保健師として香里の活動が行き詰まった理由は、何か。
3. もし自分が香里だったら、誰にまず相談するか。それは、なぜか。
4. 香里は澤田教授に対して、どのような質問をすべきか。
5. 国際ボランティアとして香里は、どのようにすればスリランカの生活習慣病改善に食い込むことができるか。

付録　事前学習課題　253

6　活動は誰のためのもの？

1．シャーガス病プロジェクトの概要は、どのようなものか。また、どのような優先順位をもって取り組まれているか。
2．プロジェクト対象地域の地理的、地域的特徴はどのようなものか。
3．碧と専門家の田中さん、カウンターパートであるホセとの人間関係はどのようなものか。そのなかで、碧はどのような問題に直面しているのか。
4．シャーガス病対策に学校を巻き込もうとした碧の判断は、正しかったのか。
5．もし自分が碧の立場だったらどのような選択肢をとるか。また、それはなぜか。

7　撃たれる前に逃げよ？

1．麻子が直面した問題は何か。他の主要人物は、その問題をどう見ていたか。
2．麻子が直面した問題の原因は何だと考えられるか。
3．この村では、どのような意思決定方法がとられているか。その方法は、どの程度機能しているか。
4．麻子がとりうる選択肢にはどのようなものがあるか。
5．もし自分が麻子だったらどの選択肢をとるか。また、自分がNGOリーダーだったらどのような対応をとるか。

8　「少数民族による少数民族のためのプロジェクト」の理想と現実

1．HIV/AIDSが少数民族に高い感染率で広がっている理由は何であると考えられるか。
2．HIV/AIDSに対する従来の取組みと「１つの国連」の取組みの相違点は何か。
3．プロジェクトのニーズ調査の際に、朋子は現地からの要望にどう対応すべきか。
4．プロジェクトの方法について、ラジオのまま進めるべきか。それともテ

レビに変更すべきか。また、その理由は何か。
5. もし自分が朋子の立場だったら、監査員からの質問にどう答えるか。また、監査レポートに対してどのような対応をとるか。

9　何が間違いだったのか

1. ロブガオン村はどのような特徴をもつ村か。
2. この村の沿岸資源保全活動として、どのようなプロジェクトが有効だとエレナは考えていたのか。エドやニトはどうか。
3. 禁漁区管理の成功事例への視察旅行は、どの程度成功したのか。
4. 禁漁区管理のための組織として、どのような選択肢があったのか。それぞれの選択肢のメリットとデメリットは何だったか。
5. エレナが直面した問題の原因は何だったと考えられるか。もし自分がエレナだったら、その原因に対してどう対処するか。

10　崖っぷちのメコン委員会

1. 流域国の「拒否権」をめぐるベトナムとタイの立場の相違の理由は何か。
2. もし自分がケント氏の立場だったら、コンチームン導水計画についてタイ政府とベトナム政府に対してどのような対応をとるか。
3. 流域国間の調整役としての暫定メコン委員会の役割について、フォレスティエール氏とケント氏はどのようにとらえているか。
4. 暫定メコン委員会の問題について、国連開発計画が取りうる選択肢にはどのようなものがあると考えられるか。また、それぞれの選択肢にはどのような利点と欠点とがあるか。
5. もし自分がフォレスティエール氏の立場だったら、4.で挙げた選択肢のうちどの選択肢をとるように総裁に進言するか。また、その理由は何か。

11　零細漁民は沿岸開発にどう立ち向かえばよいのか

1. ペナン島沿岸の自然環境や経済社会構造には、どのような特徴があるか。
2. ペナン消費者協会の研究者バランが支援して発足させた「ペナン零細漁

民福利協会（PIFWA）」は、ペナン島の零細漁民を悩ませ続けた問題をどの程度解決することができたか。
3．ペンシュリンプ社のブラックタイガー養殖池は、ペナン島西海岸の自然環境や社会経済環境にどのような影響を与えているか。
4．もし自分がPIFWAの立場であれば、ペナン地域開発公社やペンシュリンプ社に対して、どのような要求をするか。
5．もしバランがマングローブ伐採や養殖池拡張計画について抗議する新聞投書を書くとしたら、どのように書くべきか。

12 東太平洋キハダマグロ漁とイルカの混獲

1．東部太平洋地域におけるキハダマグロ漁は、どのような漁法によって、どのような経済的効果、環境的効果を生んでいるか。
2．メキシコ政府として、アメリカの禁輸措置のために生じたメキシコ漁業者の不利益をどのように整理すべきか。
3．アメリカ政府として、アメリカの環境保護団体が主張するイルカ混獲の不利益をどのように整理すべきか。
4．国連海洋法条約、ガット協定（現在のWTO協定）、多国間環境協定などの国際法は、ドルフィン・セットによって獲られたマグロの輸入ついてどのように規定しているか。
5．マグロ・イルカ紛争から得られる教訓は、何か。

13 「参加型」って「誰」のこと？

1．村組織を新たにつくる方式と既存の村組織を活用する方式について、それぞれのメリットとデメリットは何だと考えられるか。
2．住民たちは、なぜマユミを疑ったのか。マユミはその疑いについて、どのように対応すべきだったか。
3．地域における森林管理で行政の役割はどうあるべきか。
4．マユミたちのプロジェクトにおいても植林に対して住民に対価を支払うべきか。

5．参加型森林管理プロジェクトにおいて、いつどのような主体がどのように参加すべきなのか。

14　平和構築事業において安全管理をどう行うか？

1．農村開発プロジェクト開始前に、このプロジェクトが受けるリスクと、このプロジェクトが与えるリスクについてどのような分析がなされていたと思われるか。
2．非常事態に直面した和田は、自分がフィールド事務所一時閉鎖の準備を中断して即刻退避する場合と、退避を遅らせる場合とではどのような影響の違いがあると考えたか。また本部はどのように考えたのか。
3．2006年4月12日時点で、JOC本部は和田の退避についてどのような措置を取りうるか。
4．2006年5月末にフィールド事務所に帰任した和田は、内橋や大山らの安全調査ミッションに対して、どのような提言をすべきか。
5．もし自分が大山の立場だったら、プロジェクトの方向性に関してどのような提案をするか。

15　誰が何を必要としているのか

1．緊急支援から復興支援に向けて、津波被災者のニーズは時間の経過と共にどのように変化したか。
2．「魚網支援を通した心のケア事業」について、晴香が直面した問題は何か。
3．クルガマ村やスリヤゴダ村の社会構造の特徴は何か。クルガマ村やスリヤゴダ村を事業候補地とすべきか。
4．マユラヤーヤ東村の現地スタッフからの情報を聞き、HTSRは魚網配布枚数を変更すべきか。
5．もし自分が晴香の立場だったとしたら、東京本部にどのような提案内容のメールを送信するか。

16 ジェンダーをめぐるタリバーンとの対話

1. タリバーン政権は、なぜ女性の就労を禁止したり、女子教育を停止したのか。
2. 女性の就労禁止や女子教育の停止について、オサム、現地の看護学校長、保健省スタッフ、宗教警察、カンダハール州知事はどのように考えているか。
3. カンダハールの看護学校の女子教育を再開するため、オサムがとりうる選択肢にはどのようなものがあるか。もし、自分がオサムの立場だったら、どの選択肢をとるか。
4. タリバーン支配下で世帯調査をすることは、どの程度重要か。
5. 世帯調査のための女性調査員の雇用について、オサムがとりうる選択肢にはどのようなものがあるか。もし、自分がオサムの立場だったら、どの選択肢をとるか。

17 紛争後の開発と資源管理

1. ダンナオ島での紛争とファリーナ国政府の対応について翔は、どのように現状分析しているか。
2. 主要国は、ダンナオ島での紛争をどのように見ているか。
3. 翔はどのようにユニット・リーダーたちに自分の提案を説得したか。
4. 国際開発機関は、MILFとMNLFとファリーナ国政府にどのようにプロジェクトについて提案したか。
5. もし自分が翔の立場だったら、ファリーナ国政府国防省からの武器回収のタイミングの要請について、どう対応するか。

教員向けのティーチングノートの入手方法

■本書に収録されたケース教材の教員向けのティーチング・ノート（指導要領）は以下のサイトで入手可能です。

インターネット ビジネス書店「booknest」

http://www.booknest.jp

＜入手手順＞

サイト(booknest)にご訪問いただき「ケースで学ぶ国際開発」でキーワード検索するか、下記URLを直接入力して、ご購入ください。

http://www.booknest.jp/ch/kktn/001

執筆者一覧（◉印編者）

- ◉山口しのぶ　　東京工業大学学術国際情報センター教授
- ◉毛利　勝彦　　国際基督教大学教養学部教授
- ◉国際開発高等教育機構

- ●菅野悠紀雄　　政策研究大学院大学名誉教授
- ●阿古　智子　　早稲田大学国際教養学部准教授
- ●小川　啓一　　神戸大学大学院国際協力研究科教授
- ●桜井　愛子　　（株）パデコ
- ●樋口まち子　　国立看護大学校看護学部教授
- ●村山　智子　　特定非営利活動法人ジーエルエム・インスティテュート
- ●田中由美子　　国際協力機構国際協力専門員
- ●矢野　智子　　国連教育科学文化機関教育専門家
- ●板垣　啓子　　特定非営利活動法人ジーエルエム・インスティテュート
- ●中山　幹康　　東京大学大学院新領域創成科学研究科教授
- ●川辺みどり　　東京海洋大学海洋科学部准教授
- ●稲本　守　　　東京海洋大学海洋科学部教授
- ●西野　桂子　　特定非営利活動法人ジーエルエム・インスティテュート代表
- ●相馬真紀子　　特定非営利活動法人ジーエルエム・インスティテュート
- ●清水　康子　　国連難民高等弁務官事務所
- ●木山　啓子　　特定非営利活動法人ジェン事務局長
- ●田仲　愛　　　留学ジャーナルキュアカウンセラー
- ●勝間　靖　　　早稲田大学大学院アジア太平洋研究科教授
- ●村田　俊一　　国連アジア太平洋経済社会委員会事務局次長

ケースで学ぶ国際開発

2011 年 9 月 20 日　初　版第 1 刷発行　　　　　　　　　　　　　〔検印省略〕

*定価はカバーに表示してあります

編者 © 山口しのぶ・毛利勝彦 編　発行者　下田勝司　　印刷・製本　中央精版印刷
　　　　国際開発高等教育機構

東京都文京区向丘 1-20-6　郵便振替 00110-6-37828　　　　　　発　行　所
〒 113-0023　TEL 03-3818-5521(代)　FAX 03-3818-5514　　株式会社 東信堂
E-Mail tk203444@fsinet.or.jp

Published by TOSHINDO PUBLISHING CO.,LTD.

1-20-6, Mukougaoka, Bunkyo-ku, Tokyo, 113-0023, Japan

ISBN978-4-7989-0074-2 C3036　© 山口しのぶ・毛利勝彦・国際開発高等教育機構

東信堂

国連と地球市民社会の新しい地平	功刀達朗編著	三四〇〇円
社会的責任の時代	内田孟男編著	三二〇〇円
国際NGOが世界を変える――地球市民社会の黎明	功刀達朗・野村彰男編著	三二〇〇円
環境と開発のためのグローバル・ガバナンス	功刀達朗編著	二〇〇〇円
グローバル・ガバナンスの世紀（横浜市立大学叢書）	毛利勝彦編著	三四〇〇円
――国際政治経済学からの接近		
ケースで学ぶ国際開発	毛利勝彦編著	一五〇〇円
国際開発協力の政治過程	山口しのぶ・毛利勝彦・国際開発高等教育機構編	三四〇〇円
――国際規範の制度化とアメリカ対外援助政策の変容		
国際教育開発の再検討	小川啓一・北村友人幹子編	四〇〇〇円
――途上国の基礎教育普及に向けて		
日本の教育経験――途上国の教育開発を考える	国際協力機構編著	二六〇〇円
バイリンガルテキスト現代日本の教育	村田翼夫・山口満編著	三八〇〇円
地球市民学を創る――地球社会の危機と変革のなかで	庄司興吉編著	三二〇〇円
国際政治経済システム学――共生への俯瞰	柳田辰雄	一八〇〇円
〈大転換期と教育社会構造：地域社会変革の社会論的考察〉		
第１巻 教育的社会史――日本とイタリアと	小林甫	七八〇〇円
第２巻 現代的教養Ⅰ――生活者生涯学習の地域的展開	小林甫	近刊
第３巻 現代的教養Ⅱ――技術者生涯学習の生成と展望	小林甫	近刊
第４巻 学習力変革――地域自治と社会構築	小林甫	近刊
社会共生力――東アジアと成人学習	小林甫	近刊
ソーシャルキャピタルと生涯学習	J.フィールド 矢野裕俊監訳	二八〇〇円
NPOの公共性と生涯学習のガバナンス	高橋満	三三〇〇円
都市社会計画の思想と展開	橋本和孝・吉原直樹・藤田弘夫編著	三三〇〇円
〈アーバン・ソーシャル・プランニングを考える〉（全２巻）		
世界の都市社会計画――グローバル時代の都市社会計画	橋本和孝・吉原直樹・藤田弘夫編著	二三〇〇円

〒113-0023 東京都文京区向丘1-20-6　TEL 03-3818-5521　FAX 03-3818-5514　振替 00110-6-37828
Email tk203444@fsinet.or.jp　URL=http://www.toshindo-pub.com/

※定価：表示価格（本体）＋税

東信堂

グローバル化と知的様式——社会科学方法論についての七つのエッセー	J・ガルトゥング 大澤真幸・重光太郎訳	二八〇〇円
組織の存立構造論と両義性論——社会学理論の重層的探究	舩橋晴俊	二五〇〇円
社会学の射程——ポストコロニアルな地球市民の社会学へ	庄司興吉	三三〇〇円
地球市民学を創る——変革のなかで	庄司興吉編著	三三〇〇円
市民力による知の創造と発展——身近な環境に関する市民研究の持続的展開	萩原なつ子	三二〇〇円
社会階層と集団形成の変容——集合行為と「物象化」のメカニズム	丹辺宣彦	六五〇〇円
階級・ジェンダー・再生産——現代資本主義社会の存続メカニズム	橋本健二	三二〇〇円
現代日本の階級構造——理論・方法・計量分析	橋本健二	四五〇〇円
人間諸科学の形成と制度化——社会諸科学との比較研究	長谷川幸一	三八〇〇円
現代社会と権威主義——フランクフルト学派権威論の再構成	保坂稔	三六〇〇円
権威の社会現象学——人はなぜ、権威を求めるのか	藤田哲司	四九〇〇円
現代社会学における歴史と批判 (上巻)——グローバル化の社会学	山田信行編	二八〇〇円
現代社会学における歴史と批判 (下巻)	片桐新自編	二八〇〇円
インターネットの銀河系——ネット時代のビジネスと社会	M・カステル 矢澤・小山訳	三六〇〇円
近代資本制と主体性	丹辺宣彦	三六〇〇円
自立支援の実践知——阪神・淡路大震災と共同・市民社会	似田貝香門編	三八〇〇円
[改訂版]ボランティア活動の論理——ボランタリズムとサブシステンス	西山志保	三六〇〇円
自立と支援の社会学——阪神大震災とボランティア	佐藤恵	三三〇〇円
NPO実践マネジメント入門	パブリックリソースセンター編	二三八一円
個人化する社会と行政の変容——情報、コミュニケーションによるガバナンスの展開	藤谷忠昭	三八〇〇円

〒113-0023 東京都文京区向丘1-20-6
TEL 03-3818-5521 FAX 03-3818-5514 振替 00110-6-37828
Email tk203444@fsinet.or.jp URL:http://www.toshindo-pub.com/

※定価：表示価格（本体）+税

東信堂

国際法新講〔上〕〔下〕	田畑茂二郎	〔上〕二九〇〇円／〔下〕二七〇〇円
ベーシック条約集 二〇一一年版	編集代表 松井芳郎	二六〇〇円
ハンディ条約集	編集代表 松井芳郎	一六〇〇円
国際人権条約・宣言集〔第3版〕	編集代表 松井芳郎 松井・薬師寺・坂元・小畑・徳川 編集	三八〇〇円
国際経済条約・法令集〔第2版〕	編集代表 小寺彰・道垣内正人 編集	三九〇〇円
国際機構条約・資料集〔第2版〕	編集代表 安藤仁介 編集	三八〇〇円
判例国際法〔第2版〕	編集代表 松井芳郎	三八〇〇円
国際環境法の基本原則	松井芳郎	三八〇〇円
国際機構法の研究	中村道	八六〇〇円
条約法の理論と実際	坂元茂樹	四二〇〇円
国際立法―国際法の法源論	村瀬信也	六八〇〇円
21世紀の国際法秩序―ポスト・ウェストファリアの展望	R・フォーク／川崎孝子訳	三八〇〇円
宗教と人権―国際法の視点から	N・レルナー／佐藤百合子訳	三八〇〇円
ワークアウト国際人権法	元W・ベネディェック編／中坂・徳川編訳	三〇〇〇円
人権を理解するために	中坂恵美子	二八〇〇円
難民問題と『連帯』―EUのダブリン・システムと地域保護プログラム	松井芳郎	二八〇〇円
国際法から世界を見る―市民のための国際法入門〔第3版〕	浅田正彦編著	二九〇〇円
国際法	大沼保昭編著	三六〇〇円
国際法／はじめて学ぶ人のための〔新訂版〕	中川淳司／寺谷広司編著	一二〇〇円
国際法学の地平―歴史、理論、実証	小田滋	六八〇〇円
国際法と共に歩んだ六〇年―学者として裁判官として	石本泰雄	四七〇〇円
国際法研究余滴	位田・中村・松井・薬師寺・山形 編	六〇〇〇円
21世紀の国際機構：課題と展望	松井・位田・安藤・中村・薬師寺・木棚 編	七一〇〇円
グローバル化する世界と法の課題 〔21世紀国際社会における人権と平和〕（上・下巻）	香西茂・山手治之 編集代表	八三〇〇円
国際社会の法構造――その歴史と現状	香西茂・山手治之 代表	五七〇〇円
現代国際法における人権と平和の保障	山手治之・香西茂之 代表	六三〇〇円

〒113-0023 東京都文京区向丘1-20-6　TEL 03-3818-5521　FAX 03-3818-5514　振替 00110-6-37828
Email tk203444@fsinet.or.jp　URL:http://www.toshindo-pub.com/

※定価：表示価格（本体）＋税

東信堂

《未来を拓く人文・社会科学シリーズ（全17冊・別巻2）》

科学技術ガバナンス	城山英明 編	一八〇〇円
ボトムアップな人間関係——心理・教育・福祉・環境・社会の12の現場から	サトウタツヤ 編	一六〇〇円
高齢社会を生きる——老いる人/看取るシステム	清水哲郎 編	一八〇〇円
家族のデザイン	小長谷有紀 編	一八〇〇円
水をめぐるガバナンス——日本、アジア、中東、ヨーロッパの現場から	蔵治光一郎 編	一八〇〇円
生活者がつくる市場社会	久米郁夫 編	一八〇〇円
グローバル・ガバナンスの最前線——現在と過去のあいだ	遠藤乾 編	二二〇〇円
資源を見る眼——現場からの分配論	佐藤仁 編	二〇〇〇円
これからの教養教育——「カタ」の効用	鈴木佳秀 編	二〇〇〇円
「対テロ戦争」の時代の平和構築——過去からの視点、未来への展望	黒木英充 編	一八〇〇円
企業の錯誤／教育の迷走——人材育成の「失われた一〇年」	青島矢一 編	一六〇〇円
日本文化の空間学	吉田暁生 編	二二〇〇円
千年持続学の構築	木村武史 編	一八〇〇円
多元的共生を求めて——〈市民の社会〉をつくる	宇田川妙子 編	一八〇〇円
芸術は何を超えていくのか？	沼野充義 編	一八〇〇円
芸術の生まれる場	木下直之 編	二〇〇〇円
文学・芸術は何のためにあるのか？	岡田暁生 編	二〇〇〇円
紛争現場からの平和構築——国際刑事司法の役割と課題	石田勇治・城山英明 編	二八〇〇円
〈境界〉の今を生きる	遠藤乾 編	一八〇〇円
日本の未来社会——エネルギー・環境と技術・政策	荒川歩・川喜田敦子・谷川竜一・内藤鶴子・柴田晃芳・鈴木一人・角和昌浩 編	二二〇〇円

〒113-0023 東京都文京区向丘1-20-6　TEL 03-3818-5521　FAX 03-3818-5514　振替 00110-6-37828
Email tk203444@fsinet.or.jp　URL:http://www.toshindo-pub.com/

※定価：表示価格（本体）＋税

東信堂

グローバル化と知的様式——社会科学方法論についての七つのエッセー	J・ガルトゥング 大矢澤修次郎訳	二八〇〇円
組織の存立構造論と両義性論——社会学理論の重層的探究	舩橋晴俊	二五〇〇円
社会学の射程——ポストコロニアルな地球市民の社会学へ	庄司興吉	三二〇〇円
地球市民学を創る——変革のなかで	庄司興吉編著	三二〇〇円
市民力による知の創造と発展——身近な環境に関する市民研究の持続的展開	萩原なつ子	三二〇〇円
社会階層と集団形成の変容——集合行為と「物象化」のメカニズム	丹辺宣彦	六五〇〇円
階級・ジェンダー・再生産——現代資本主義社会の存続メカニズム	橋本健二	三二〇〇円
現代日本の階級構造——理論・方法・計量分析	橋本健二	四五〇〇円
人間諸科学の形成と制度化——社会諸科学との比較研究	長谷川幸一	三八〇〇円
現代社会と権威主義——フランクフルト学派権威論の再構成	保坂稔	三六〇〇円
権威の社会現象学——人はなぜ権威を求めるのか	藤田哲司	四九〇〇円
現代社会学における歴史と批判（上巻）	武川正吾行編	二八〇〇円
現代社会学における歴史と批判（下巻）——グローバル化の社会学	片桐新自編	二八〇〇円
近代資本制と主体性	丹辺宣彦編	二八〇〇円
インターネットの銀河系——ネット時代のビジネスと社会	M・カステル 矢澤・小山訳	三六〇〇円
自立支援の実践知——阪神・淡路大震災と共同・市民社会	似田貝香門編	三八〇〇円
（改訂版）ボランティア活動の論理——ボランタリズムとサブシステンス	西山志保	三六〇〇円
自立と支援の社会学——阪神大震災とボランティア	佐藤恵	三二〇〇円
NPO実践マネジメント入門	パブリックリソースセンター編	二三八一円
個人化する社会と行政の変容——情報、コミュニケーションによるガバナンスの展開	藤谷忠昭	三八〇〇円

〒113-0023 東京都文京区向丘1-20-6　TEL 03-3818-5521　FAX 03-3818-5514　振替 00110-6-37828
Email tk203444@fsinet.or.jp　URL:http://www.toshindo-pub.com/

※定価：表示価格（本体）＋税